"粤商文化"丛书

主编　申明浩

十三行：商船与战舰

SHISANHANG: SHANGCHUAN YU ZHANJIAN

谭元亨◎著

中山大学出版社
·广州·

版权所有　翻印必究

图书在版编目（CIP）数据

十三行：商船与战舰/谭元亨著. -- 广州：中山大学出版社，2024.11. --（"粤商文化"丛书/申明浩主编）. --ISBN 978-7-306-08227-5

Ⅰ.F752.949

中国国家版本馆CIP数据核字第2024AM2504号

出 版 人：王天琪
策划编辑：李　文
责任编辑：李　文
封面设计：林绵华
装帧设计：林绵华
责任校对：徐　晨
责任技编：靳晓虹
出版发行：中山大学出版社
电　　话：编辑部 020-84111997，84110779
　　　　　发行部 020-84111998，84111981，84111160
地　　址：广州市新港西路135号
邮　　编：510275　　传　真：020-84036565
网　　址：http://www.zsup.com.cn　E-mail:zdcbs@mail.sysu.edu.cn
印 刷 者：佛山市浩文彩色印刷有限公司
规　　格：787mm×1092mm　1/16　17.75印张　354千字
版次印次：2024年11月第1版　2024年11月第1次印刷
定　　价：80.00元

如发现本书因印装质量影响阅读，请与出版社发行部联系调换

"粤商文化"丛书编辑委员会

顾　　问：顾作义
主　　编：申明浩
编　　委：谭元亨　范小静　刘正刚　冷　东
　　　　　谢　英　蓝　天　曾楚宏　谢　俊
策　　划：张海昕

总　序

"千年粤商，百年崛起。"粤商的变迁和发展，在近现代世界范围内创造了财富的辉煌和人文的荣耀，对当代中国改革开放和社会进步产生了巨大的影响。一代代广府商人写下一个个传奇故事，雄踞海内外的潮汕商人笑看商海潮起潮落，勇于开拓的客家商人显示出商界精英的大气魄。在风云变幻的年代，他们既走出了本土的生存之道，又跨越海洋闯荡世界，放射出一道道耀眼的光芒。在改革开放之初，他们迈出市场经济的第一步，在民营领域率先大放异彩；同时也在转轨之痛中探索经验，吸取教训；在走向21世纪的征程中，他们与祖国母亲一道融入世界经济大潮，于抗争中进取，于创造中升华，为岭南大地带来新的血液和希望。

百年粤商，敢为人先，勇闯天下；一脉相承，致富行善，叱咤风云。充满创新与活力的粤商群体创造了蔚为大观的财富奇迹，为推动广东乃至中国经济持续快速发展做出了重要贡献。

一、中国现代化进程的推动者

自古以来，粤商在中国商界就占据重要位置。秦汉时期，粤商就已开展艰辛的海外贸易商旅。近代史上，粤商和徽商、晋商三足鼎立，成为著名的商帮之一。粤商始于贸易业，广州十三行曾是中国与世界通商的主力，在中国经济史和世界贸易史上留下了令人瞩目的印迹。随着西风东渐，粤商在大力传承传统文化的同时，也受到了西方商业思想的影响。粤商包容性强，容纳并吸收了西方的商业文明。近现代香山地区（泛指珠海、中山、澳门等地）的粤商创办的先施公司、永安公司、新新公司、大新公司，成为

"粤商文化"丛书

十三行：商船与战舰

现代中国百货业和集团公司的先驱。现当代的郭炳湘兄弟、霍英东等著名粤商，成为中国企业家效仿的楷模。

改革开放后，广东商人依靠天时（先行一步）、地利（毗邻港澳地区）、人和（华侨和港澳同胞）之优势，创建了大批现代工商企业。从发展"三来一补"企业、外资企业到创办个体企业、私营企业，从搞活国有集体企业到探索混合型企业、股份制企业，粤商都发挥了至关重要的作用。时下的李东生、何享健、马化腾等，正是在这一时期涌现的粤商杰出代表，他们引领着新一轮粤商振兴的潮流。

粤商对中华民族的进步、对我国与世界的经贸交往、对中国的现代化做出卓越的贡献，然而学界对粤商的研究却相当缺乏。或许是由于岭南文化低调务实的风格，粤商并没有像晋商、徽商那样被媒体和学者高度关注。

在现代人的印象中，粤商是一个历史概念。实际上，粤商并未像晋商、徽商一样随着历史变革而断代，而是在不断变化的社会中发展。近年来，中共广东省委、省政府高度重视粤商的发展。2008年5月召开的首届新粤商大会，引起了海内外众多政界名人及工商社团、企业家的关注。学者对粤商这一题材的研究也开始升温。促使社会各界逐渐重视粤商研究的原因主要有两点：① 20世纪70年代末以来，珠三角地区引领我国的改革开放，一批新粤商脱颖而出，承接了港澳等地的产业转移，迅速建立起一大批产业集群，产品行销全球，家电、IT产品、灯饰等产量占据世界重要份额，成为世界经济的新引擎。② 20世纪90年代，港澳台及东南亚等地区华人企业取得的经济成就世人瞩目。世界华人经济对日本的经济地位大有取代之势，华人企业家团体把亚洲经济推向巅峰，并逐渐向西方经济领域扩展。海外华人企业家多半为粤籍商人，粤商的身影遍及世界。

从学理背景看，粤商精神体现了岭南文化的突出特征，而岭南地区较好地保留和积淀了中国几千年的儒家文化和儒家伦理。这些文化与伦理对中国近现代企业发展历程起着至关重要的作用，影响着新兴的珠三角企业家群体。"敢为人先，和气生财，利己而不损人"的文化传统熏陶了一代代粤商，延续了粤商历经磨难而不断代、游历海外而不衰落的传奇。粤商研究是一个跨学科的研究领域，涵盖家族企业、跨国公司、公司治理等诸多研究方向。很多粤商企业为家族企业，繁衍数代而不衰。粤商较早走出国门，成功开辟海外市场并实现本土化经营，其经验值得我国企业研究借鉴。粤商组织历经数代变迁，由传统的家族式经营过渡到现代企业制度，其内外部治理结构的完善是对我国公司治理理论和实践的补充。因此，重视粤商在以上方向的研究，可以使人们加深对华人企业组织制度形式、组织行为以及与社会经济制度环境之间的互动变迁关系的认识，可以引发我们去深入探讨中国传统文化与现代市场经济规律以及现代企业制度的衔接点、接合点，进而从学理上探讨富有效率的中国特色的企业管理模式。所以，粤商研究是一个具有现代意义的话题。

二、粤商的概念界定

如何定义粤商，是粤商研究中不可回避的问题。目前，学者对粤商的定义纷争较多，无法统一。从地理区位划分来看，粤商就是指广东商人，即出生于广东或者籍贯是广东的商人；从商业活动范围划分来看，广义的粤商泛指所有从事工商业活动的广东人，狭义的粤商则指以零售业经营者为代表的商贸流通业的广东投资者或经营者；从时间维度划分来看，粤商包含两个时代，一是近代以来在广东创业和经营的人士，二是改革开放以来在广东创业与经营的人士。

笔者认为，上述界定均有偏颇，粤商概念不应局限于地域、时间等单一层面，而应包含地域维度、行业维度和文化维度三个方面。粤商概念应该具有更大的内涵和更广阔的范畴，不能局限于传统商贸流通业，而应与现代产业体系发展同步，涵盖现代工商业的各种业态。所以，首先要认识到粤商不是完全不相关的一群人，而是由有着共同点的商人形成的一个商帮，这个共同点应该超越时间和地域，不限于某行某业的文化和价值取向。所以，粤商的定义可统一为：认同广东文化（岭南文化）的"粤地商人"或"粤籍商人"，包括在广东出生和在广东经营，或具有广东籍贯但在外地经营，且价值观与岭南文化呈现高度相关的企业家群体。

地域维度：粤商应该包含粤地、粤籍两个方面。所谓粤地粤商，即在广东省境内经营的企业家群体，其中包括非广东本土商人。比如，十三行中的潘、卢、伍、叶四大家族，除了卢家是广东新会人，其余皆为侨居广东的福建籍人士。他们当然是粤商的典型代表。广东地处中国南部边陲，历史上即为一个移民的重要区域，自秦始皇统一六国的秦兵南下一直到今天改革开放的"孔雀东南飞"，新、老移民共同为广东的经济建设做

"粤商文化"丛书

十三行：商船与战舰

出各自的贡献。所谓粤籍商人，即籍贯广东但在外地经营的商人。粤商是走向海外较早的群体，现在在很多东南亚国家（如新加坡、印度尼西亚、马来西亚和泰国），粤商企业举足轻重。而港澳地区与广东同宗同源，商人巨贾大都为广东籍贯。

行业维度：粤商始于贸易，兴于贸易。中国近代的对外贸易为十三行所垄断。现在，广东仍然是中国第一贸易大省，其外贸总量长期占全国1/4强，且中国的对外贸易顺差主要来自广东。关于粤商是否属于流通行业的争议，我们可以从19世纪郑观应的《盛世危言》中找到答案。他提出了商战理论，认为西方实际上是通过商战来剥夺中国的财富，之后的洋务运动涌现出无数粤商经营的实业，如中国第一个民营企业——陈澹浦的"联泰号"机器厂、中国第一家机器缫丝厂——陈启沅的继昌隆缫丝厂；改革开放后广东珠三角兴起了大批加工贸易企业……这些都是粤商实业的重要组成。没有他们，粤商的历史将被割裂。所以，粤商所从事的行业除了包含传统服务业和现代服务业，也包括与商贸有关的制造业，以及创新商业模式的新兴产业。

文化维度：基于地缘关系，粤商汇集了中原文化与海洋文化的特点，形成鲜明的文化特征，如"敢为人先""务实包容""利己而不损人""和气生财"等。因为粤商具有强烈的对外性，所以在接受新鲜事物上能够占有先机。近现代广东开风气之先，最早形成商业化市场经济，且与西方的商业文化有一定融合，属于较为成熟的商业文化，使得粤商能够敬业守职，独立而不依附，这也是粤商能够繁衍数代而不衰亡的一个原因。

三、粤商三大帮

广东本地有三大族群——广府、潮汕、客家，他们分别讲不同的方言。

广府族群。广府族群是三大族群中影响最大的一支，其方言（当地叫白话）也就是我们通常所知的粤语，集中分布于珠三角地区，此外还广泛分布于广东省中西部地区的肇庆市、清远市、阳江市、茂名市、云浮市等，在民国以前分布一直比较稳定。抗日战争全面爆发以后，大批广府人从珠三角地区逃往粤北和粤西，很多最后定居下来。广府人是最早到达广东的，占有西江流域及其下游的珠江三角洲，早已成为海上丝绸之路上扬帆万里的主角。现在，以广州为中心分布于珠三角及周边地区的人被称为"广府人"，这里是海上贸易的重要口岸，滋养了一代代广府商人。

潮汕族群。在唐宋时期，由于人口的自然增长，地狭人稠的闽南地区难以承载更多的人口，因此大批潮汕人迁居到与闽南地区毗邻的潮汕地区、海陆丰地区以及惠州的部分地区，这里成为潮汕人在广东省最大的聚居地。到达潮汕和海陆丰地区的一部分潮汕人，随后又继续沿海西迁，前往雷州半岛以及海南岛。抗日战争全面爆发以后，很多潮汕人逃往北部的丰顺县，不少人最终在此定居，与客家人在此共同繁衍生息，今天丰顺县城依然是闽南方言（潮汕话）与客家方言并存的双语区。相较于广府人，潮汕人稍后才到广东境内。潮汕平原濒临大海，商贾活跃，这里有曾被恩格斯称为"最具有现代商业意味"的港口，其商品意识也早已形成。

客家族群。客家族群的迁移最复杂，与其他族群交错分布的情况也最常见。根据各市、县地方志的记载，早期到达广东的客家人，主要是为了躲避几次大的战乱（黄巢起义、金人南下、清兵入关）而南迁的中原汉人。经过长年累月的变迁和繁衍，客家文化一方面保留了中原文化的主流特征，另一方面又容纳了所在地民族的文化精华。

粤商内部三大商帮天然形成于三大族群，因为数量庞大的粤籍商人或企业家有着相同或类似的性格特征、价值取向、经营理念和行为模式，他们来自同一个文化共同体，即同一个族群，他们基于语言和文化背景形成的思维习惯对其经营行为具有一定的共性影响。近现代以来，粤商能够垄断中国外贸百余年；鸦片战争之后，粤商能够开风气之先，民族工商业在广东率先兴起，粤商创造出近现代中国商业史无数第一，都与一定的族群共通性相关。中国式企业遵循着基于族群内部的信任和学习机制，促成了某种业态高度集中于某一族群内部的商业现象，香山走出的四大百货、中国商业第一街的缔造等案例都是佐证。

四、千年传承的粤商外向型基因

有学者将明清以来中国形成的商帮归纳为"十大商帮"。其中，以徽商和晋商规模最大、影响最广，他们前后叱咤风云几百年，代表了中国古代农业文明情境中商帮的形象。与之形成鲜明对照的是粤商和浙商，特别是改革开放以来"新粤商"的异军突起，这支远离政治中心的商人队伍，具有明显的近代海洋文明的特征，从而也在一定程度上决定了它与旧的商帮形态不同的命运。众所皆知，晋商、徽商在极度辉煌之后是覆灭的

"粤商文化"丛书

十三行：商船与战舰

结局，现在的山西、安徽境内的商人群体，从严格意义上说并未继承历史上晋商与徽商的事业和商业精神，实际上出现了历史断代。而粤商则成功地延续至今，从海上丝绸之路的奠基到十三行转手贸易的辉煌时代，再到现代的珠三角加工贸易和产业集群的兴盛，粤商千年传承，生生不息，不断在新的时期创造新的辉煌。其秘诀是什么？搞清楚粤商世代繁衍、发展壮大的动因，对我国的企业发展具有重大的战略意义。

粤人经商的历史可远溯汉代。汉武帝时期开通了"经南中国海过马六甲海峡，入印度洋，到波斯湾、阿拉伯半岛以及非洲东海岸"的"海上丝绸之路"。与中国途经西北地区的陆上丝绸之路相比，这条海上丝绸之路的航行更为艰巨、风险更大，但船舶的容量更大、利润更可观，因而吸引了大量粤人从商，粤商的海外贸易经营从此展开。及至近代因为清政府"一口通商"的政策，广州得天独厚地垄断了中国的对外贸易，外国客商必须经过十三行才能从事与中国的贸易。随着业务的扩大和新一批通商口岸的建立，粤商也逐渐转型，开始走遍全国各地进行交易，并前往海外进行贸易。

五、粤商精神与文化内涵

近现代中国，粤商一直是我国对外贸易的中流砥柱，粤商敢为天下先，成为改革开放的先行者，引领改革的步伐，启动了中国成为"世界工厂"的历史变革。改革开放以来，粤商对外经济贸易取得辉煌的成就。长期的贸易传统令粤商充分发挥"广交会"的优势，产品行销全球。可以说，众多粤商成长的历程就是广东甚至中国改革开放过程的缩影。

支撑这一骄人成绩的是广大粤商所秉持的粤商精神，这种精神也是中国商界的瑰宝。粤商文化内涵丰富，我们可以通过语言、观念、态度、行为等概括粤商的文化内涵。粤商三大族群分广府民系、福佬民系和客家民系，其方言要么是古代中原汉语，要么融合了古代中原汉语和当地土话，民风与传统兼容了古代中原文化传统和近代海洋文化传统；长年海外贸易兴盛导致民间重商传统浓重，开放观念深入人心；天生的国际化基因使之具备兼容的营商态度，能够吸纳东西方的文化和商业模式，敬业乐天的天职意识让其以知足乐观的态度对待身边的人和生意，养成了"和气生财，利己而不损人"的营商态度和准则；中庸文化的熏陶、老庄哲学的浸润，让粤商深谙"韬光养晦"和"生意就是生意"的道理，养成低调、务实的行为习惯；粤商不安现状的探索海洋的精神蕴蓄了其创新精神，能够在不同时代抓住时机转型升级，创新商业模式，创造新型业态。

1. "敢为天下先"的精神是粤商在很多方面引领改革开放的根源

粤商深受岭南文化的影响，勇于尝试的精神使得粤商在很多方面成为"第一个吃螃蟹"的人，使广东迅速成为全国经济的排头兵。当代粤商的崛起，是在经历过"文化大革命"百业凋零之后，在"对外开放，对内搞活"的背景下获得了发展机遇。当时的粤商大胆革新，借鉴国外先进经验，敢于尝试。曾经流传的"红绿灯"理论就是形容粤商善于利用政策发展经济，善于创造条件变革经营，决不等待，决不观望，敢为天下先。

2. "开放、包容"的文化是粤商能长期保持昌盛的根本

广东的文化，历来不是封闭型的文化。历史上，广东吸收了楚文化和中原文化，并改造了南越的风俗习惯和"刀耕火种"或"水耕火耨"的农业劳作方式，特别是广州在成为对外贸易的重要口岸之后，又成为中国与世界文化交流的重要窗口之一。较之国内大多数地区的商人，广东商人有更多的机会了解世界，获取新知，采用从国外学来的经营方式，在国内再创业或去海外经营。因此，岭南地区各族群在生存和发展的过程中，对中原文化与海外文化既没有明显的偏向，也没有明显的排斥，包容、融合外来文化的特征就在内外交往和交流的过程中形成了。

粤商深知"地低成海，人低成王"的道理，放低姿态，虚心向别人学习求教，在吸收外来优秀文化的同时壮大自己的实力。因而粤商走遍全国乃至全球，以高度开放和包容的心态，向世界呈现立体全面的开放新态势。

3. "和气生财""利己而不损人"的理念构筑了广东企业有序的竞争环境

粤商有一个良好的商业风气，就是讲究和气生财，相安无事，各发其财。大家各算各的账，只算自己能否盈利，而不去计较对方是否赚得更多。这就是广东形成众多的产业集群专业区，那么多的企业在狭小的地域依然和平相处、共同盈利的原因。

4. "低调务实，灵活变通"促使民营企业迅速发展壮大

粤商大都是实干家，敏于行，讷于言。他们不在乎所谓的虚名，越是有钱的反而越低调。在众多的中小企业中，分布着许多的隐形冠军，他们在各自的行业里占有极高的

"粤商文化"丛书
十三行：商船与战舰

市场份额。"不事张扬"使广东众多个体户发展成为颇具规模的民营企业。

粤商以灵活变通著称，从不墨守成规，故步自封，随时根据市场变化、政策因素等各种条件及时调整自己的经营策略和经营方式。这种特征在官商关系处理上尤显突出。为了保护自身利益，粤商针对不同的历史条件，采取不同的策略处理与政府之间的关系。他们处理官商关系既不曲意逢迎，也不一味抗拒。为了商业利益，总能抱作一团，既是合作伙伴，也是竞争对手。这决定了他们能够在对外、对内的开放中求新、求变，不断输入新鲜血液，最终财源滚滚，兴盛持久。

5. "国际化视野"保障了粤商的代际传承、永续经营

作为中国历史上的三大商帮之一，粤商具有与晋商、徽商等不同的特征。由于地理位置远离封建政治中心，粤商从形成的第一天起就具有强烈的对外性，较少依附于政治权力，商贸活动的开展基本上遵循着对外的营销方向，坚持走国际化道路。广州作为明清政府允许开放的唯一对外贸易港口，成为国内产品与外国商品的集散中心，粤商内部的海商、牙商和国内长途贩运批发商三大类型无一不是与海外贸易相关联的。这一对外性质对粤商应对近代资本主义经济的发展和冲击具有非常重要的作用。粤商不仅避免了晋商、徽商等在政治、经济环境剧变时迅速消亡的厄运，还纷纷走出国门，到世界各地开拓市场，寻求更大的发展机遇，在世界商业大舞台上展露出中国人的商业才智，把中国和世界市场紧密连接在一起。粤商的这种对外交往活动对中国近代的思想进步、经贸发展和社会变革产生了巨大的影响。粤商的发展和演化过程，就是中国近代对外贸易发展的一个缩影。尤其在改革开放的40多年中，粤商起着引领改革时代潮流、推动企业规范化和国际化的先锋作用。

改革开放之初，粤商就着眼全球，利用广东侨乡的优势，引进资金和技术等自身稀缺的东西，发挥劳动力优势，以"三来一补"，"来料加工，进料加工"为主业，发展产品贸易。不管当时的舆论如何，粤商的国际化市场策略从未动摇，靠着这样的坚定，不断在世界市场中求得发展，粤商在短短40多年间神奇地在国内外各个市场站稳了脚跟。

广东的商业文化引领华夏，粤商开中华风气之先，影响着近现代中国社会经济文化等方方面面的变迁。为呈现粤商在近现代中国社会经济制度变革中的推动作用，弘扬广东商业文化，中山大学出版社与广东省粤商研究会联合打造"粤商文化"丛书，尝试对粤商进行系统化学术梳理。

粤商与徽商、晋商一道,在历史上被称为"三大商帮"。但粤商题材的学术作品却没有像晋商、徽商一样为大众所熟知,粤商的知名度也远不及其他商帮。因其稀缺,所以珍贵,衷心希望"粤商文化"丛书能弥补这一缺憾。

申明浩
于广州白云山麓

目 录

引　子　　海上丝绸之路的大航海时代 / 1

第一章　　中国的"大眼鸡"船与红头船 / 9

第二章　　热武器肇端：葡萄牙舰队 / 25

第三章　　献媚绝招：贡狮晋京 / 43

第四章　　"安菲特立特"号及中法关系的"蜜月" / 53

第五章　　"麦士里菲尔德"号与"公行" / 73

第六章　　"苏珊娜"号的是是非非 / 85

第七章　　瑞典，不仅仅有"哥德堡"号 / 97

第八章　　"成功"号闯关到了天子脚下 / 115

第九章　　"嫩实兹"号：战祸与鸦片之合谋 / 135

第十章　　独立与封锁：美国"中国皇后"号与"大土耳其"号 / 149

第十一章　祝寿与觊觎："狮子"号率领的船队 / 165

"粤商文化"丛书

十三行：商船与战舰

第十二章 "希望"号之失望：铩羽而归的沙俄 / 187

第十三章 西方的"治外法权"："海王星"号之诡异 / 197

第十四章 "窝拉疑"号和"复仇女神"号：永远钉在历史耻辱柱上 / 213

第十五章 "亚罗"号：战争从来就不需要借口 / 235

第十六章 行商为抗击外来侵略建造的战舰、炮台、水雷 / 247

结　语 / 259

参考文献 / 263

跋　建构海上丝绸之路的断代史 / 267

引 子

海上丝绸之路的大航海时代

"粤商文化"丛书

十三行：商船与战舰

西汉南越国战船 （《南越王墓博物馆图册》，文物出版社2007年版，第127页）

"越人造大舟，溺人三千。"

两千多年前的历史记录，当激起我们多么宏阔的想象？！

中国自古以来就是一个海洋大国，两千多年前，中国人不仅渡海到达日本，甚至有人认为，中国人还抵达了美洲大陆。

而郑和下西洋，也同样有人认为，他们到过美洲大陆——也就是说，新大陆最早的发现者，可能是中国人。

辽阔的太平洋，从来是炎黄子孙扬帆驰骋的地方。

不说越王的大舟,只说明朝郑和的宝船,是有确凿的史料证实的。大的船中可容纳上千之众,而一支船队则达到了两万多人的规模,浩浩荡荡下南洋、出印度洋,甚至有可能越过了好望角。偌大的一个印度洋,纵横驰骋,劈波斩浪,留下的是怎样的历史刻痕?!

从广州南越王墓出土的文物"船纹铜提筒"上清晰反映了2000多年前珠三角这个地方发达的航运活动,提筒上最突出的是战船的三舱结构,这是现在全世界有证据可证明的最早的同类船舶设计。船舶采用分隔舱结构设计,在今天的造船工艺中依然是基本准则,因为分隔舱结构除了能够加强船体牢固外,还可预防船身进水危及整体安全,出现危险时有时间、有空间排除危机。

大航海时代,立足于西方,视葡萄牙人为东方的发现者,而西班牙人则是西方的发现者。

但这并不是站在世界的角度上。

正如法国当代学者所说:"在18世纪,大家实际上是目击了一场信息的反向流动,主要是欧洲向中国学习。""发现和认识中国,对于18世纪欧洲哲学的发展起到了决定性的作用,而正是这种哲学为法国大革命作了思想准备。"

所以,一些史家认为,从大航海时代肇端,中国成为世界的机会,如果没有丰富的中国商品尤其是茶叶、丝绸、陶瓷的交易,令商人们挣得盆满钵满,从而有足够的资本催生了作为"暴发户"的资产阶级的崛起,那么,无论是光荣革命,还是工业革命都无以发生。同样,美国的独立战争,如果没有与中国的通商,那么便难以打破英国殖民者的经济封锁。后来,十三行以其巨大的财富,成了世界的"影子银行",在东方与西方的全球金融网络中,发挥了无可替代的甚至是决定性的作用。据不完全统计,十三行期间,世界上有超过5000艘商船出入于广州、澳门、珠江口。同样,也有上万艘的中国商船,远航到南洋,甚至还有进入印度洋、大西洋的。世界就在十三行设立的这300年间,进入了史无前例的高速发展的时代,正是中国给了世界这样一个机会。如今,中国仍是世界贸易出口第一大国。

当然,世界也给了中国机会。或许,刚开始时,中国人还能抓住这个机会。康熙开海了,雍正开洋了,乾隆最终取消了朝贡贸易遗留下的恶税"加一征收",中国梯度开放的格局终于形成,如果再往前推进,盛唐、富宋的辉煌当再度出现。但是,先是康熙晚年的禁洋令,再是乾隆在开海22年之后来了一个逆转,实施了"闭关锁国"政策,关闭了江浙闽

引子:海上丝绸之路的大航海时代

"粤商文化"丛书

十三行：商船与战舰

三大海关,只余广州"一口通商",最终失去了这样可贵的机会,落了个落后挨打的下场。

其实,隐患从对船加以限制时就已经埋下了。

康熙承袭明代后期的海禁政策,对船的大小作了严格的限制:不得超过两桅、25名水手、500石——这么小的船,只能在近海行驶,一旦出远海,就难以经受风浪。尽管这样,仍有上万艘船不惧风浪下南洋,但是,这对中国在世界海贸格局中的地位与作用产生了巨大的负面影响。

我们甚至可以设想,如果清朝能造郑和下西洋时那样的巨大宝船,那么,后来的鸦片输入及之后发生的鸦片战争是否会消弭于无形之中呢?

船,曾是我们的骄傲。

船,却也成了我们的遗憾。

其实康熙年间也造过大船,有罗天尺(1686—1766年)的诗为证:

大龙始自宋末梁太保,舟长十丈有奇,龙首尾刻画,奋迅如生。上建五丈樯,有台阁二重,樯为五轮阁一重,下平台为一重。各仿杂剧五十余种,童子八十余人,为菩萨、天仙、将军、文人、女妓、介胄、巾帼之属,所执刀槊、麾盖、旗旆、书策、佩帨等。一切格斗、招挑、奔奏、偃仰、喜跃、悲愤,有声有色,有情有理,无不尽态极妍。诸童子不得自由,有运机于锦幔之中,询可异也。三十年一举,辄费金钱百万。士女云集,箫管鼎沸,翠袖朱帘,花船象板,莫可名喻也。康熙乙未,大龙复作,距壬戌之岁已三十有四年,其盛比昔有加云,亦太和雍熙之一征也。予亲见其事,制为长篇,以贻海内好事者。

西流五月海门骄,潦水撼天光摇摇。
蛟鼍徙宅神龙戏,神龙腾赛出狂潮。
小龙寻常不足数,大洲五月大龙舞。
少年生长未得逢,鼓舵直溯珠江浦。
大龙巧妙不可言,偃师之后蒙古前。
幻似龙宫白日海市开,骑犀破浪龙王来。

珊瑚十丈烛水底,蜃楼百尺何奇哉。
动似周天三百六十自旋转,翼躔分野不能乱。
乾坤鼓荡少人知,大造无言物星换。
壮似楼船习战昆明池,日月掩映芙蓉旗。
狼牙利刃纷相向,鲸吹波浪鸣鼓鼙。
高似帝王金殿开天门,万方玉帛朝至尊。
九夷九宾齐向化,前朝后市何阗喧。
我叹大龙真无比,珠江万顷无余地。
百钱争买素馨船,五两纷过海幢寺,
繁华谁道秦淮饶,粤海游人暮复朝。
三千人胜隋宫女,廿四桥输明月箫。
黄龙青雀争相挟,岸上骅骝又蹀躞。
竹肉时时送竹枝,桃笙夜夜邀桃叶。
况复官民共乐游,帝历难逢六十秋。
中丞海陆开新宴,将军箫鼓叠中流。
皇风浩荡无中外,铜鼓蛮笳合相配。
暹罗贡舶高丽船,鬼帽花衫来小队。
大龙大龙,吾将为汝远邀湘沅国殇山鬼云中君,桂旗香草共缤纷。
又将为汝近邀慈元殿上航海三君子,零丁洋外悲歌起。
楚些犹招死白鹇,元朝已付东流水。
崖门沉玉几多人,抱冤鲛室将谁伸。
何如太保忠名露衣带,乡人至今畏其神。
大龙游戏将旬日,波涛翻易青天色。
忠魂想慰已多时,乐事从来不可极。
多恐大龙飞上天,濡毫请赋龙池篇。

"大龙",是广东珠江三角洲所制的巨型龙船。《广东新语》卷十八:

十三行：商船与战舰

番禺大洲，有宣和龙舟遗制，是曰"大洲龙船"。洲有神曰"梁太保公"，盖以将作大匠，从宋幼帝航海而南者也。

仅舟长十丈这点就令人感慨，不难想见当日广东造船业之规模。壬戌，即康熙二十一年（1682年），乙未，即康熙五十四年（1715年）。可惜的是，如此壮观的"大龙"却只供游玩，不用于海运，更不能打仗。

我们送出去的是令人神清气爽的茶叶，殖民者回报的却是让中国人成为"东亚病夫"的罪恶鸦片！

我们美轮美奂的陶瓷装饰了欧洲的宫殿，殖民者回报的却是炮弹与大火，烧毁我们的城市、园林、皇宫！

我们精美的丝绸装点了西方达官贵人的身躯，殖民者回报的却是一页页不平等条约！

如果说，同在1557年，乾隆颁布了"一口通商"的圣旨，而英国殖民者占领了孟加拉国的鸦片产地，便已预示了80年后中国的不战而败。那么，当英国人公然用战舰"嫩实兹"号首次运载多达4000箱的鸦片上南海入珠江口时，半个世纪之后的鸦片战争便已注定发生！我们只有两桅的船，而且是商船。而人家呢？船上载有的不仅是商品，也载有光荣与梦想、血腥与罪恶，载有那样一个时代东西方的历史，载有整个人类的命运！

没有船，就没有海上丝绸之路，也没有今日日益繁荣的世界！硝烟毕竟会散去，和平永远是历史的主旋律！记住来过的船只，无论是与非、功与过，都是历史！让我们倾听一条条大帆船的诉说吧。

17世纪的最后两年，法国商船"安菲特立特"号、英国商船"麦士里菲尔德"号先后泊岸澳门，再度成功开启了中西贸易的大门，海上贸易自此兴盛，广州十三行自此风生水起。之后的一个多世纪里，欧美帆船频频造访广州，它们不仅带走了江西景德镇的瓷器、福建的茶叶与江浙的丝绸，同时也成为散播中国文明的使者，带走上百种这个华夏古国几千年的古老典籍。闭关锁国的清政府以陈腐的朝贡贸易体制来应对大航海时代的机遇和挑战，获取了西方的奇珍异宝，却拒绝了西方的变革精神。中国的发展每况愈下，西方世界却蒸蒸日上,百年来的时间颠覆了稳固千年之久的中西发展态势,不能不令后人嗟叹和反思。

无论主动还是被动,广州乃至北京,都被卷入了世界大航海时代风起云涌的商贸竞争,中国认识了世界,世界也认识了中国。葡萄牙的"安特拉特"舰队、瑞典"哥德堡"号、法国的"安菲特立特"号、英国的"麦士里菲尔德"号、美国的"中国皇后"号……如今的广州人还能对数百年前的西方帆船如数家珍,因为它们是广州繁荣的见证,也是近代中国没落的见证,它们被当作西方掠夺者的殖民工具,却成为中西交往的当之无愧的先驱。

让我们来到广州十三行的历史画卷前,珠江水面上的艘艘帆船静静地排列在夕阳下,似乎在凝望着远处那熙熙攘攘的西关街巷,看尽几百年间的繁盛与凋零;感受着绵延不息的珠江水,这里吸引过八方来朝与中西互市。这看似小小的岭南一隅,旱天惊雷拽不动清王朝迈向没落的步伐,雨打芭蕉却润泽着西方近代工业之路,历史究竟为我们呈现着怎样的不堪与心酸?

龙船(王次澄等著,《大英图书馆特藏中国清代外销画精华》第六卷,广东人民出版社2011年版)

十三行：商船与战舰

人都笑清政府的闭关锁国，自绝于航海大时代，却不知，以臭名昭著的英船"嫩实兹"号与"窝拉疑"号为代表的大量夷船，宛若无数条暗流，干着见不得光的勾当，罪恶累累。

帆船上下，洋人海员卸货装货；商馆内外，行商们费尽心机。这里面，有着一个又一个的故事，或欣喜跳跃，或惊险曲折，或屈辱悲愤，各种滋味，如何一一道来？

让我们静静的倾听"帆船的诉说"吧！

第一章
中国的"大眼鸡"船与红头船

"粤商文化"丛书

十三行：商船与战舰

中国商船的共名："大眼鸡"船或红头船。

内陆江河商船与海运商船，有一个最大的区别是海运的画有眼睛，江河的没有。所以，远远一看有眼睛的船就是海船。

黄埔古港，如今风平浪静，只见一线渔船停泊在大榕树下，渔民们怡然自得，在那里下棋、打牌。附近的古村俨然，有名的"左垣家塾"及梁氏大祠堂依旧不减当日的风光。人们每每历数在十三行八大家"潘卢伍叶谭左徐杨"中排行老六的左家曾经的荣耀，也每每感慨于梁家（仅梁经国为十三行行商）爱国志士、著名学者辈出的今天。如没有梁嘉彬的名著《广东十三行考》，国内对十三行的研究，只怕还在黑暗中摸索，对比起国外的研究，当惭愧得无地自容。

暹罗贡船（王次澄等著，《大英图书馆特藏中国清代外销画精华》第六卷，广东人民出版社2011年版）

每每徜徉在古港，古树与古宅之间，看沿岸榕树葳蕤，江中碧波荡漾，亦每每纳罕，就这么一个小港湾，在十三行时代的中后期，何以有上五千艘外商的多桅巨船在此停泊，把数以千万计的银圆运来，购买丝绸、茶叶与陶瓷，来来去去，周转往复，这是何等浩大的气象？

诚然，泥沙的冲积，让当时开阔的江面，如今已经不足原先的一半了，本可停泊数千吨远洋轮船的港湾，也变浅了，沧海桑田，也只在历史瞬间。

倒是那五千艘洋船，大都有名，在人家的编年史、航海志上，一一可以查出各自的名号。最出名的，莫过于英国的"麦士里菲尔德"号、法国的"凯撒"号、美国的"中国皇后"号、瑞典的"哥德堡"号等，每一艘船都有自己的历史，而上述这几艘，更开创了各所在国的新的历史，可谓声名显赫矣！

只是，每到这个时候，人们总会问，那么，与此相对的，中国的船呢？

或许，十三行时代的中国商船，自有神勇与辉煌！

可不，著名学者屈大均，在其被称为"广东大百科全书"的《广东新语》中，就引用了他自己写的一首脍炙人口的七言诗：

> 洋船争出是官商，十字门开向二洋。
> 五丝八丝广缎好，银钱堆满十三行。

这里说的是"洋船"，还有"官商"。

他写这首诗的时候，是康熙"开海"，即1685年前后，那时，行商亦被称为"洋商"，那么，这里的"洋船"可否指做洋货生意的中国船呢？诚然，在康熙五十六年（1717年）颁发的"南洋禁航令"，不允许中国商船下南洋之前，中国商船下南洋的规模当是声势浩大的。"商民尤为踊跃，每一洋船回，各带二三千石（暹罗米）不等。"显然，这里的洋船便是指出海的中国商船。

在《广东新语》中，专门有"卷十八·舟语"，第三条为"洋舶"，细读下来，大都讲的是贺兰（即"荷兰"），不妨引用几段：

十三行：商船与战舰

尝有贺兰国舶至闽，有客往观之，谓其舶崇如山岳，有楼橹百十重，上悬五色幡帜，环飞庐皆置木偶以疑远。内则含伏大佛朗机百位，外则包裹牛革数重，月以丹漆涂墼一周以为固。梯以藤结而上下，客登，则番人从雀室探其首，眼皆碧绿，发黄而面黧，以手相援，见之惊犹魑魅。登未及半，则施放火器，黄雾蔽人，咫尺渺不相见；声如丛雷，轰阗足底。译人云："此吾国所以敬客，愿毋恐。"其人无事皆细绒大笠，着红卫长裤，金纽连绵至地，或持骨朵，或负手闲行，自晨至暮不息。帆绳交结如网罗，或皆在其上坐卧。帆以布，凡七张之，绳以棕细藤。窗牖以玻璃嵌之，舱以辟支缎铺之，凡十数重。酒以葡萄、以香春，器以宝玉碗，高倾以泻注成贯珠为礼。瓜蔬味皆酸脆碧色。笔管以木为之，如冠簪而细小。有一卷长二丈余，绘画山川，有番字识其下。考之皆五虎门内水深浅处，其心故不可测也。贺兰舶亦尝至广州，予得登焉。舶腹凡数重，缒之而下，有甜水井、菜畦。水柜水垢浊，以沙矾滤之复清。悬釜而炊，张锦绷白氍而卧，名曰奭床。人各以柔韦韬手，食则脱之。食皆以苏合油煎烙，馒头、牛臑，皆度色如金黄乃食。其刀可屈，信如蛟蛇，左右盘拿，类古之鱼肠剑然。时鼓弄铜琴铜弦，拍手鞞肩对舞以娱客，似有礼者。

这里说的"佛朗机"，指的是船上设的炮位。

至于"官商"，经相关研究者证实，在康熙平三藩之前，垄断十三行的有皇商、王（藩王即尚可信之类）商、将军商人、总督商人、巡抚商人等，他们有的是直接参与经商，有的则派出代理人。直到平定了"三藩"之后，这些有官方背景的商人才最终退出了十三行，在十三行经商者则是以自身的实力进入行商的行列，尽管他们与官方仍有千丝万缕的联系，但他们的身份已不再是"官商"了，哪怕花钱买了"红顶子"也是徒劳。

屈大均毕竟生活在十三行时代的早期，他留下的文字，当是那个时代较真实的记录，我们不妨在《广东新语·舟语》中进一步搜索。

在"舟语"的头条"操舟"中，有如下的记载：

越人善用舟。刘安云："越舲蜀艇，不能无水而浮。"又云："汤武，圣主也，而不能与越人乘舲舟而浮于江湖。"又云："九疑之南，陆事少而水事众。"九疑之南，盖越也。又云："越地幽昧而多水险，其人皆习水斗。"而左思云："篙工楫师，选自闽、禺。"禺，番禺也。《山海经》云：番禺始为舟。

"番禺始为舟"，也就是说，中国的造船史，是从番禺开始的。

我们再往下看：

粤人善操舟，故有"铁船纸人，纸船铁人"之语。盖下海风涛多险，其船厚重，多以铁力木为之，船底从一木以为梁，而舱艎横数木以为担，有梁担则骨干坚强，食水可深，风涛不能掀簸，任载重大，故曰"铁船"。船既厚重，则惟风涛所运，人力不费。小船一人一桨，大船两三人一橹，扬篷而行，虽孱弱亦可利涉，故曰"纸人"。篷者船之司命，其巨舰篷，每当逆风挂之，一横一直而驰，名曰"扣篷"。谚所谓：广州大艨艟，使得两头风，输一篷，赢一篷也。横行曰"输"，直行曰"赢"。篷，帆也，以蒲席为之，亦曰簟也。或以木叶为之，曰"帆叶"也。每舰有二篷，风正曰"八字"。八字风在后则正。在前则横。故又有"后八字风。扬篷当中。前八字风。勾篷西东"之语。其或舟子撮唇为吹竹叶声，及鸣金鼓以召风。风至，二篷参差如飞鸟展翅，左右相当，其形亦如八字。是皆铁船乃胜任。

这里有"广州大艨艟"出现，而且有了"铁船"，可见当时广州造船业已相当发达。

然而，在第一条"战船"中，我们却读到：

广之艨艟战舰胜于闽艚，其巨者曰"横江大哨"，自六橹至十六橹，皆有二桅，桅上有大小望斗云棚。望斗者，古所谓"爵室"也。居中候望，若鸟雀之警示也。云棚者，古所谓"飞庐"也。望斗深广各数尺，中容三四人，网以藤，包以牛革，衣以绛色布帛，旁开一门出入。每战则班首立其中。班首者，一舟之性命所系，能倒上船桅，于望斗中以镖箭四面击射，势便，或衔刀挟盾，飞越敌舰，斩其帆樯；或同蛋人没水凿

第一章 中国的"大眼鸡"船与红头船

"粤商文化"丛书

十三行：商船与战舰

船，而乘间腾跃上船杀敌；或抱敌人入水淹溺之。其便捷多此类。舰旁有苙篱，夹以松板，遍以藤，蒙以犀兕绵被，左右架佛朗机炮、磁炮、九龙信炮、蒺藜锡炮、霹子炮、神炮数重，及火砖、灰礶、烟球之属。尾梢作叉竿连棒，又有箐竹楼橹以隐蔽，又或周身皆炮，旋转回环，首尾相为运用，其捷莫当。此戈船之最精者也。

纵然文中对"战船"上的神威描绘不少，如佛朗机炮、磁炮等，可是，一看前边"皆有两桅"，心里马上就凉了一大截。为什么呢？因为，从明代开始实施海禁，"两桅"便是标志。

很难想象，郑和七下西洋之后，明朝的统治者竟会愚昧到全面从大海后撤，不惜焚毁了全部的航海日志，拆掉了将近万吨的宝船，甚至对沿海实行"三光"政策，清空海边几十里，以"饿死海盗"。结果却适得其反，海盗愈加猖獗，又让明朝更加强化海禁，弘治十三年（1500年，距郑和最后一次下西洋才半个多世纪）就下令，建造两桅以上帆船便须立即处死，到1525年，所有的海船均被销毁，而且把船主都抓了起来。及至嘉靖二十六年（1547年），浙江巡抚朱纨治理海禁，一次就处死了96名船夫……

从此，"两桅"就成了一道魔咒，加在了中国沿海百姓头上。

清沿明习，顺治年间（1638—1661年），为防止郑成功的海军打进来，沿海50里被清空，百姓家破人亡，无处可栖，尸横遍野，千里荒原。由于担心南方人与海外相通，清政府此后又一再"诏如顺治十八年例，迁界守边"，概不批准任何请求放宽海禁的奏请，对海船出洋严加限制，且其律令逐年严密，不许民间建造双桅以上海船，擅造双桅以上大船和运载违禁货物出洋贸易者皆处斩枭示，全家发边卫充军。后虽允许打造双桅船，但却有着种种限制，民间使用的渔船、商船，严格限制在五百石以下。

及至康熙"开海"，对于船只的限制，仍没有放开，还是在"双桅"之下。于是，西方来的船愈来愈大，对应的中国船，反而愈来愈小了。尽管这样，统治者还是放不下心来。

我们再回过头来看屈大均的《广东新语·舟语》。

在第三条"洋舶"之后，我们所能读到的，是从第四条到十二条，它们分别是"藤埠船""洋船桅""船帆""泷船""蛋家艇""大洲龙船""龙船""诸舫"与"梦香船"。内中"洋船桅"一条，惊叹其"巨者一桅费千余金""桅大者合两人桅"，而这仅是外国的商船。而

"船帆"条中，则是"广州船舶，多用通草席缝之"，只能在内河或小风小浪的内港中航行。别的，则无须提起，仅是祭祀、游玩、娱乐所用。

康熙早年"开海"，为的是国计民生，从而有利于中国的对外贸易。但在康熙五十六年（1717年），却又来了个"南洋禁航令"。

原来，海禁重开后，深受海禁之苦的沿海人民纷纷出国谋生，每年造船出海贸易者多至千余，不少人居留南洋。清政府因担心汉人出洋日多会危及统治，并认为南洋各国历来是"海贼之渊薮"，"数千人聚集海上，不可不加意防范"。加上地方官员谎报每年造船数千出洋，返回者寥寥，木材、粮食都让夷人搞走了，于是，在康熙五十六年（1717年），清廷再颁"南洋禁航令"，规定内地商船不准到南洋吕宋（今菲律宾）和噶喇吧（今印度尼西亚雅加达）等处贸易，南洋华侨必须回国，澳门夷船不得载华人出洋。同时加强海路限令，严令沿海炮台拦截前往船只，水师各营巡查，禁止民间私出外境。福建巡抚的密陈，更称行商秘密把船卖给番鬼佬，又把国内的大米去接济外域，如此发展下去，势必在将来成为中国最大的隐患，特报请圣祖康熙帝，虑洋船盗劫，请禁艘舶出洋，以省盗案。圣祖果然批允，从此沿海百弊丛生。

禁航令颁布后，东南沿海民生凋敝。福建士绅蓝鼎元道："闽粤人稠地狭，田园不足于耕，望洋谋生十居五六。……南洋未禁之先，闽广家给人足。游手无赖，亦为欲富所驱，尽入番岛，鲜有在家饥寒、窃劫为非之患。既禁之后，百货不通，民生日蹙。……沿海居民，富者贫，穷者困。"

康熙当然是拣好听的，还自以为做了调查研究，可那种闭关锁国的定向思维，只能接受防"海贼"的说辞而不能接受任"海商"驰骋南洋的思路。

试想一下，每年上千艘中国商船出驶南洋，哪怕是五百石排水量的双桅船，也该是多大的贸易规模！

康熙死后，雍正证实，所谓"每年造船数千出洋，返回者寥寥"，造成木材外流纯属谎言，这才有雍正五年的再度"开洋"。虽然"禁洋"实施了不到10年，但是中国商船"双桅"的限制却从来不曾撤销。

雍正在决定解除禁海令上也是经过一番挣扎的。毕竟留下来的祖宗成法是禁海，这违反祖宗的做法，自然是需要一番思想斗争且要经受各方压力的。而在雍正解除禁海令上，

第一章 中国的"大眼鸡"船与红头船

"粤商文化"丛书

十三行：商船与战舰

也有不少官员发挥了积极的作用，其中之一便是高其倬。

高其倬，汉军镶黄旗人。常年深入基层进行观察，他将自己调查的结果及对开海的看法上报雍正，指出开海是顺应时代要求，也是社会的需求。引文如下：

雍正四年　疏

福、兴、漳、泉、汀五府，地狭人稠，自平定台湾以来，生齿日繁。山林斥卤之地，悉成村落，多无田可耕，流为盗贼，势所不免。臣再四思维，惟广开其谋生之路，如开洋一途，前经严禁，但察富者为船主商人，贫者为头舵水手，一船几及百人，其本身既不食本地米粮，又得沾余利归养家属。若虑盗米出洋，则外洋皆产米地；虑透消息，则今广东船许出外国，岂福建独虑泄漏？虑私贩船料，则中国船小，不足资彼之用，以臣愚见，开洋似于地方有益，请弛其禁。

雍正五年（1727年）终于有了上谕：

兵部议覆：福建总督高其倬疏言，闽省福、兴、漳、泉、汀五府地狭人稠，自平定台湾以来，生齿日增，本地所产，不敷食用。惟开洋一途，藉贸易之盈余，佐耕耘之不足，贫富均有裨益。从前暂议禁止，或虑盗米出洋，查外国皆产米之地，不藉资于中国，且洋盗多在沿海直洋，而商船皆在横洋，道路并不相同；又虑有逗漏消息之处，现今外国之船许至中国，广东之船许至外国，彼来此往，历年守法安静；又虑有私贩船料之事，外国船大，中国船小，所有板片桅柁，不足资彼处之用。应请复开洋禁，以惠商民。并令出洋之船，酌量带米回闽，实为便益。应如所请，令该督详立规条、严加防范，从之。

可是出于政治敏感和谨慎，又加上一句"令该督详立规条、严加防范，从之"。

雍正皇帝终于发现，"南洋禁航令"是地方官员忽悠皇帝的结果，且暹罗大米亦源源不断供应沿海地区，以解粮荒，于是宣布"开洋"。

时任广东布政使的常赉闻讯赶紧奏请广东也与福建一样"开洋",毕竟,广东下南洋的船只要比福建多得多。雍正也立时批准了。这一来,来自西方的商船愈来愈多。

行文至此,十三行中的中国商船到底是什么样的,恐怕读者仍是不甚清楚。为何整个十三行,都没有留下中国商船的遗存,哪怕是其中一艘的名字或者模样?行商们不是富可敌国么?他们的生意不是做到了全世界么?瑞典皇宫里的油画,有国王接见潘启官的场景。英国的蜡像馆里,更有叶家人静园(吉荐)的蜡像。甚至欧洲的银币上,也铸有行商的头像。被视为世界首富的伍家,也有人直接旅居欧美……没有他们,黄埔港上5000艘外商的巨舶,能挣得满载而归么?没有他们,西方的工业革命,能有足够的原始积累支撑么?整个世界,都是他们的商品,整个世界,都笼罩在他们建立起的巨大金融网中!可为什么,就找不到他们的商船,就不知道他们商船的名号?

南洋,一度几乎可称为中国的内海——南海本名就是南中国海,到达南洋的华人,比西方殖民者不仅多得多,也早得多。

难道每年出洋数千艘"中国制造"的船都沉没了,肢解了,有去无回?可在雍正帝"开洋"时已证明,这纯属谎言,是地方官员忽悠康熙皇帝的,南洋上往来的"中国制造"的船实在是太多了,无所谓回与不回。

我在《开洋——国门十三行》一书中,专门介绍过谭康官两下南洋的悲壮经历,其中对上述问题做了些许探讨,也算是给历史留一个见证吧。

尽管元、明开始禁海,但民间的造船业仍是在曲折中苟延残喘……而随着康熙"开海",造船业也就开始了复兴,虽然在国内受到限制,只能造两桅船,可是,一旦到了海外,这个限制恐怕也就无人在乎了。

暹罗、吕宋岛、婆罗洲、苏禄等地,原始森林密布,加以气候的优势,那里的树木高耸入云,木材资源丰富,材质令人叹绝。南洋归来,无人不称:暹罗"从海口到国城,溪长2400里","夹岸大树茂林",最适合做能经大风大浪的商舶。而在广南,更有身高八丈,通体无节的桅木及盐舵木。在婆罗洲的坤甸,出产的坤甸木,其质地坚硬如铁。还有,吕宋的"树木约4200种,高约50丈,便于建船、屋"……这些文字,皆出自魏源《海国图志》、陈伦炯《海国见闻录》等,这能不让行商趋之若鹜么?

就这样,海商们纷纷外出,带上能工巧匠,到暹罗等地去造大船,而造船的技术也得

第一章 中国的"大眼鸡"船与红头船

"粤商文化"丛书

十三行：商船与战舰

到迅速的提高。

1830年，有一位叫谷慈拉夫的金发碧眼的外国人，亲眼所见，一些来自中国的船只，船上面载的都是各式工匠——全为造船业的技术工人，往南洋疾驰。他写道："在赴暹罗的航程上，他们先是沿越南海岸一带砍伐木材，而后则在到达曼谷时再另外添置、购买若干，再用这些木料建造帆船，仅两个月，一条船就造好了，所有的医帆、绳索、铁锚以及其他物件，全部一件一件亲手造好了。"

自然，造船需要的诸如油、麻、钉之类，大都可就地取材，其他的则事先有所准备。

在南洋，没了"两桅、五百担"的限制，船造得也大了，每每载重量可达到7000到10000担之间，桅也有三至五杆的。

1819年，新加坡开埠，为了让狮城成为一个自由贸易港，吸引来自全世界的商船，其时任行政长官佛莱士，就把招徕中国商船当作开埠的头等大事。

一位英国人写道："第一艘帆船抵达时，每每在圣诞节之前一点点，此刻，人们都在焦急地等候，马来亚的舟楫面朝东方期待着这艘帆船的出现，整个华人社区满是喧嚣……"引录这么些，只是证明，十三行时代，航行在南洋的中国商船，是何等的威风凛凛，何等的举世瞩目！

然而，为何在中国自己的历史记录中，却几乎找不到任何记载呢？每位行商，他们果然只是"坐商"，坐等那5000艘外国商船来做生意么？他们就没有自己的海船，他们上南洋也不是坐自己的商船么？诚然，上欧洲，包括到英法，到斯堪的纳维亚半岛，他们有时不得不坐外商的船。不过，这些"外商的船"，其真正主人、大股东，却有可能是他们。

早在1704年，最早的行商黎启官（又叫黎安官），便称一艘外商的船"是属于他的商号"；商人黎安官也从广州到来，大班对遇见这位曾和公司有过满意关系的人表示高兴；但当他拿出从前"舰队号"大班的期票时，他们表示惊讶，因为（该大班）"借钱用来打发他的船"，但没有将这笔欠债通知他们。黎安官对这件事说得很漂亮，"只暗示按中国利率是每月2%"。他又对他们说，在柔佛被劫的帆船是属于他商号的，而他可以"写具证明，他可将各事解决得使船长汉密尔顿满意"；"他的损失约11000两，假如这件事被官员知道，他们就会抓住这个可乘之机引起争议，以便在本季度的船上勒索一笔款子"。他又劝他们到广州去；但他们不能希望很快回航，"因为商人们被这位海关监督蛮横对待，非常害怕，他们要等新官上任后才订合约,新官已经到达,他具有做海关监督的好性格。"

可见,康熙年间,在金融业、航运业上,十三行已开始瞒着官府经营着大生意了。哪怕"禁洋",十三行的两桅商船出不去,他们还有挂有外国商号的帆船。这一事件,则发生在"一口通商"之前50多年,早期的十三行商人尽管为闭关锁国政策所掣肘,但并不妨碍他们走向世界参与国际贸易,甚至出资经营他国商船,建立以广州为中心的国际关系网络,成为角逐于海上贸易的隐形投资者。

根据资料披露,18世纪广州商人已经开始经营广州与欧洲间货运的帆船贸易。至1763年,广州帆船所承担的广州对外贸易货运量已占总量的30%,约与英国的货运量相当,剩下的70%则由各国来广州的货船分担。其中,瑞典对广州帆船的情况有详细记载。据18世纪50年代至18世纪70年代广州帆船贸易的档案记录,以广州为基地的帆船少则有27艘,多则达35艘,有外国商人投资于这些贸易中,也有许多十三行商人投资经营其中。有资料表明,至少有9家贸易商行及广州的13位中国商人为这37艘帆船出资,其中31艘帆船由7位中国商人经营。这一数字再加上前面提到的13位商人,可见当时不下20位来自澳门和广州的商人经营东南亚的帆船贸易,为其提供资金及服务。

这些中国帆船贸易商还常与行商建立一定的联系。事实上,在18世纪60年代,这些帆船出资人中本身就有许多行商。他们经海关监督的批准与外国人进行贸易。行商潘启官(Poankeequa)、颜瑛舍(时英,Yngshaw)、陈捷官(Chetqua)以及其他商人都积极为这一贸易活动投资。

可以说,他们曾拥有过整个世界。

潘启官面对来自西洋的多桅巨舶,哀叹过:中国要到什么时候才能拥有这么巨大的海船?

据《明史》的记载:"宝船六十三号,大者长四十四丈四尺,阔一十八丈,中者长三十七丈,阔一十五丈。"依今日尺寸,则为长136米多,宽56米,装备有16至20桅,排水量超过8000吨,应当是世界上第一艘万吨巨轮。每次编队出洋,都有260多艘,大型宝船就超过69艘。27000人的巨大船队,可谓规模空前,仅医生就配备了180人。船上更有当时世界上最先进的武器装备。

只是,如此巨大的船队,却不是与国外做生意的,一是为宣示国威以怀柔远人,二是

"粤商文化"丛书
十三行：商船与战舰

为剿灭海盗，当然，可能还有一个目标，朱棣怀疑建文帝逃亡海外，对他的皇位构成了威胁，故派船队出海追杀之。

再往前追溯，宋代，中国海船被称之为"客舟"。

史载"客舟长十余丈，深三丈，阔二丈五尺，可载二千斛粟，以整木巨枋制成。甲板宽平，底座如刀……每船二桅，大桅高十丈……"而可以出海的"客舟"更被称为"神舟"，它的体量是客舟的多倍。曾夸南汉国"笼海有法"、支持王安石变法的宋神宗，造了一艘"万斛神舟"，更为巨大。当时的外商称中国海船"舟如巨室……中积一年粮、养豕、酿酒其中。"船上的舱室超过100间，顺风时可扬起10面巨帆。

再往前，自广州始发的唐代通海夷道，更是万帆竞发。咸亨二年，即671年，跨海访日的唐代将军郭务悰，所率的舰队有47艘大型海船，随访人数达2000人。

更早之前，隋炀帝的"龙船"，也已是"高四十五尺，阔五十尺，长二百尺"。

而早在汉代，中国便有了帆船。而且"楼船"已蔚为大观了，高达十余丈。汉武帝曾自徐闻、合浦派出第一支船队，驶往了南洋，直至印度洋。

一如屈大均在《广东新语》中说的，早在先秦，史有"越人造大舟，溺人三千"的记录。

远在春秋战国时期，《吕氏春秋》中就已有：

如秦者立而至，有车也；适越者坐而至，有舟也。

一个"立"，一个"坐"；一个"车"，一个"舟"，便有着文化上的重大差异。"番禺始为舟"的光荣历史，自与十三行的对外贸易的繁荣，有着很深的渊源。

为何从先秦之"舟"，到两汉的"楼船"，从隋唐的"龙船"，到宋代的"神舟"，再到明朝的"宝船"，到了清代十三行，却找不到它们的踪影了呢？它们寂寂无闻，是因为历史使之"隐形"了么？我们仅仅知道清代早中期的谭家船队，乾隆年间的颜家船队，乾隆、嘉庆年间的伍家船队，规模之大，远超于我们的想象。清代十三行几乎每一个时期，都有各家的船队在南中国海上扬帆！

谭家船王故宅（卢荫和摄）

是历史，更是盘踞在正史上的帝王将相。

一道"两桅，五百石"的魔咒，终于使活跃在南洋的数千中国商船，成了史书上的"幽灵船"，得不到正名与彰显。所以，时至今日，我们只能在外国人的纸草画中寻觅它们的踪影——可惜，大都是两桅的帆船，载重量并不大，无法与西洋巨舶相比。但十三行富可敌国的奇迹，却少不了它们的功劳。

这些双桅船，一种是画有一对大大的眼睛，它们被称为"大眼鸡"船，倒是挺醒目的。这自然是沿袭古人"番禺始为舟"留下的传统，下海是必要历险的，海中的怪物、恶兽不少，所以古人身上都有鳞状的文身，那么，船上也得有一对大大的眼睛，用来吓退海中的凶猛怪兽。时至今日，我们在广东沿海，还偶尔能见到画上大眼睛的渔船，恍惚间，就似海上的一条美丽的大鱼，出没在风涛中，引人遐想。

另一种则是把船头油得红红的，被叫作红头船。它们大都来自粤东，尤其是潮汕区地。红头并不是装饰，也不是防御的象征，而是当年清政府有规定："江南用青油漆饰，白色

"粤商文化"丛书

十三行：商船与战舰

勾字；浙江用白油漆饰，绿色勾字；福建用绿油漆饰，红色勾字；广东用红油漆，青色勾字。"于是有青头船、白头船、绿头船与红头船。不过，到了珠江三角洲，这一规定就不是很灵了，传统的"大眼鸡"还是压过了皇上的钦定红头。

这便是我们今天所能找到十三行时期中国商船的"留影"。就这样，我们寻找十三行行商自己的商船，也算有了答案。

汤宁（C.Toogood Downing）关于船头两旁的巨眼，有过这样的描述：

在所有的船种之中……可以分别出两大类，一种是有眼睛的，一种是没有眼睛的。河流上的船舶好像不需要眼睛，但是出海的在船头两旁都画上一只大眼睛。虽然不能确定是否因为海船比较容易遇到风险，这只白天和夜里都不能合起来的大眼睛，在船员双眼闭上睡觉的时候，可以替他们避开危难。这种迷信，起源于原始的简单逻辑，因为当你问中国人的时候，大家会很认真地回答你："有眼睛就看得见；看得见就知道了。没眼睛就看不见；看不见就不能知道。"好像他们真的相信画上去的那只眼睛是可以真正看得见一切，可以分辨，然后可以避过危险。

龙船（王次澄等著，《大英图书馆特藏中国清代外销画精华》第六卷，广东人民出版社2011年版）

也许，它们每一艘船，也都有过自己的名字，但在皇权显赫之际，这些名字也就只能在暗地里传递，最终也就湮没了。

唯余下它们的共名："大眼鸡"船或红头船。

当我们历数外国商船5000艘各自的名字之际，我们该怎么为中国商船这唯一的共名叹息呢？

黄埔古港之行，当又一次终结。

扬扬手，此去云淡风轻。

天上浮云似白衣，斯须改变如苍狗。

黄埔古港，曾笼罩在怎样的"苍狗"之中？为何不见了昔日的帆影？

第二章
热武器肇端：葡萄牙舰队

"粤商文化"丛书

十三行：商船与战舰

世界上，有人把冷兵器与热兵器的交替视为古代与近代的分界线；也有人称热兵器时代为火药时代，是中国的火药，被蒙古兵带到欧洲，催生了热兵器。嘉靖年间，由于葡萄牙人觊觎珠江口，发生了东方第一次热兵器的交锋，这才有了佛郎机与火绳枪在东方的问世。

而热兵器，则是通过大航海时代，从船上来到东方的。这同样是葡萄牙人所为，只是中国人当时未意识到，千帆竞发的大航海时代的到来，对这个古老的东方帝国将是一次命运的大转折。如果说军舰与火炮（佛郎机）意味着军事上的近代肇始，那么，无数商船的

东印度公司在海上

到来更意味着经济上的近代拉开了序幕。但东方帝国对此是抗拒的，因为自元代开始，便实行了"海禁"政策，也许，当汉民族把自己面向大海的古都南京，迁移到面对北部大漠的北京，就意味着自古以来，尤其是唐宋以来"笼海得法"的开放，向闭关锁国倒退，尽管其后还有郑和七下西洋的辉煌，可那却成了最后的绝响。有人甚至认为，七下西洋也只是海禁政策的产物，明王朝只是想以官方的贡舶贸易进一步垄断抑或断绝海上贸易。朱棣更放言："商税者，抑逐末之民，岂以为利。今夷人慕义远来，乃侵其利，所得几何，而亏辱大体多矣。"此后万吨的宝船不见了，官方只允许建两桅的小船，稍有僭越，便是大逆不道。

可谁又料到，明王朝从大海退后不到百年，西方最早的海上霸主便打上门来。

早在1508年，葡萄牙殖民者塞克拉第一次到达满剌加进行掠夺时，葡王就给塞克拉下了一道训令，内中有一项，便是指向中国的——因为满剌加有不少中国商人。

训令中称：

你要询问中国人从什么地方来？有多远？什么时候来满剌加或他们做买卖的地方？载运的是什么货物？每年有多少船来？并注意船的形状大小，是不是同一年返国？他们在满剌加或其他国家有没有代理商或房子？他们是不是富商？是懦夫还是勇士？有的是利器还是铳炮？穿的是什么衣服？是不是躯干雄伟？将要注意关于他们的一切其他消息。

问得如此之细致，其用心何在？似乎不必挑明了。一度称雄海上的葡萄牙，此时自是野心勃勃，睥睨一切：

又，他们是基督教徒还是异端？他们的国家是不是一个大国？国王是不是不止一个？在他们之中有没有摩尔人（Moors）或其他不遵奉他们的法律或信仰的人？如果他们不是基督徒，究竟信仰什么？崇拜什么？遵守什么惯例？他们的国家扩张到什么地方？与谁为邻……

第二章 热武器肇端：葡萄牙舰队

"粤商文化"丛书

十三行：商船与战舰

很快，他们的军舰，从已占领了的满剌加出发，先行到了珠海外海的浪白澳（今广东珠海市西南三灶岛之西），驻扎了下来，磨刀霍霍，开始了殖民中国的准备。

1516年，以安特拉特为首的葡萄牙殖民者，率远征的舰队，来到了两年前已竖有葡国国徽石柱的屯门，堂而皇之宣称自己是占领者。

这回，不由得当局不重视了。

时任广东巡海道副使汪铉，指挥大鹏所城、东莞所城的官兵，在广大民众的配合下，对占领军发动了猛烈的进攻。志得意满的侵略者，虽说有热兵器的优势，却还是太过于轻敌，被打得抱头鼠窜，不得不狼狈撤退回舰只上，仓皇开到海里。史料有载，这一年的八九月份，安特拉特的舰队丢盔弃甲，灰溜溜地返回满剌加。然而，到了第二年，即1517年，这支船队竟又公然闯进了珠江口，绕过了东莞、新安的舟师，直接开到了广州。

只不过船上的葡萄牙人，统统都"变脸"了：一色的白布缠头、长袍裹身，像从阿拉伯来的伊斯兰教徒，并声称为"满剌加的贡使"。在满剌加被占之前，该国已宣称皈依伊斯兰教了，而且自唐宋以来与中国通商的，也大抵是信奉伊斯兰教的阿拉伯人。亏得他们想得出来，尽管欧洲人，无论是肤色、脸型都同满剌加人不一样，可头部、身上一蒙，一下子是看不出来的。

此番长驱直入，理由是再正当不过了：以明王朝的藩属国满剌加的身份前来朝贡，要与中国建立正式的贡舶贸易关系。况且这一回，船舰仅8艘，其中4艘为葡国船，4艘为马来船，领头的一名叫皮来资、一名叫安特拉特，均自称为"朝贡"而来，一副傲慢的样子。一路上，除蒙面假冒外，还以重金贿赂开路，并声称船上有葡萄牙国王的使臣佩雷斯，俨然是正儿八经、有头有脸的"贡使"！这一招还真灵，令广州的官吏为其开路。当然，这都靠满剌加人或在满剌加的中国商人提供的信息。

这回，安特拉特的海盗船上，倒是多了一位有头有脸的人物，即前文提及的作为葡萄牙国王的使臣佩雷斯。既然是"贡使"，也就只得把他们安排进了广州的"怀远驿"。

但是，深目高鼻，又如何冒充得了东方人，很快便被识破。时任广东佥事、署海道事的顾应祥，曾追述过这件事：

正德丁丑（1517 年）……蓦有大海船二只，直至广城怀远驿，称系佛郎机国进贡。其船主名加必丹（作者按：葡文 Capitao 译音，舰长之意）。其人皆高鼻深目，以白布缠头，如回族打扮。即报总督陈西轩公金，临广城，以其人不知礼，令于光孝寺习仪三日，而后引见。查《大明会典》并无此国入贡，具本参奏，朝廷许之，起送赴部。

这恐怕是世界历史上空前绝后的大闹剧，且上演三日之久。光孝寺是有名的佛教寺庙，光孝寺的仪式当是佛教的，当局却让穆斯林打扮的人进佛教寺庙行礼仪，岂不贻笑大方。而葡人冒充伊斯兰教徒，却也不懂该进的是怀圣寺——伊斯兰教著名清真寺，竟稀里糊涂被驱进佛教寺庙去行大礼，也真是天方夜谭。

可不管怎样，只要能蒙混过关，入错庙也无妨。

于是，假扮正经做了三天斋戒，饥肠辘辘的船员们终于等到了被"引见"。

识破也罢，装进贡也罢，佩雷斯终于打通了一个又一个的关节，一直等到 1520 年，经梅岭北上，到了南京，又于 1521 年 1 月，到达了北京。

一路买通了官吏，连皇帝跟前的弄臣火者亚三，还有宠宦江彬也被买通，竟让正德皇帝"学葡语以为戏"，对这次违规入京睁一只眼闭一只眼，把佩雷斯当成了正式的贡使。

并不是所有官员都会如此姑息这些阴谋家，还在佩雷斯住在广州花钱打通关节之际，便有御史上疏："满剌加乃敕封之国，而佛郎机敢并之，且瞰我以利，邀求封贡，绝不可许。宜却其使臣，明示顺逆，令还满剌加疆土，方许入贡……"可谓义正词严，有理有据。

可惜，并不是人人都这么清醒。

而这边，葡萄牙殖民者自以为已买通了明廷的官员，便可以恣意妄为了。

1518 年，安特拉特这位败军之将的胞弟西蒙，又率其远征舰队，再度来到了屯门，强行登陆后不久，猖狂地从事走私活动，以期一朝暴富。他的继任者卡尔乌公然宣称，他"不愿遵守中国国王的命令，而要和中国开战，杀戮和洗劫那个地方。"

占领了屯门后，他们还想侵占南头城，守军不干了，坚决把他们打退。无奈之际，他们"退泊东莞南头，盖屋树栅，恃火铳以自固"，"每发铳，声如雷"，试图吓住中国的军民。

第二章 热武器肇端：葡萄牙舰队

"粤商文化"丛书

十三行：商船与战舰

中国军民被吓倒了么？

固然他们买通了上面的官吏，甚至正德皇帝也"学葡语以为戏"，致使朝廷对其之存在和烧杀掳抢的行径持一种暧昧的态度，但是，以海道副使汪鋐为代表的爱国军民，却一直在摩拳擦掌，准备与之决一死战，尽管对方的热兵器杀伤力那么大，一时三刻不易对付。

机会终于来了。正德十六年，即1521年，明武宗驾崩，明世宗继位，第二年改元嘉靖。

火者亚三与江彬被皇太后下令处死。再没人替这帮殖民者进谗言了，这一来，"礼部已议绝佛郎机，还其贡使"，刑部尚书顾应祥更称"其人押回广东，驱之出境去讫"。碰了一鼻子灰，殖民者却仍不甘心。

广东地方官员与朝廷官员立即送上了奏札：

佛郎机非朝贡之国，又侵夺邻封，犷悍违法，挟货通市，假以接济为名，且夷情叵测，屯驻日久，疑有窥伺，宜敕镇巡等官亟逐之……

于是，上上下下，同仇敌忾，要将入侵者赶出国门。

礼部已议决，与佛郎机断绝关系并把"贡使"押回广州以驱逐出境，驻扎在南头的侵略者立即感到大事不妙，只好紧缩兵力，退守屯门。屯门的防卫，于他们视为固若金汤，赶在中国军民驱逐之前撤守，乃万全之策。

那边，汪鋐的水师已按捺不住了，迅速发兵到屯门海澳，下令葡萄牙殖民者退出中国大陆。侵略者自恃有先进的热兵器，竟公然向汪鋐的水师发炮，进行轰击。闻名中外的"屯门战役"爆发了。该战成为中国历史上的一个重要节点。屯门，这个名不见经传的地方，终于在中国古代与近代的交替中，在史册上屹立起来了。

漫步屯门，如今最醒目的古建筑，当属陶氏宗祠，相传是晋代陶潜之后所建，自然是望族，如今虽说业已残破，却仍能看出当时建筑的华美气派。屋顶上有飞檐与瑞兽，使之添了几分灵动之气。门前的对联，则是"八州世泽，五柳家声"，追说的是作为"五柳先生"陶潜及其家族的历史。陶氏后人是何时来到屯门的，众说不一，有说已有上千年，亦有说是几百年。不过，屯门中一个个的"围"，如屯子围、青砖围、麒麟围等，这样的地名，多少可以反映在此定居的是一个怎样的族群，以怎样的文化传统在经营这个地方。至于陶氏宗祠，则已是康熙年间所建，为三进式，有石刻、木刻及陶瓷浮雕，里边还有乾隆年间为宗祠维修留下的碑记。

附近还有一座583米高的山，唐代称屯门山，宋代为杯度山，明清之间，则以圣山名之。为何命名"圣山"，应自有奥妙，不知与汪鋐抗击外侮有没有关系。有一点是可以肯定的，在中国古代，屯门一直是中外海上交通的要道，凡入珠江口进入南粤腹地，势必在此停泊，故战略位置非常重要，所以，当时葡萄牙殖民者才赖着不走。中国近代史第一战役，也在此打响。

汪鋐率明朝海陆军队，向占据在屯门并设有寨子的侵略者发起了进攻，誓要把他们赶走。然而，当猎猎战旗逼近敌寨、群情激愤之际，侵略军却使出了撒手锏，放起了铳——中国人视之为铳是因为火药本是中国发明的，喜庆之日，放铳以显热闹，以表祝贺。

平时，侵略军放铳，其声如雷，大家只以为是虚张声势，干打雷罢了，铳本就这么回事。可没想到，对方铳一响，满天的铁籽飞来，有百余丈之远，连树木都给打折、摧倒，岩石亦被打碎。人一中弹，不死则伤，浑身是血，冲在前边的人只好赶紧退回到百丈之外。

至于海上，汪鋐的水师一到，对方的"蜈蚣船"一下子探出200条桨，飞也似的驶开，躲避了明朝水师的弓矢。而后，又如法炮制，用铳还击，一条船，三四十条铳，飞弹如雨，防不胜防。

明军首尝败绩，不得不撤出战斗。史书上对这次初战败北亦有记录。

《天下郡国利病书》载：

……海道汪鋐以兵逐之，不肯去，反用铳击败我军，由是人望而畏之，不敢近……

《殊域周咨录》上则有：

……海道宪师汪鋐率兵至，犹据险逆战，以铳击败我军……

第二章　热武器肇端：葡萄牙舰队

十三行：商船与战舰

军队是要从失败中学习方才能走向胜利的。作为统帅的汪鋐，敏锐地察觉到，冷兵器是无法与热兵器相抗衡的。他看到：

佛郎机番船用兵挟板，长十丈，阔三丈，两旁架橹四十余枝，周围置铳三十四个，船底尖，两面平，不畏风浪，人立之处，用板捍蔽，不畏矢口。每船二百人撑驾，橹多人众，虽无风可疾走……号"蜈蚣船"。

显然，敌方舰只比我方优胜得多，而武器就更厉害了：

其铳管用铜铸造，大者一千余斤，中者五百余斤……铳弹内用铁，外用铅，大者八斤。其火药制法与中国异，其铳一举放，远可去百余丈，木石犯之皆碎。

"木石犯之皆碎"，更何况人肉之躯呢。

侵略者正是恃船坚铳利，才有胆量从几万里外跑来，占据中国的领土，甚至公然以"国王"自称。

败则败矣，再战，务必有胜券在握，怎么办？

群策群力，宝安的父老乡亲纷纷为之谋划：

"水攻——派人，当然，一定要水性极佳者，夜间潜入，凿穿其船底，令其战舰一艘艘沉没，没法打仗……"

"火攻——当年诸葛亮，就是在江面上用火烧曹操的船只，大败其号称八十万之众的大军……"

"对，我们多派些小船，装上柴火，浇上油脂，冲入敌人的舰阵，来个火烧连营……"

这些方法不是不可用，然而能否奏效，则很难说。毕竟，敌军守卫严密，要潜入并非易事。

临到汪铉发话了。他说:"东莞县白沙巡检何儒,倒是上过佛郎机的船上。他发现,船上倒是有黑头发、黑眼睛的船工,一问,果然是中国人,名字叫杨三、戴明等。详谈间,还了解到,这几位中国人住在葡萄牙的时间已经很久了,对他们如何造船、如何铸铳、如何用火药的法子,非常了解。如果我们把他们找来,说服他们为我们所用,那我们不一样也有了铸铳的法子,用同样威力的火器,不愁打不败这帮佛郎机的强盗。"

大家齐声叫好。

"当然,也得附之水攻,方可稳操胜券。"汪铉称。

于是,没几天,就有人挑着酒坛,吆喝着向屯门水边走去,那里正是侵略军战舰停泊处。酒坛子一开,酒的香气便弥漫开了,一下子吸引来了不少军士。久在异国他乡,水土不服,能不馋酒么?卖酒的汉子装着不懂他们的语言,于是,船上的几位中国人便被叫来当了翻译。

"你就是杨三?"

"你怎么知道的?"

"巡检何大人不是上过你们的船,问过你的话么?"

"正是。"

"还有戴明呢?"

"那位便是。"

"酒卖了,何大人有话捎给你们。"

"什么话?"

"待会再说,等人散了吧。"

葡萄牙士兵们一个个捧着酒碗回舱内去了,这边,卖酒的人在船上找了个僻静的角落,同杨三、戴明几位说起话来,晓之以理,动之以情,劝导他们同是中国人,岂可让他人染足祖国的领土?民族大义为重,国家利益至上,不由得杨三、戴明等人不动容。都是龙的传人,同为炎黄子孙,岂容外敌欺侮到国人头上来呢?于是,卖酒人约好,是夜,何大人亲自驾上小艇,把他们接引到岸上。

第二章 热武器肇端:葡萄牙舰队

"粤商文化"丛书

十三行：商船与战舰

"何大人亲自来？"

"是呀，事关国家生死存亡大事，他岂不亲力亲为？"

杨三等人立即应承下来。

正是月黑风高，屯门海岸，风涛阵阵，一条小艇，借浪涌之机，悄悄地靠近了夷舰，并发出了暗号。舰上几条人影一闪，便落在了小艇上。神不知，鬼不觉，小艇又悄然地消失在海岸边的风涛之中。

这一来，铸造炮铳的技师就有了。

汪铉亲自款待了这几位深明大义的技师，敬上一杯酒："拜托了，如何铸铳，全由你们监制；如何用铳，瞄准敌酋，也全由你们指挥。当然，调配火药，构制炮弹，也全仰仗你们了，以其人之道，还治其人之身，让番鬼佬也知道，中国人是不好惹的！"

杨三等人连声道："我们定当尽心竭力。"

一下子，铸造厂忙碌起来，炸药坊也紧张了起来……所有人，都一丝不苟地拜师学艺，争取早日把这"红夷大炮"造出来。

"既以其人之道，还治其人之身"，这是中国古代之格言，其时，汪铉虽还没说出300年后那句名言"师夷长技以治夷"，可他却早已付诸实践了。本来，就是先有实践后有理论总结，这300年总结出这么一句话，不是那么简单的。终于，第一支"铳"造出来了，第一艘舰船也造出来了。

中国第一次有了热兵器，这是具有标志性意义的。一些军事家力主近代当从热兵器算起，不无道理。

世宗嗣位，改元嘉靖，下令广州总督驱逐入境外商。葡萄牙人以货物未卖掉为由，抗拒不从，广州当局则抓到了葡萄牙舰队首脑多哥·卡尔文的弟弟瓦斯科·卡尔文及数名商人。多哥欲举兵问"罪"，却被汪铉的水师团团围在了屯门近海，使其七八艘战舰困守屯门。1522年6月，从满剌加又开来好几艘葡舰，准备增兵屯门。

汪铉闻讯，决计将入侵者早早打败，以绝其后援。水师也早已演习有素，待命开战。汪铉亲临前线，先是指挥小艇，冒着敌人的炮火，逼近番舶。敌舰"蜈蚣船"虽速度快，可要转弯却没那么容易，一旦升起风帆，更中了我方之计，只见小艇蜂拥而至，敌军顾此失彼，命中率极低，正值盛夏，南风劲吹，风急物燥，正是火攻的最佳时机，左冲右突的小艇，四处点火，一下子便把敌舰引着了。小艇奏捷，大舰又上，新造出来的铳炮向敌舰猛烈开火了，侵略者被炸得狼奔豕突，嗷嗷乱叫。

这第二战，一洗前战败北之辱，大获全胜，不仅攻上了敌舰，而且缴获了大大小小敌军的铳炮二十余管，明朝军队的阵势更浩大了。侵略者被打痛了，呼吁休战议和。

休战议和可以，但明朝的休战条件是：葡萄牙人不准留在中国的土地上。

葡萄牙人不干了。他们困守在屯门岛上，仗着还有几门火炮，不让中国军民靠近。满以为可以等到后援，以此为据点，再度卷土重来。天下绝无这号一厢情愿的如意美事。为减少牺牲，汪鋐决计改变战术，变强攻为围困，不时用远炮轰之，逼其投降。

双方对峙了2个月左右。葡萄牙毕竟就那么几百人，哪怕船坚炮利，也经不起轮番消耗。中国人的铳炮一落，少不了有死有伤，日子久了，死伤就多了，再也挨不下去了。这天，又有几位军士上了西天。卡尔文坐不住了。9月7日，他不得不决定放弃屯门，趁天黑，领着几条主要的舰只逃跑，扔下了那些被烧、被炸得伤残不堪的"蜈蚣船"。汪鋐率水师乘胜追击，一直追打出了珠江口，打得卡尔文胆战心惊，加快航速，最后逃之夭夭。

从1516年打响驱逐殖民者的第一枪，到1522年最终将葡萄牙战舰赶出了屯门，七年三役，胜利来之不易。

庆功会召开了，四方乡亲来贺，汪鋐感慨万千，不由得挥毫作诗，写下了《驻节南头，喜乡耆吴湲、郑志锐画攻屯门彝之策，赋之》七律，为乡人的作画题诗：

> 辚辚车马出城东，揽辔欣逢二老同。
> 万里奔驰筋力在，一生精洁鬼神通。
> 灶出拔卤当秋日，渔艇牵篷向晚风。
> 回首长歌无尽兴，天高海阔月明中。

人道诗如画，这诗也把画的情境一一写出来了：车马出城，渔艇牵篷，天高海阔，月明长歌——虽说今日已无缘见二老的画了，但汪鋐的诗却多少展现出了当年的豪情壮志。

"粤商文化"丛书

十三行：商船与战舰

诗中，也体现出了汪铉的胸襟，把克敌制胜的奇功，归于宝安的父老乡亲，而不是突出他这位指挥官。

关于这次战役，不少史书或文章，都有不俗的描写。如前边提到的《殊域周咨录》中就有：

（此役）举兵驱逐，亦用此铳（为杨三等人监制的）取捷，夺获伊铳大小二十余管。

宝安南头古城，有一关口村，其玄武庙旁边有"汪刘二公祠"，其中之"都宪汪公遗爱祠"建于明万历年间。时人陈文辅在其所作的"祠记"中，较详尽地记下了1521年至1522年汪铉驱逐葡萄牙殖民者的战绩，文采斐然，颇见功力，其中一段是这么写的：

……正德改元，忽有不隶贡数，号为佛郎机者，与诸狡猾凑杂屯门、葵涌等处海澳，设立营寨，大造火铳为攻战具。占据海岛，杀人抢船，势甚猖獗。虎视海隅，志在吞并，图形立石，管辖诸番……公赫然震怒，命将出师，亲临敌所，冒犯矢石，勤劳万状。至于运筹帷幄，决胜千里，召募海舟，指授方略，皆有成算。诸番舶大而难动，欲举必赖风帆，时南风急甚，公命剿贼，敝舟多载枯柴燥荻，灌以脂膏，因风纵火，舶及火舟，通被焚溺。命众鼓噪而登，遂大胜之，无孑遗。是役也，于正德辛巳出师，至嘉靖壬午凯还。

可惜，这篇碑记，只写了火攻，却没有写到汪铉让杨三等人造船铸铳一事，是何原因？

恐怕还是撰文者头脑中的问题，似乎不喜"用其人之道还治其人之身"的法子，仍想发扬光大传统的冷兵器威力。要知道，"因风纵火"以却敌，在中国古代战役中都屡试不爽。

屯门失利后，葡萄牙人不敢在军事上挑衅中国，至少在16世纪中叶，这位大航海时代的海上霸主，不能靠武力在中国耀武扬威、随心所欲了。

可利润又太诱人了。

葡萄牙的商人，不顾明王朝的"禁海令"，在中国东南沿海从事走私活动，毕竟有利可图就胆大了。明王朝不能容忍番寇的"猖獗"，一下子，追杀了外国商人与教徒达12000人，其中就包括800名葡萄牙人。这是嘉靖二十一年（1542年）的事。但葡萄牙人并不甘心，终于又通过贿赂的方式，让泉州的地方官员允许他们在当地进行贸易。当他们赚得盆满钵满之际，大难临头了，明朝廷得知后又派大军追杀，这回500名葡萄牙人，仅有30人逃出生天。这已是1549年了。

不过，在泉州不灵的一招，在远离帝国中心的南海却奏效了。

仅4年后，葡萄牙人靠掌握到的中国官场潜规则，重操旧技，又用重金贿赂的方式，"租"到了澳门半岛"晒渔网"，其实是做生意。《明史·佛郎机传》记下了："踞香山澳壕镜为市"。"市"者，贸易也。

山高皇帝远，明王朝懒得理了。

没两年，互市到了几十里外的浪白澳。

又没两年，大约是1757年，互市更到了南方的商贸重地广州——好在那时，广州只是个商港，并非行政中心，两广总督府先是在梧州，后又移到了肇庆，离广州还有相当的距离。

就这样，没有武装的商船，把国际贸易推进到了广州城下、珠江中的海珠石，并由此催生了后来延续了两个王朝的十三行——海上丝绸之路的东方大港。

热兵器，加上贡舶贸易向互市的经济机制的转换——十三行的诞生，标志着中国近代史艰难的起步。

让我们先看看这近代帘幕乍一挑开时的风云际会吧！

历史学家通常以冷兵器与热兵器的交替作为古代与近代的分界线。与此同时，封建的自然经济与走向开放的市场经济，也被视为近代史的开始。所以，十三行的出现，也就具备了这一标志意义。

在葡萄牙人进入珠江口之前，中国东南沿海的商人早已开始在南洋拓殖了，包括满剌加，被占前本就是中国的藩属国，而且主导了南洋的经济，每年往返于南海的商船，数以百计，甚至上千。马尼拉如此，被视为贸易基地的巴达维亚（今雅加达）更是如此。也就是说，在十三行出现之前，在南洋拓殖的中国侨商，已在东南沿海建立了贸易基地，如留

"粤商文化"丛书
十三行：商船与战舰

存至今的端芬镇的"上泽墟"，更是早在明代中期就已出现。

在葡萄牙人来到之前，广州业已形成了夏秋两季的出口商品"交易集市"，从覆盖的交易地域范围来看，当不比欧洲的贸易范围小，而其交易量，则要多得多。因为当年中国的GDP、对外贸易的总量，显然比欧洲要大。而这是在大量的侨墟基础上建立起来的。

黄启臣在《澳门是最重要的中西文化交流桥梁》一书称：

据史料记载，从世界经济发展史的经济规模上看，16世纪中叶至1820年（嘉庆二十五年）期间，中国是世界经济发达的国家。据统计，1522—1566年（嘉靖年间），中国的生铁产量达到45000吨，居世界第一位，而英国到1740年才达到2000吨。以GDP计，1700年（康熙三十九年），中国的GDP占世界经济总量的23.1%，时欧洲占23.3%，俄罗斯仅占3.2%。1750年（乾隆十五年），中国工业总产量占世界工业总产量的32%，而全欧洲仅占23%；中国的国内贸易总值为4亿银两。

法国学者费赖之在《在华耶稣会士列传及书目》中就记有：

时葡萄牙人与中国贸易，每年有一定时期，限在广州附郭举行，日落后葡萄牙人必须归舟，不让逗留中国境上。

这里提到的"广州附郭"的位置，正是十三行所在。因为外国人是不允许未经批准进入广州城的，城门都有卫兵把守，明清二朝皆是如此。

而明代的怀远驿，即接待外商的地方，也同样在城外，靠十三行地界。

屈大均在《广东新主语》中第460条"诸番贡物"，不仅列举了"诸番"可考与不可考之名。更列举了有近千种商品的名称。而在第461条"黩货"中，则有"东粤之货，其出于九郡者，曰'广货'；出于琼州者，曰'琼货'，亦曰'十三行货'；出于西南诸番者，曰'洋货'"。所堆积之地，也就叫作十三行了。所以，"十三行"可以有多重意义。一是指所在地，二是指十三行洋行，泛指对外贸易的商业群体。因此，有的学者认为，十三行是地名，只是指外国夷馆与行商杂居的地方。

而当时的外舶，则泊在尚在江心的海珠石一侧、白鹅潭的江面上，也正是与岸上的十三行相对，有当年画下的省河形势图为证。这点应是没什么争议的了。

我们还可以从外文当时的记录中，看到广州市集的规模与影响。

明代最早进入中国内陆，并成为最有影响的文化交流名人的利玛窦，在其名著《中国札记》中写道：

葡萄牙人已经奠定了一年两次市集的习惯，一次是在一月，展销从印度来的船只所携来的货物；另一次是在六月末，销售从日本运来的商品。这些市集不再像从前那样在澳洲港或在岛上举行，而是在省城本身之内举行……这种公开市场的时间一般规定为两个月，但常常加以延长。记述这种每半年一次的市集的原因之一是，它们为福音的信使们深入中国内地提供了最早的、唯一的通道。

而在16世纪最后一年曾在中国待过些日子的葡萄牙人更在《周游世界评说》中，颇为详细地谈到了外商在广州参加市集的情况：

为了满足我的愿望，当葡萄牙人去购买发往印度的货物的广州交易会或市集的时间来临时，我把我的现金交给了代表们。从澳门市民中选出四五人，任命他们以大家的名义去购货，以便货物价格不出现变化。代表们乘中国人的船被送往广州，携带着想花或可以动用的钱，一般相当于25万至30万埃斯库多的雷阿尔或来自日本及印度的银锭。这些船名叫"龙子划"，类同日本的黑船，以桨航行。葡萄牙人不得离开这些船只。只有白天允许他们上岸行走，入广州城观看货物，商定价格。定价称作"拍板"。之后，可以这一价格购买各人欲购的货物，但在商人代表订立合同前，任何人不得采购。入夜后，所有人返回龙头划船上进食休眠。一边购货一边根据葡人的需要将其以龙头划船运至来自印度的大舶或澳门。

"粤商文化"丛书

十三行：商船与战舰

还有瑞典人安德斯·龙思泰在《早期澳门史》中也写道：

1557—1578年，中国商人在澳门进行易货贸易，主要是以丝绸换取外国货物，承担进口货和中国出口货的货税。1578年，葡萄牙人成群前往广州。受议事会郑重委托处理该城市商贸事务的商人，带上4000两作为见面礼，拜见管理本地事务的官员，当船只满载启航时，还要奉上接近两倍于此的数目。这些来客理所当然受到关注。开始时市场每年开放一次，但从1580年起，根据两次不同的季候风，每年开放两次。贸易的经理人，从1月份起采购运往印度和其他地方的货物；从6月份起采购运往日本的货物。每年两个月、三个月，有时是四个月。进口的船货在估价后，以硬币支付税款，到1582年则拒收银子。据一份旧文献记载，从1579年开始，葡萄牙人必须在广州缴纳出口税。

因论文篇幅所限，引用的不多，但从中可以得到广州自明代开始的关于商品、市场、金融、税务管理以及贸易周期等方面的丰富信息。

嘉靖年间，广东重新放开了对外贸易，沿袭宋代的市舶司制度，"令民博买"，征收商业税，获取了高额利润。到了嘉靖末年，广州所举办夏、秋两季的世界性的商品交易集市，允许东西方的商品到这里汇展。

首先，广州的"交易集市"，其范围已超出了欧洲的商品交易会，具备了真正的世界性特征，为了区别欧洲安特卫普交易市集仅仅是欧洲范围内的"国际性"，笔者在此使用了"世界性"一词，它涵盖欧洲、东洋（日本）、南洋，"十字门开向二洋"，屈大均诗词中的"二洋"所包含的范围，比过去任何一个时代都大得多。

其次，广州"交易集市"的规模，更是世界上其他地方市集无可比拟的。当时的广州，已成为贸易全球化的中心市场，远远比欧洲任何一个商港都大得多。据郭棐《万历广东通志》卷69《澳门》中记载，嘉靖三十二年（1553年）前后，明朝政府首度允许了非朝贡国家葡萄牙在浪白澳、澳门，特别是中国当时最大的港口广州进行贸易，自此，广州十三行成为对外贸易的要地，而澳门则成了十三行的外港。此时广州十三行的展销规模远远超过古代中国任何一个历史时期，也超过同期任何一个世界商港。在这一中国较为强盛的时代里，广州的交易集市自是世界第一。

再次，是它的定期举行，如今的广交会，是一年两季，为春交会、秋交会，时间的间隔比较均匀。而明代在广州的交易，同是春、夏两季举行。尽管有所不同，但都是定期举行。明、清的两季，是以季候风来定的，因为那时的主要贸易运输工具只有大帆船，不似今天，有全天候的海陆空运输工具。一到秋冬，东北风一来，来自西洋的船只，就得立即借风返航了。而这种全球性的、大规模定期举行的集市，在时间上相距甚远，已经不同于自然经济状态下的市墟，那一般是十天半个月一次，周期远没有这么长，这也为商品的筹集与运输提供了较充裕的时间。

最后，当时进出口的商品极度丰富，来自东洋、南洋与西洋的商品，经过交易，各自又转贩到不同的地方，可以说，其吸引力之大是远超想象的。这里，我们已无须开出各自商品名目了，仅引用一下相关的历史记载。

尽管美国人斯塔夫里·阿诺斯的《世界通史》上有夸饰之处，下边的文字也不无参考意义：

1577年（作者按：应是1557）年，他们（作者按：葡萄牙）又在澳门设立了永久的商业根据地；这时，中国开始直接感受到生气勃勃的新兴欧洲的影响。这些葡萄牙人收购中国的丝织品、木刻品、瓷器、漆器和黄金；同时，作为回报，他们又推销东印度群岛的肉豆蔻、丁香和肉豆蔻干皮，帝汶岛的檀香，爪哇岛的药材和染料，以及印度的肉桂、胡椒和生姜。欧洲货物一样也没卷入，原因很简单，它们在中国没有市场。这些葡萄牙人充当的纯粹是亚洲内部贸易的运货人和中间人。

还有崇祯年间，荷兰第三任"台湾总督"彼特·努易兹给巴达维亚总督的信：

澳门的葡萄牙人已和中国贸易130年之久，贸易方式经由特殊的付款及送礼，其大使经皇帝特准居住于此，其商船到广东参加每年两次的年集，购买货物。他们也许获得比马尼拉和我们更多的利益，因为长期的居住使他们较知道哪里有好货，还有哪些珍奇

十三行：商船与战舰

异物。他们也有机会可以订货，要求特定长、宽、重和图样的丝制品，因为他们知道什么规格的可获利最高，可在哪里卖，印度或日本或葡萄牙等。

中国物产是这么丰富，它可以充足地供应全世界某些货物。汉人将全国各地的货物送到易于脱售的城市或港口。例如以前西班牙人对中国或汉人到马尼拉的贸易，商人习惯送商品到三乡岛，后来送到兰巴卡（作者按：即香山县浪白营），葡萄牙人在那里建立基地已14年。然后又送到澳门和广州的市集，但是商品这么多，葡萄牙人根本买不完。

从北方或内地来赶集的商人看到商品未售完，以为有利可图，就用自己的船载到马尼拉、暹罗、锡江等地，最后常在海上遭到不幸或损失，特别是遇到海盗，使他们无法继续航行下去。

从"根本买不完"看，商品之多、之丰富，则不难想象了。

石船　跳白船（王次澄等著，《大英图书馆特藏中国清代外销画精华》第六卷，广东人民出版社2011年版）

第三章
献媚绝招：贡狮晋京

"粤商文化"丛书

十三行：商船与战舰

在中国畅销多年的《人类的故事》的作者房龙如是说："在整个 14 世纪和 15 世纪期间，航海家们只是想完成一件事，就是想找到一条舒适而安全的航路通往中国、日本。"

在这些近乎海盗的航海家们的中国梦中，中国是一个用美轮美奂的陶瓷构筑、用丝绸铺就、有茶叶飘香的人间仙境，甚至有位国王还建了一个"陶瓷屋"。

十三行丹麦商馆（王次澄等著，《大英图书馆特藏中国清代外销画精华》第六卷，广东人民出版社2011年版）

于是，葡萄牙的舰队血洗了霍尔木兹、果阿及马六甲，先行统治了印度洋。马来亚半岛南端的满剌加，本是中国明王朝的藩属国，也被武装占领，成为"葡萄牙王冠上的明珠"，及至1511年，更占领了香料群岛（即东印度群岛），而后直上珠江口。

他们满以为一样可以轻取，上岸之后甚至建立了占领标志的凯旋柱。谁知，其狂妄的野心，却被中国军民一举粉碎，屯门之役，在东方第一次热兵器的交锋，他们终于尝到了这个古国的厉害。

这只是在16世纪上半叶，此时在海上称霸的葡萄牙，经济实力还非常薄弱，不足以支持其在海上的远征，一路上的敲诈、勒索与掠夺，同样维系不了其侵略。更何况海上还有西班牙、荷兰陆续与其争霸，几度把他们打得落花流水。

那时的中华帝国，虽已经在海洋上早早后撤，但海上的实力仍不可小觑，及至后来，曾一度占领过台湾的荷兰人，也败在郑成功手下，乖乖地向郑成功俯首称臣，并交纳赋税。

葡萄牙人自知，靠有限的武力是无法在珠江口上立足的。可这里巨大的商业利益，却又让他们欲罢不能。于是，在屯门惨败之后，他们一方面吸取了教训，不再尝试用武力碰撞巨大的中华帝国，而另一方面，却伸出不同的触角，试图在这里找到可以钻空子的地方，打下一个楔子。

终于，他们得手了。

他们发现，偌大一个帝国的官员，也如同他们中世纪的教士一样，假借皇帝的名义贪贿、腐化，在这里，钱一样能通神，要达到赖着不走的目的，唯有以钱开道。而这，在他们早已是轻车熟路了。这一来，火炮、坚船实现不了的目标，钱却所向无敌。葡萄牙人终于谙熟了中国官场的潜规则，以钱开道，贿赂了中国的官员汪某，借口"晒渔网"，"暂借"了比屯门更有利的地方——澳门。

到了嘉靖年间，也就是1557年前后，葡萄牙人进入了中国的经贸中心——广州，外舶可以开到城下的海珠石，与中国商人开始了更大规模的世界贸易。

而这，则成了广州十三行的发轫。

继葡萄牙、西班牙之后，明万历二十九年（1601年），荷兰商船也第一次驶来广州。但葡萄牙不愿有人分享其通商之利，与清廷"共拒之"，荷兰人也只好北上福建，没能在当

"粤商文化"丛书

十三行：商船与战舰

时中国最大的商埠广州实现通商的目的。

此后，荷兰人又分别于明万历三十二年（1604年）和明天启二年（1622年）两次诉诸武力，强占澎湖，劫夺海船，掠俘华人，令其修筑堡垒，甚至送往爪哇为奴。"后又侵夺台湾地，筑室耕田，久留不去。"荷兰人在侵占台湾期间，曾于清顺治十年（1653年）再次遣使至广州，请求通商。但复为葡人所阻，故不得不以台、澎为其经济侵略中国的根据地。直到清顺治十八年（1661年），才被中国的民族英雄郑成功驱逐出去。清康熙二十七年（1688年），清政府因荷兰人曾协助清军攻取台湾，一度允许其在闽、粤海口通商。清乾隆五十八年（1793年），荷兰人始在广州设立商馆，成为"十三夷行"中的一员。

而英国商船亦不甘落后，它们早在明万历四年（1576后），便设法打通到中国的航路。这一年及其后的两年，一支由伦敦商人装备、航海家马丁·弗洛比谢尔所率的探险队，一连三次试图找到通往中国的航道，由于当时仍在海上称雄的葡、荷的封锁与阻挠，均一一遭遇失败。直到明万历十六年（1588年）英国海军在英吉利海峡一举击溃了西班牙的"无敌舰队"，一跃而成为海上霸主，这才使打通中国航道的梦想得以实现。

据史料记载：

明万历二十八年（1600年），英国东印度公司成立。明崇祯八年（1635年），该公司被葡萄牙人雇用的商船"伦敦"号，装载货物，首次抵达中国，并在澳门停留了三个月。同年12月，在英王查理一世的特许下，葛廷联会（一译科腾商团）组织了一支装备齐全、武器精良的远征舰队，以威代尔为舰队司令，蒙太尼为总商，到东方进行冒险活动。这支舰队由四艘军舰（"龙"号、"森尼"号、"凯瑟琳"号及"殖民者"号）和两艘轻帆船（"安娜"号及"发现"号）组成。1936年4月，从英国启航，取道卧亚、拔奇尔、阿郖及满拉加等地，向中国进发。崇祯十年（1637年）六月，这支舰队中的三艘军舰（"龙"号、"森尼"号、"凯瑟琳"号）及轻帆船"安娜"号抵达澳门附近的横琴岛。澳门的葡萄牙人惊恐万状。但威代尔一边伴将舰队泊定横琴岛，以迷惑葡人；一边却暗使"安娜"号轻帆船探寻进入广州的珠江水道。并偷偷溜过虎门，深入到离广州城约15海里的头道滩。沿途探暗礁，测水位，作标记，绘海图。同年8月12日，威代尔引领整个舰队，强行驶入珠江，进犯广州。当英舰驶到虎门附近的亚娘鞋时，与中国军队发生冲突。

于是，继明正德年间中葡第一次热武器交火之后，又一次热武器的交锋再度在珠江发生了。对于中国而言，这是一次空前的炮战。然而，由于防备上欠周到，指挥又失措，加上武器不及英方，炮台终于失陷，35门大、小炮全给英军掳走。尽管这样，由于中国军民的顽强抵抗，英国的舰只也被重创。只是它们仍仗恃火力的优势，继续横行珠江口上，大肆掳夺民船，试图以此要挟明朝政府与其通商。

中国政府提出，除非归还掠走的船只、火炮，否则无以谈判。这时，威代尔才不得不归还船与炮，并派出三位代表，到广州谈判通商事宜。但明朝政府却不买账，什么也没谈成，后来还是由葡萄牙人从中斡旋，这才在澳门装上一些货物，回国交差。

中英的第一次商贸接触即以此告终。

显然，双方的思维方式大不一样，明政府是让"夷人进贡"，而英国人则要互市通商，这又怎么谈得到一起呢？一个刚从海洋退缩到内陆，丢了满剌加也不吭一声，另一个在走向海洋，正志得意满——可以说，从一开始，中英间的冲突便埋下了伏笔。

《明史》卷三二五，"和兰传"有这样一段记载：崇祯十年（1637年），"驾四舶，由虎跳门薄广州，声言求市。其酋招摇市上，奸民视之若金穴，盖大姓有为之主者。当道鉴壕镜事，议驱斥，或从中挠之。会总督张镜心初至，力持不可，乃遁去。已为奸民李叶荣所诱，交通总兵陈谦为居停出入。事露，叶荣下吏，谦自请调用以避祸。"和国内外资料相印证表明，这里所指的"驾四舶"，即为威代尔所率领的最后抵达广州河面的三艘军舰及一艘轻帆船。而"奸民李叶荣"可能是精通葡萄牙语的中国翻译。奇怪的是，明明是英人威代尔一伙所干的，而明朝的史官却将它载入"和兰传"内。

至于《明史》为什么把英国人的所为写进荷兰传中呢？

这自然是当朝人耳目闭塞，自以为是"中央之国"，其他为何国，则不甚了了，分不清荷兰与英国，统统为"佛郎机"（葡萄牙）或"和兰"（荷兰），一概是"红毛番"。

清廷的"禁海令"，在广东并未贯彻到底。事实上，为了割据一方，广东王府仍沿袭历朝在广东的"笼海之法"，专门组织了一批商人，号曰"王商"，即"藩王之商"，广东的王

第三章 献媚绝招：贡狮晋京

"粤商文化"丛书

十三行：商船与战舰

府商人，专门从事对外贸易走私，从而为地方政府牟取巨利。

其时，海禁搞得非常邪乎，沿海田园荒芜、农居被焚毁，至于商人，也不得与"效忠"了的澳门通航。但是，王商有尚家父子为后台，却能一手遮天，频频与澳门的外商做生意，这几等于垄断"海禁"了，他人不能做，可他们却可以做。这一来，获利成几何级数飙升，更何况他们精通与外商打交道的业务，赚得更多了。

那时，广东王府的贸易总管沈上达更胆大包天，组织起庞大的船队，直接开出了十字门，到南洋各地进行贸易。这与全国沿海地带——"片板不得下海"形成极大的反差。

后来，李士桢在《抚粤政略》中感叹：

自康熙元年奉文禁海，外番舡只不至，即有沈上达等勾结党棍，打造海舡，私通外洋，一次可得利银四五万两，一年之中，十舡往回，可得利银四五十万两，其获利甚大也。

至于澳门的葡萄牙人，自是"有奶便是娘"，只要有利可图，"三藩"割据，他们当然与尚可喜、尚之信及其王商相交甚洽，并不以清王朝为然。

自然，康熙皇帝对尚氏所称的"上亦无奈我何"之狂妄不会无动于衷。而且，"三藩"与清王朝的中央政权之间的冲突日益突显，康熙皇帝亲政后，下决心要"削藩"。正好尚可喜假惺惺上疏要求归老辽东，请以其子尚之信袭爵留镇广东，康熙以此为契机，允许他退休，但不准尚之信袭爵，还"令其尽撤藩兵回籍"。这下子，弄得另外"二藩"，即吴三桂、耿精忠不安了。康熙十二年（1673年），吴三桂发动叛乱，第二年，耿精忠也在福建发动了叛乱。

康熙试图稳住尚可喜，令其留守广东。然而，这也只拖了一年多，康熙十五年（1676年）2月，尚之信也归附了吴三桂，宣布叛乱，"易帜改服"。随着吴三桂被消灭，陕西提督王辅臣、福建耿精忠相继投降，尚之信感到不妙，迫于形势，于康熙十六年（1677年）六月，也不得不"归降"清廷了。

由于平叛战争尚未结束，最后撤藩的时机还没有成熟，康熙皇帝没有立时处置这位反复无常的藩王尚之信,仍旧令他"袭封平南亲王",照旧理事。不过,这时澳门的葡萄牙人却坐不住了,因为这位"藩王"已经是靠不住了,虽然当初已向清廷"效忠",但后来却又同"藩王"的王商打得火热,万一怪罪下来,日后的贸易只怕也就办不成了。自1511年至1678年的一个多世纪中,中国海上贸易的几起几落,他们是看在眼里的,感到这一回若处理不当,必将后患无穷。

必须有大动作才行。他们绞尽脑汁,终于想出了一招!

他们对中国文化也还是有所了解的,知道中国人历来对狻猊,即狮子是颇为敬畏的。于是,康熙十七年(1678年),他们把在非洲莫桑比克捕捉到的一头狮子,送到了印度的果阿,而后,再用船载抵澳门。再由本比·白垒拉率团,从广州出发北上,要向年轻的康熙大帝进贡这头狮子。只要讨得年轻帝王的欢心,那他们在澳门的利益便可以得到保证了。

于是,狮子一路北上,出大庾岭,直奔京城。是年八月,这头"贡狮"终于顺利抵达了北京,至于一路的颠簸,也都不在话下了。

一个王朝,得到了狻猊,在中国自是吉祥的征兆,也是国家强盛的表现,此时"三藩"既平,河晏海清,来了一头瑞兽,自是大大满足了这位年轻的康熙皇帝的好奇心与虚荣心。于是,他召集了群臣与文人学士,一道来观赏这头"贡狮"。

这应算是代表"十三行"又一次起死回生的盛事。

皇帝开了口,要求在场的臣子们,都得作赋吟诗,以记录下这一辉煌的历史时刻,表明万邦来朝,天朝上国可谓蒸蒸日上,盛世已不远矣。

与此同时,他也亲口答应了使团的要求,允许澳门商人"在旱路界口贸易",从而恢复了澳门与广州的陆路贸易,十三行也就再度兴旺了起来。

金碧辉煌的宫殿中,群臣毕至,一片喜气洋洋的景象。那解运"贡狮"来的使者,长发披肩,长髯飘拂,蛮衣裹身,恭恭敬敬地立在殿前,身上的征尘仿佛还不曾褪尽。狮子在笼中,仍不失其威风凛凛的气势,不时吼叫一两声,令观赏者为之惊呼。

在场的大臣,一个人捻着胡须,或仰视,或俯首,口中念念有词。皇帝下了御旨,不写出一首好诗,那可是逃不了"欺君之罪"。于是,陈廷敬、叶方蔼、张英、高士奇、陈梦雷、王鸿绪、严我斯、刘德新、许贺来、顾景星、李澄中、毛奇龄、尤侗、宋祖昱、田雯

第三章 献媚绝招:贡狮晋京

"粤商文化"丛书

十三行：商船与战舰

等人，一一都拿出了歌吟之作，大赞皇恩浩荡，无所不成。自然，均很得皇帝欢心，全部刻录了下来，传至后世。

这里，且录下一首，是曾任内阁中书，历官刑部、户部侍郎的进士田雯所写的，诗题名为《贡狮子应制》，从中不难看到贡狮进殿之际的盛况：

南轴狻猊贡，雕题瘴海来。
金刚夸异质，乌弋岂凡胎。
宛足腾傜洞，斑文映斗魁。
枭阳真挺拔，岭表郁崔嵬。
尾掉风生箐，山鸣昼起雷。
熊罴须早避，兕象莫相猜。
月照槃匏馆，秋离戏马台。
岂同甘玃㹻，未肯学驽骀。
北望遵王会，南荒历劫灰。
楼艎浮万斛，飓浪簸千堆。
使者须髯古，蛮衣氍毹裁。
绮钱盘翡翠，椎结胄氍毹。
俯首螭坳下，呼嵩鹤禁隈。
表须重译上，宴许膳夫陪。
甲帐传银瓮，仙茎赐露杯。
乐浪偕馆舍，日浴共徘徊。
报谒鸡人唱，辞朝驿骑催。
天连溟渤阔，客泛斗牛回。
紫舌车书集，洪炉雨露该。
駃騠游上苑，犠象镂云罍。
喘问三春犊，祥征八尺骒。
虞人勤护惜，爱此不群材。

不过，贡狮"晋京"之日，尚之信的死期也就不远了，一年半之后，康熙皇帝下令逮捕尚之信，不久，即赐死于广州。康熙二十年（1681年）平定"三藩之乱"的战争，以胜利告终。

又一年，康熙下令撤除藩府，将尚之信的兵归广东将军统辖，与此同时，沈上达家亦被抄没，其财产近百万两银，仅次于藩王。不过，"将军商人"也由此而起，与未受牵连的"王商"相抗衡，由此演绎了清初十三行诸多类商人角逐的一出出闹剧。

贡狮"晋京"，终于让十三行起死回生，的确功不可没。

"粤商文化"丛书

十三行：商船与战舰

夜渡船（王次澄等著，《大英图书馆特藏中国清代外销画精华》第六卷，广东人民出版社2011年版）

第四章
"安菲特立特"号及中法关系的"蜜月"

"粤商文化"丛书

十三行：商船与战舰

  大航海时代，先后在海上称霸的西方各国，无一不是抱有寻找殖民地、开发"金矿"类的物质资源，乃至进行物资掠夺的原始目的的。葡萄牙人一进珠江口，便要立凯旋柱以示占领，荷兰人侵占台湾，英国人也最终用罪恶的鸦片作为殖民战争的开端——所以，有人认为，正是这种所谓开发、占领及掠夺开启的经济利益之争或者说利益驱动，才是那个

十三行英国、法国商馆（王次澄等著，《大英图书馆特藏中国清代外销画精华》第六卷，广东人民出版社2011年版）

时代海上活动的真正的题中之义。英国等其他西欧国家正进入资产阶级革命、工业革命时代，物质利益成为他们所关注的焦点，他们与中国往来完全是从自身经济利益的角度出发，对于清廷封建专制统治下的办事风格难以理解。正因为这样，两种不同文化及思维方式的碰撞，自然容易产生"错位"。

而文化交流与传播、价值观念的影响等，则是伴生的。

然而，在中国人而言，尤其是十三行，法国人留下的并非如此。

他们没有英国人那种锱铢必较的商人式的势利，也没有美国人毫不掩饰的实用主义。

他们在商业往来尚无收益之前，便向中国派来了一个庞大的科学家团队。早在康熙时期中法两国就有密切的交往，法国的科学传教团时常来华，为中国带来法国的艺术科技文化，两国之间交往更注重精神文化上的交流。他们曾极力推崇中国的"开明专制"与道德治国，国王还专门建了座陶瓷屋。他们甚至把古代中国的道德格言，写在其大革命的旗帜上，己所不欲，勿施于人！

可以说，十三行的兴盛，当从"开海"始。梁嘉彬在《广东十三行考》中公正地指出："自英船 Macelefield（即'麦士里菲尔德'号）至粤，广东海洋贸易日盛，而牙行商人之权势亦随之日长。"毕竟，康熙二十三四年（1684—1685 年）宣布开海贸易，每年来华的外舶也就几条，直到洪顺官与英船"麦士里菲尔德"号做成生意的康熙三十八年（1699 年），外舶才逐步增至十几条、几十条，进而成倍上涨。

也就是"麦士里菲尔德"号离开广州的同一年，法国第一艘商船"安菲特立特"号初航来到了广州。这意味着，随着葡萄牙人海上称雄时代成为过去，西方列强中最有实力的英、法两国均在同一年与十三行正式开始了贸易。为了欢迎法国商船，以及随商船而来的路易十四的使者洛克，粤海关对法船应缴的关税予以豁免，以示优待，而且允许法国人在广州设立夷（商）馆。

其实，早在 1666 年，法国就曾组织东印度公司开展对华贸易，可惜的是，所派出的商船在中途遇到暴风雨沉没了。

总而言之，康熙三十八年，即 1699 年，17 世纪的最后一年，是清代十三行贸易一个重大的转折点，广东海上贸易由此兴盛，而十三行商人亦由此形成与壮大。这自然与海上贸易主角的更换，清朝政府管理上的灵活相关。

"粤商文化"丛书

十三行：商船与战舰

后者在莫里斯的书上可以看出来。书中称，通商之初，某商人包揽法舶，某商人包揽荷兰商舶，某商人为总督、巡抚或粮道所任命，各有其背景，各有其熟客。开始，来者无多，所以行口亦少，到康熙末年，一年上20余艘，行口也增到20家左右。后来，一家不可专揽某一船全部货物，当平均分配，有一舶对数行，亦有一行对数舶，不再一律了。

法国第一艘开往中国的商船，竟在广州狠狠地教训了"麦士里菲尔德"号的船长，只差没把船长及手下统统打个头破血流。不过，这艘商船来到广州时，一位法国神父却写下了颇为优美的文章——《"安菲特立特"号船运航中国记》，似乎与那样紧张的暴力事件一点关系也没有。这艘船，叫"安菲特立特"号，写下《"安菲特立特"号船运航中国记》一文的，是马若瑟神父。

我们不妨欣赏几段：

当进入广州河（珠江）的时候，我就开始看到中国的真实面貌了。在胜似绿色草原一般的稻田两旁，有无数的灌渠，小木船往返如梭，甚至遮盖住了水面，犹如在草上飞驰一般。在远处便是被丛林覆盖的山丘，沿着山谷修造有良田，如同巴黎杜勒伊利宫的花园一般。在这幅画面上又增添了许多村庄，到处是一派田园风光。风景如此变幻多端，以至于使我不放过任何欣赏的机会，甚至遗憾走得太快了。我们最终于11月6日至7日夜间进入了广州市，自巴黎出发之后共航行八个月之久。我下榻于由皇帝垫资经营的一家馆驿或公馆之中

自晋神父在法国已向德·拉·洛克和其他法国官员介绍过这类设施，中国人称之为"公馆"，那里只招待朝廷的使臣。

广州市要比巴黎大，其人至少也和巴黎相差无几。街道狭窄，铺有坚硬的大石块，但并不完全是石铺路面。这里的人们以轿子代替了巴黎的马车，而且租金也很便宜，因为中国基本无法使用马车。

更确切地说，在广州也有一些风景宜人的地方，如那些按照民族风格建造得相当美观壮丽的凯旋门。如果从农村出来，从旧城到新城，那也会看到许多城门。令人感到惊奇的是所有街道的两端都有大门，夜间闭门的时间比城门稍晚一些。一旦夜幕降临，所有的人都必须回归自己的住宅区。这一治安管理法避免了许多事端，即使在最大的城市

内，夜间也非常安宁，犹如一户之家一般。

官吏们的官邸有一种难以形容的怪貌，在去到他们办理政务或接待来客的公堂之前，要穿过一套又一套的院子。当他们出巡时，仪仗非常隆重。例如，总督（一般是管理两省的官吏）出巡时至少要有100多人簇拥。即使有这样多前呼后拥的侍从，也丝毫不显得混乱，因为每个人都有自己的固定位置。有一部分人走在总督前面，穿戴着各种标志的五颜六色的服装，有时大部分兵勇都步行，官吏位于这一仪仗的中心，坐在一个高高的装饰豪华的轿子中，有六个人或八个人抬着。这类出行队伍常常会堵塞整条街道。一般民众立于两旁，出于恭顺心情，一直等到大队经过才敢离开。

我还需要补充一点，在广东河上有一座漂流浮城，把大量船只串联起来而形成了一条条街道。每一只船上都有一个家庭休养生息，完全如同正常的住宅一样，也分成了派作日常生活不同用场的小房间。那些居住在这些浮动陋舍中的居民，清晨起床后就去捕鱼或耕种稻田，这里每年收获三次。

这是首航的文章，还有第二次：

从肇庆出发一直到广州，我们在河流的沿岸只会看到一些较大的村落，它们相距如此之近，以至于使人怀疑它们本来就为一体。我们由此便可以开始形成对中国美好风景的看法。我们从右边经过了江门，那里也是一座著名的城市，长达5法里之多。该城共有200多座方塔，每逢战祸四起的时候，那里便住满了兵勇以保护居民。我们经过了佛山城的一侧，这座城并不算太大，但却有100万居民。仅在这里的河中就停泊着5000只船，它们和西方最大的船几乎一样长，每只船上都居住着一个家庭，而且还是包括子孙数代同堂的整个家庭。我尚未计算那些渔船和穿梭于河流两岸的小舟，因为在这些大河中，从来不会有桥。在原野上和村庄附近的小高地中，又有许多坟茔墓地，它们都是一些土丘，坟头上放有一只骨灰盒。我不相信许多人都是这样安葬的。因为这样一来，死者与活者都要占据一块地方。

我们终于在11月25日来到广州。这里实际上并不是一座城市，而是一个世界，因为在那里可以看到各个民族的人士。这座城的方位本身就得天独厚：一条大江流经本

"粤商文化"丛书
十三行：商船与战舰

城，而这条江又通过运河流到了几个不同的省。人们认为广州比巴黎还要幅员辽阔。那里的房舍外表并不太美观，最为富丽堂皇的建筑是耶稣会士杜天受在两三年前所修造的教堂。

那些不信基督教的人也抱怨说，这位外国人在自己家中和塔中的所作所为，完全是对中国人的一种侮辱。但广州总督却是一位贤良的执法官，他对此仅回答说："你们怎么会希望本总督令人拆毁广州的一座为天主修造的教堂呢？因为皇帝陛下在北京自己的皇宫中也修造了一座更为漂亮的教堂。"事实上，我们获悉中国皇帝确实越来越支持传教事业。在他派遣洪若翰会士返法征募新会士之前，便赐给了传教士们一块宽敞的地盘，位于皇帝的皇宫大内之中，以便在那里为天主营造一座教堂。从此之后，皇帝便不断向他们提供银钱和大理石料，以迅速破土动工。中国皇帝还亲自前往视察，然后与我们一起举行宗教仪轨，这对我们该是多大的宽慰啊。这一建筑是欧洲式的。我们的薄贤士（Belleville）会士是一位手艺精湛的建筑师，他指挥完成了全部工程。我们希望在中国各省中很快再建起几个教堂，并且还让中国皇帝承担建筑费用，因为在最后一次视察中，他已经答应向洪若翰会士供应修建四座教堂的一切所需。当全部工程竣工之后，他还答应再提供修建新教堂的物资。我们祝愿欧洲的所有王子都能以他为楷模仿效之，使荣誉与宗教珠连璧合为一体，也能出资在不信基督的地区修造某些教堂。

可就在首航广州的时候，由于英船"麦士里菲尔德"号驶经"安菲特立特"号时，不曾按海上的惯例表示致意便扬长而去，而且还停泊在仅一枪射程之内。法国人认为他们太无礼了，船长下令派出军官与水手上岸把在上面散步的英船船长及3位随从包围起来，痛殴一顿。以致英国人要向海关请求保护，从而酿成了一次严重的外交事件。

法国人没有英国人那么死板，同清廷官员达成一种"体面的妥协"，即脱帽聆听皇帝的旨意，身体略为前躬，但不跪在地下，然后再用法国的方式行礼。

因为是首航，不似荷兰人、英国人来华进行贸易已有些时日了，所以，法国人担心此行弄不好要赔本。却没料到，竟能以最佳的价格出售了法国几家皇家作坊制作的玻璃制品，那可是装满了好几个舱位呢。同时，还采购到了不少中国的商品，结果，居然获得了50%的赢利。可惜，第二航就没这么走运。

自"安菲特立特"号首航后,法国人采取了比英国人要明智得多的办法,留下代理人在澳门,以掌握各种动态,尤其是商品价格。他们大量采购的是白铜、瓷器、茶叶、生丝及丝织品。法国留在澳门的代理人迪韦亚与谭康官建立了牢固的友谊。

谭康官主要是经营景德镇瓷器的,在"一口通商"之前,历康熙、雍正、乾隆前期,谭家是十三行中的大户,谭康官还一度出任十三行行商的商总,只是这十三行的公行在康熙末年维持不到一年便因外商的抵制而告终,直到几十年后才又重组。而在这一期间,谭康官当是与法国做陶瓷、丝绸生意最主要的行商,而且他的商业理念也比同行要超前得多、胆魄大得多,虽几度遭受打击,仍不屈不挠。他的家乡顺德,更是生丝的原产地,有"一船蚕丝去,一船白银回"的美誉。

1728年,商船"凯撒"号到来。

他们决定将"凯撒"号停泊虎门外,等候大班和巡抚兼海关监督讲妥条件;效法1724年法国的先例,在未和任何商人见面及进入商馆之前,他们亲自去见他,并送给他一份要求他们特权的文件:

用这样一种办法,我们就可以避免使通事因和他交谈而受累,他们面对这样一些可怕的大官们,是不敢将我们真实的情绪向他们谈的,因为怕被认为是他们教唆我们,根据同一理由,在我们没有见他之前,我们认为接近任何商人都是不妥当的,否则我们就会使他们因为我们的缘故而陷于困难,其结果一定要付出很大的代价。

文件内容所要求的特权是和上一年相同的,在6月22日,"抚院把他的谕帖送交我们,秀官说它很宽容而包括一切",除了两个不大重要的条款外,大班得到希望的结果,便住进"法国馆",他们向康官交付租金,按季是400两——这个数目现在是通常的;另外他们又租赁相连的行馆一部分,租金370两。

由于当时的巡抚兼海关监督(即杨文乾)去世,总督兼任巡抚后,下了新的告示,要求行商:"选出殷实可信之人为总行商,如此,则小商贩即不能再事欺骗外人,而破坏他们的商业。"

"粤商文化"丛书

十三行：商船与战舰

告示以警告作结束："总而言之，尔等外国人慎重选择商人，不能随便听信各色人等，因恐陷于坏人之手，忍受损失，致后悔莫及。"

总督立即行使他的三种职权，他指派一位总爷（Chungya）做海关头目，"是一位约二十八岁的青年，具有很好的性格"。12日大班接到通知，"秀官和吉荐向总爷提供10%或更多些，去和'森德兰'号及'哈里森'号做买卖，他几次派人要康官和廷官付同样数目，去和'麦士里菲尔德'号及'凯撒'号做买卖，但他的要求迄未生效。"

8月14日，"哈里森号"到达黄埔，但"森德兰号"仍未有消息。大班将"哈里森号"的丈量推延，等候有关问题的解决。其中有两项是关系密切的，他们向行外商人购入瓷器，官吏要用他认识的一位商人的名义运送，而大班坚持要用他们自己的名义去运送的权利；以及"10%"的税率问题。

我们已经提过"3%"继而"4%"，随关税附征，这种缴纳曾被抗议反对；而它增为"6%"，又受到抗议反对；但得不到撤销。现在则要征出入口货物从价附加"10%"。8月13日，"康官来通知我们，他在今天下午被总督传见，总爷告诉该官员说，超过6%的10%，通常是由欧洲人按他们的总资金额缴付的（两年前曾确实缴给抚院）。所以他坚持说这是皇上课征的权利，如果已经有过这个税，他可以肯定它是不变的，他会把它定为法令，以便全部缴入皇上的财库，而企图取消它，是永远不会成功的。"

康官规避答复总督的问题，但直截了当告诉他，"一定负责缴第一批的两艘船的10%"。他和其他商人都处于恐慌状态，迫切希望向官吏隐瞒他们和大班交易的数额；这是有理由的，因为，8月24日，"我们不肯丈量'哈里森号'，致使（总督）今天早晨派人通知全体商人说，这件事是他们引起的，并向他们威胁说，如果三天内不完成它，他一定将他们全体鞭答。"

他们的商人受到这样的威胁，大班不得不答应丈量船只。

总爷借辞要他们把瓷器用一位行商的名义运送，大班决定说什么也不运，而坚持要亲自往见总督。

"我们之间的争执很剧烈，致使此处的全部商人非常害怕，并请求我们交运，这不过是少量的,但我们拒绝,告诉他们说,我们必须先往见总督。"

但外商未必想到,这会给行商造成怎么可怕的后果:直接导致与之联系的谭康官锒铛入狱。

他们起草一份呈总督备忘录,由一位法国神父译成中文;但十六天都找不到送呈的机会。于是,他们采取大胆的办法,9月16日,三艘公司船、一艘法国船及两艘从孟买和马德拉斯来的散商船的大班,全体共十一人前往城门口,既没有带通事,也没有通知商人。他们在城门口受到阻拦;但十一人决定持剑冲过只有一位卫兵的岗哨(翌日,他因失职被严加鞭笞),夺路步行到总督驻广州的衙门,现在该处是罗马天主教堂。他们一直冲入内院都没有受到阻拦,静候总督接见他们。总督办完他的事后,又进早餐。

"不久,我们见到总爷及全体通事进来,他们都非常惊慌。总爷问我们到此做什么,我们答称来此要和总督谈话,决定在回去之前要见他。他便到总督处去。……约一个半小时后,通知我们和总爷及我们的通事一起进去,客套几句后,戈弗雷将本月1日我们拟就的一份草稿交给通事,通事把它交给总爷,总爷呈给总督。他看了一遍,我们的通事告诉我们,我们一定要和负责的商人交易,而由他们交关税,这样我们就不会被任何小人所累。"

戈弗雷恳求交易自由,有与各种商人交易的自由,及他们自由运送的权利。

"他没有做任何答复就遣送我们,但在我们离开之前,我们将他第一次到来时,我们写给他的信件副本交给他;而我们仍然希望他暇时再详细阅读一下,短期内会发布另一个对我们有利的告示,这就是我们权力内可能做到的最后努力;当时我们就决定不再装货或卸货,我们要等候这件事的结局如何。"

当天晚上,通事"看来很烦恼",告诉他们说,总督要知道是谁替我们把信件译成中文的;但他得不到满意的答复。

三天后,总督传见商人及通事,要将他们和大班交易的账目告诉他,"总数多少,对这个问题,他们只做了一个不确实的回复。"

第四章 "安菲特立特"号及中法关系的"蜜月"

十三行：商船与战舰

显然，大班们去见总督，结果适得其反——这一结果，对习惯"中国模式"思维的人而言，却是不言而喻的。因为总督面子尽失，其权力受到了挑战，势必招至加倍的报复。

可他们不敢贸然对外国人下手，于是，行商便成了其宣泄愤恨的最好对象——而这么做，在他们又是"有法可依"的。

于是，他们并不以"哈里森"号拒绝丈量，以及大班拒交1950两"礼银"为借口，而找别的"正当理由"。

这便是10%税，其名为"缴送"。

而这一"缴送"，则须由行商们代交。

偏偏谭康官称，与外商尚未完成交易，何来10%的税呢？这应是交易之后才能提取的，否则，10%的比例怎么算得出来。这样一来，总督就没辙了。

但是，对本国的行商，总督是犯不着去解释什么道理的，况且你谭康官是行商之首，带头抗税，不抓你抓谁？于是，总督让下边的人捏造一个莫须有的罪名，就把谭康官抓了起来。

当然，为首的一被抓，其他行商就都服服帖帖了，而且须拿出更多的钱，集体把人保释出来，12天后，备受摧残的谭康官总算走出了牢房。

总督这一股怨气，才算有所舒缓。

10月4日，大班记载：

"赤官（Chequa）借口官员对欧洲商船出口货物征收10%，或类似这样的税，因而不肯签订合约。我们不知道10%的结果如何，但我们必须服从命令，只得清理我们的商馆准备堆放茶叶。"

当天，他们将瓷器150箱运送给"麦士里菲尔德"号，100箱给"凯撒"号，他们又命令将"哈里森"号的铅运来——这样就承认在运送问题上的失败。

10%的课征，1950两的规礼银，是始终困扰行商与外商的问题，尽管行商，尤其是谭康官不断向官府交涉，非但得不到解决，还要受到官府的责难乃至惩罚，与此同时，外商也不敢与他签约了，贸易本身也受到重大损失。

雍正年间，因为外商关于10%的银圆税一直得不到解决，海关监督拒绝接见，除非船只先开入黄埔，于是他命令船只开入。会面时，他要求免除勒索；但他只收到一份像他的前任一样的普通谕帖，这是前任经过艰苦斗争，才勉强有的这个结果。于是，他与廷官和启官签订初步合约，后来又与其他商人签订，但没有与秀官、谭康官和陈官签订。9月26日，总督和巡抚收到停止海关监督职务的上谕。这件事的直接后果，就是谭康官的再次公开露面；而当年就和瑞典人"大量交易"，却没有和英国人交易。不久秀官下狱，海关监督被革职，暂由布政使代理。

当时在埠的全体大班，包括英国的、荷兰的、法国的、奥斯坦德和瑞典的一致认为事态在好转，于是同意送呈一份联合请愿书，全面陈述所有外商的意愿，其条款如下：

我们希望将皇上税率公布。

我们知道，我们多年来所缴付的6%的附加税，是未经皇上认许的，如果是事实，我们将不再缴付。

近四年来，我们被强迫缴付10%的课征，我们深信是未经皇上认许的，因此，希望将其取消。

我们的买办，被迫缴付巨额款项领取执照，以致我们付出高价购办伙食。因此，希望他今后免费领取执照。

每船缴纳规礼银1950两，为数过巨，我们相信，这是未经皇上认许的，因此，希望免予缴纳。

这位布政使兼代理海关监督不无恳切的作出答复，但他无权处理此事。于是，这次抗议亦不了了之。不过，这一努力并未结束，为日后的转机埋下了伏笔。

第四章 "安菲特立特"号及中法关系的"蜜月"

"粤商文化"丛书

十三行：商船与战舰

十三行的行商，仅潘家就占有英国东印度公司的两成股份，那么，当年的谭家是否也占有法国东印度公司的股份，尚不得而知。其实，无论英、法，还是美国、瑞典等国，行商在其运营公司占有股份，在今天已不再是秘密了。

平心而论，所谓"加一征收"，是封建王朝的贡舶贸易在十三行的中外贸易中最后的"遗存"，有人视为"靠岸税"也未尝不可，但未做交易，先交缴带来的银子的10%，这就比靠岸税大得多了，况且还有1950两的"规礼银"呢。

乾隆登基后，"加一征收"最终被废除了。自雍正年间外国商船拒绝交纳"加一征收"税而泊在外洋不进港的抗争开始，已经很多年了。其间，大班们一次接一次地抗议，"打报告"。而行商更是身受其苦，因为拒不代外商交"加一征收"税，行商谭康官甚至饱受牢狱之灾。

因此，多年来，行商致力于通过自己的各种关系，把双方——外商与行商的共同要求，即取消"加一征收"送达朝廷。

在乾隆元年，六位重臣关于这一问题的奏折，终于放在了乾隆皇帝的龙案上了。

这六位重臣是大清最高一级的官员，分别是大学士张廷玉——他可是三朝元老了；户部尚书兼内务总管海望——洋人的贡品可是他管着的；左侍郎李绂——这可是有名的诤臣，差点被雍正砍掉了脑袋；还有步军统领托时，右侍郎申珠浑、赵殿最。一个个都位高权重，赫赫有名。要打通他们的关节，从边远的广东到京城，得费多少周折。六人中，也仅李绂曾经在广西任过职。可见，光遣人上京城当说客，找门路，都不知花了多少心机，折煞多少银子。

终于，圣旨到了：

上谕。

朕闻外洋红毛夹板船到广时，泊于黄埔地方，起其所带炮位，然后交易，俟交易事竣，再行给还。至输税之法，每船按梁头征银2000两左右，再照则征其货物之税，此向来之例也。乃近来夷人所带之炮，听其安放船中，而于额税之外，将所携置货现银，别征加一之税，名曰"缴送"，亦与旧例不符。朕思从前洋船到广，既有起炮之例，此时仍当遵行,何得改易?至于加增"缴送"税银,尤非朕加惠远人之意。著该督查照旧例按数裁减,并将朕旨宣谕各夷人知之。

尽管圣旨说得很明白,可海关监督固执地声称,这个突然的更动,本季不适用,只能在下年实行。他要大班缴付船钞的金额及1950两的规礼银。而对商人征收全年贸易额的10%。翌年将会全部改善,而外国贸易者,必将获得特殊的照顾。

对此,法、英两国商人的进一步反应大相径庭。

这一上谕,是一直与法国人做生意并租商馆给法国人、曾一度当过"商总"的谭康官通知下来的,正是为抗拒"加一征收",谭康官不仅被免掉了商总一职,而且还关到了南海监狱中,几经曲折,他三进三出,曾一度在十三行中"失踪"了。

干什么去了呢?

法国主任迪韦亚召集全体大班开会,并通知各人说:

是谭康官(作者按:他此时又出现)设法叫总督获得皇上谕旨废除10%的税。因此,谭康官说,我们既然在这个谕旨上得到这样大的好处,就必须对为此事出力的胥吏给予一些答谢,各人对这一点似乎都同意。但问及怎样办时,他说他和胥吏在北京花了一大笔钱,而他已为他们付出了一些钱。他曾经同意给他们30000两银,他和商人负责15000两,他相信欧洲人一定愿意拿出余下的15000两,今年停泊黄埔的欧洲船共10艘,每艘只不过摊还1500两,但每船明年可以节省2000两。他又通知各人,他已另外拟就一封信是关于6%的税、规礼及枪炮、军械搬上岸等问题的,送呈总督。由于他明天就去见总督,他希望立即将款付给他。当询问他所要求的款项数额,能否获得他刚刚提及的各项利益时。他说30000两只是废除10%课税的费用,至于其他各项,就另外要钱了。他的索费过巨,没有人同意缴付,谭康官对这一点似乎大怒,会议解散。

谭康官出面,转达的自是总督的意愿。显然,虽说有圣旨,但各级官员并不愿一下子放弃所有的既得利益,仍在锱铢必较。这本是官场中的惯例或恶习了,不在圣旨实施前狠

第四章 "安菲特立特"号及中法关系的"蜜月"

"粤商文化"丛书

十三行：商船与战舰

狠敲上一笔，又怎甘心？

谭康官的"似乎大怒"，则是不得已而为之。其实，从内心而言，他并不愿为总督的敲诈充当这一尴尬的角色。

其时，法国尚是君主制，对中国的政治内情有较真切的了解，所以不反对将钱送缴；但英国人和荷兰人无疑有些"天真"，只期望获得全部公平，既不谈金钱上的好处，也没有实际缴付。12月8日，英国人在一次会上通过，"无论如何，不能将这样的款项交付或委托谭康官，但写了一封信感谢总督的仁政是适当的，并向他申陈从前欧洲人贸易的情况，请他再施恩惠，利用他在朝廷上的威信，奏请皇上对欧洲人施行德政，废除6%的税和规礼，尤其是废除他们未贸易前就要将船上军械及军火交出的规定。"为了实行此事，他们草拟信件，请迪韦亚译成华文；但谭康官干脆拒绝进行此事，"因为他担保给予胥吏15000两，除非我们全体欧洲人付给他这笔款，使他能够履行诺言"。

12月27日，法国决定交他的份额3000两；但英国人和荷兰人仍迟疑不决，直至1月7日，他们才决定交付，英国人6000两，荷兰人3000两。关于这件事有记载：

如果下次再有要求东印度公司（英国）船只抵达此地时，将炮及军火交出，则上述的6000两由谭康官偿还大班。

而外商给本年管理会的汇报是这么写的：

我们乐于通知你们，去年12月1日，皇上在此公布律令废除10%的税，这个成就是由于欧洲人向总督申述的一个备忘录，有谭康官亲自向他及其胥吏请求的，谭康官要求每船交出1500两，以酬劳胥吏及其他人在朝廷上为此事所付出的费用和辛苦；但由于律令上包含有命令我们将军火交出这一条，我们答应只有在这种条件下才肯付款，即谭康官或者下一年为我们在律令上取得特准，取消这一条，否则就要将公司船只所交的款偿还……他还说，他自信可以用同样办法，取消6%及1950两规礼的绝大部分，但必须保证付给办理此事的人的花费及酬劳，他又说，给我们自由进入和合理要求的大门已经敞开，应该用小费就能保持得住，我们不能设想朝廷的大臣会替我们白干的。

上述这样美妙的景象，得以实现的很少。谭康官已收到为废除交出军火一条的请求，但没有上呈要求。10% 课税已取消，但"哈里森"号的大班记载，它的减免，似乎没有降低货物的价格。"萨斯克斯"号和"温切斯特"号订购的武夷茶每担为 13 两银，但这是其他船只还没有到埠以前签订的合约，而他们的丝织品是老价钱。至于他们其余的奢望：

我们要求减免的 6% 及 1950 两的规礼，但他（海关监督）向我们说，由于皇帝上一年已取消 10%，现在再向他有任何请求，都是不合时宜的。

毫无疑义，所减免的不是皇帝即国家规定的苛捐杂税，而实际上是形同勒索的 10% 送礼，这对于吸引外商来中国贸易，无疑是不同以往且大与助益的一大举措。但是，在雍正皇帝在位时提出来，其风险之大是可想而知的。而刚登基的乾隆皇帝，恰欲显示其怀柔远人的胸怀，行商及外商的这一努力，也就水到渠成了。所以，时任两广总督的杨永斌，特向乾隆呈报：

皇上特旨裁减，仰见圣主怀柔德竟无远，弗（法）国夷商仰休恩波，无不欢欣踊跃，叩首焚香，实出中心之感戴。

我们不难看到谭康官在其中所发挥的作用，同时也可以看出他在商行中的名望与地位。他甚至告诉外商，皇帝宝座前，三跪九叩是改不了的，但对总督之类，则不必如此。外商依言而行，弄得总督也改变了主意，返回肇庆而不来广州了，免得遇上外国人不跪而丢面子。那时，两广总督府还设在肇庆，广州仅是一个商业城市。

从谭康官对外商告之这些亦不难看出他对总督的狐假虎威、作威作福甚为鄙视，并借此巧妙地扫了总督的威风，也算是出了一口恶气。此时，不知所谓"华夷之分"的陈腐观

"粤商文化"丛书

十三行：商船与战舰

念，在谭康官头脑中还是否存在？

外商对当时的行商是这么评价的：

听说谭官是富有的，但我们不认为他是最有商业才能的。

丙官对我们很忠实……我们对他有好评，如果他做了什么坏事，我们相信他的罪过是由于不得已，而不是由于他的坏主意。

我们和老衮官（Old Quinqua）交易，他往常对我们都很好。

启官在丝织品方面是超越其他所有商人的……在这种货品上，我们相信他是忠实的。

显然，外商对他们的诚信，是有着不俗评价的。

谭康官不仅恪守商业诚信，对无辜的法国主管，也努力加以保护。这一事例，也从旁证明，为何法国人善于接受行商的提议，而英国人等则每每固执地依他们自己的"原则"办事。

以上的记载，大都出自马士的《东印度公司对外贸易编年史》。

我们看到，对待这一事件，法国人的态度与英国人的态度是何等的不同。

法国人通情达理，完全理解行商的处境，对行商的付出，不仅仅认可，而且是同情的，所以很爽快地把自己的份额交齐了。

但英国人不同，他们只愿写一封感谢信，不愿出一分钱。一直过了10多天，英国人、荷兰人才交了钱，却还有条件，如果谭康官不设法解决军械搬上岸等问题，英国人的钱则如数收回。

其实，实操中从来不曾把船上的军械真正搬上岸过，海关与地方的官员每每只是说上一句，然而什么也不搬，向上则汇报已经搬了——这已忽悠了好几十年了。

连行商想退出，也得花几万甚至十万交给海关，这一万五算什么。

而每年减少的"加一征收",又何止十万八万呢。

这里已不涉及是非、公正等问题了——废除了,至少就宏观历史而言,是从朝贡贸易向市场贸易最后的转换与完成,而这则是以皇上的圣谕确立下来的。当然,从纸上的文字,走向事实上的转变,不会那么简单,更不会一帆风顺,各种朝贡贸易的"遗存"还会长期存在,彻底消除并不容易。但废除"加一征收"则是最重要的一步。

与此同时,谭康官还把迪埃亚从大清的株连事件中救了出来。当时,一名法国水手的枪走了火,打中一位中国人,后者不治身亡,迪埃韦亚也就成了冤大头,这在马士的书中都有记载:

> 昨天这个案件在一个下级法庭开审,法国主任迪韦亚被传出席,并命令下跪,如不服从,即将他监禁,他服从了,在审问时对他诸多侮辱。未有京城宣判,另候通知,而被监禁这样久的那个人仍然关在监狱。
>
> 12月26日,迪韦亚躲在法国馆内,但对外则说他是黄埔的本地治里船上,因为怕再被官员强迫去询问关于那个被杀的中国人的事情。据说,他们索银10000两了结此案。
>
> 1月4日,昨天法国主任迪韦亚再度到番禺县,听审关于那个意外被杀的中国人的案件,听审了几个小时后,下令将他严密监禁。几位主要商人整夜都在该处,但不准和他见面谈话。法国馆和他们船上的买办被用刑,强迫他们供认迪韦拉埃是凶手。据说他本人也被威胁,如不招认,同样用刑。
>
> 1月6日,法国主任今天被释放,听说是通过总督的胥吏的,他昨天到广州,现住在谭康官家中。

在洪仁辉驶"成功"号闯到天子脚下,惹得天朝雷霆震怒之际,法国的大班及在广州、澳门办事处的主任,仍以异乎寻常的姿态,给两广总督上了"万言书",详陈海关层层勒索的种种恶习,恳请两广总督以民生为念,以国计为上,改善与各国的通商关系,言辞恳切,可谓苦口婆心,不同于英国等其他国家。他们之所以这么做,恐怕是与自康熙以来法国人

"粤商文化"丛书
十三行：商船与战舰

与清朝廷所建立的友好关系分不开，我们也不妨与乾隆登基时，废除"加一征收"恶税，英法两国态度之不同作比较。

乾隆二十四年（1759年），"一口通商"已成定局，但法国大班们，包括德莫蒂贡、旦欣、米切尔等仍联名致信两广总督，"陈海关弊害，仰祈圣鉴"。"万言书"很长，不可能摘录得太多，择其要点转述如下吧。

"万言书"中称，皇上怀柔远人，沿明之习，交易成功，便许以"牛酒"为赏赉。可到了海关监督李永标这里，"牛酒"俱为家人关吏"欺匿分肥"，还得让通事出银子买回来，通事哑口吃黄连，有苦吐不出。

"万言书"中还提到雍正十年，当时的海关总督祖秉圭"不行治禁，任其索取"，即来往澳门之间层层关卡，明的暗的，勒索不已，而过去则是没有的。"日久法驰，勒索复行"，让外国商人几乎是寸步难行。

"万言书"提出，"保商"制度宜"裁除免滋累"，让外商"择主交易"，无论卖与未卖，应由大班自行输税才是。而船规银两，也"恳恩转奏豁免"。尤其是对"借办贡物名色，需一索十之恶习，宜加严禁"——借给皇上办贡品，十倍勒索，弄得行商血本无归，"目睹行商之如此吃亏，狼狈负债者实多，势必拖欠我各夷人之资本"。

"万言书"列举了层层叠叠各个关卡、部门、港口、巡馆等的敲诈勒索，动辄百般辱骂、关上个十多天以取赎金，本来一天点验四艇，每艇四百担，可李永标来后，只验二艇，一艇二三百担。上午迟迟不到，下午日未西斜，即收秤回关，但每天照收一日之规礼，中饱私囊。

"万言书"称，过去"关部大人行商、夷商、通事时得进见，询问时弊，遇有冤抑，遂为伸理"，而现在"兹任吏书家人互相交结，窃权舞弊，无所不至，欲求一见而不可得"，显然内中有鬼。而李永标"甘受左右之蒙蔽，此诚夷等所不解也"。

"万言书"最后称：

夫夷等虽生外国，亦有纪纲法度礼义廉耻，即天朝圣贤之书，历代治体，本国书院中皆存藏翻译传诵以相学习，岂肯甘行下贱哉？若论贸易之地，莫善于粤……各夷船历年来粤，携带银两货物不下三四百万两，其为通商裕谭有益于国计民生……伏乞大人俯察舆情，严除积弊……倘蒙奏闻，更沐高厚之恩于生生世世矣。

这里提到"存藏翻译"应指法国翻译了不少中国的古典著作，此举应是指1697年，法国耶稣会士白晋从中国回了法国，向法王进呈了数十册包括《诗经》《书经》《春秋》《礼记》《易经》等书，成了双方交往中的佳话。白晋还专门研究了《易经》，一并呈以求指导。

如果说英国东印度公司与中国，纯粹是生意往来，看重的是商业利益，那么，仅比英国迟来一点的法国，在文化交流上，则要更胜一筹，彼此的理解，也更深一层。洪仁辉事件之后，法国人之所以还苦心孤诣写上这么一份"万言书"，不独是为的商业利益，还为中国的吏治、行商的生存，乃至通事的处境着想。

当然，这已无法改变"一口通商"的"天意"了。

而且，由于英法宣战，法国商人不久也就撤离了广州、澳门，无法进言了。

不过，对李永标的严惩，与这份"万言书"当有一定关系，虽然英国人也投诉了李永标，但对法国人的"万言书"，两广总督自是更重视些，况且是多国的指控，所以，乾隆皇帝也不敢怠慢。

虽未能力挽狂澜，可法国人也算尽力了。在整个十三行贸易往来中，法国人开始的时间较早，只是略晚于英国的东印度公司。到1784年之后，贸易额才逐渐被美国赶超。所以，法国人对十三行的研究，无疑有更大的参考价值。

"粤商文化"丛书

十三行：商船与战舰

乌艚船（王次澄等著，《大英图书馆特藏中国清代外销画精华》第六卷，广东人民出版社2011年版）

第五章
"麦士里菲尔德"号与"公行"

十三行：商船与战舰

我们从东印度公司的英国船只对华贸易年表中，可以查出"麦士里菲尔德"号来中国的次数。

第一次是1699年，带来了45928两银圆，做成了32086英镑的生意，第二年还去了舟山。

第二次是1702年，仅去了舟山。

差不多20年之后，1721年它又再度来到广州，投资翻番，为85487两银圆，做成了

早期英国商船

21493英镑生意。

1724年，它第三次到达广州，投资额为175000两银圆，做了50369英镑的生意。

1728年，这是第四次到广州了，投资额一栏未填上。

而后，再也没见到它的记录了。"麦士里菲尔德"号首航广州，亲历了十三行中各种皇商、王商、将军商人、总督商人、巡抚商人走马灯似的更替，与著名的"大官商"，也就是王商洪顺官打交道，发现他身上已开始有了后来去掉官商色彩的纯粹商人的特点，即"商才与信用"。

据马士《东印度公司对华贸易编年史》第一卷有关资料统计，1635—1700年的60余年间，到广东的英国船只仅12艘，且绝大多数仅至澳门。英国船只第二次进广州港是在1699年（清康熙三十八年），即"麦士里菲尔德"号，单层船，仅250吨。经多方张罗后，它从广州装载上等茶叶160担（价值银4109两）、生丝69.5担（价值9536.8两），一批丝织品（价值13075.9两），然后离穗前往舟山、宁波等地。是年，英国东印度公司在广州设立了商馆，成为"十三夷行"中的一员。

早在康熙三十三年（1694年），就有一艘400吨的英船从印度摩尔港而来，可驶入规定范围之后，却因海关税过于苛刻，且还要强征船的丈量费、进贡礼物，弄得苦不堪言，结果没做成多少生意，几乎是无功而去。

直到五年后，即康熙三十八年（1699年）英船"麦士里菲尔德"号驶来，由于有洪顺官从中协调，才终于打开了中英贸易的路子。可洪顺官却在这次贸易中，弄得灰头垢面，赔了夫人又折兵。

这位洪顺官，应是清代十三行中被写进历史的第一位行商，虽说当时还没有行商之名，而他正式的"职名"则为"王商"，即平南王尚可喜在位时所倚重的商人。

洪姓在广东不那么简单，这之后的洪秀全则不用说了，在前，宋代则有一位洪适，绍兴十二年（1142年）与弟遵同举博学宏词科，累官至同中书门下平章事，兼枢密使，拜为观文殿大学士。他在广东的名山大川，留下不少题壁，如英德南山等，留有《盘洲集》。历史似多有巧合，洪适曾作有《海山楼》一诗，专咏宋代市舶宴乐景，诗中有"楼前箫鼓声相和，戢戢归樯排几柁。须信官廉蚌蛤回，望中山积皆奇货"。另一首《沉香浦》更有"炎

"粤商文化"丛书

十三行：商船与战舰

区万国侈奇香，稇载归来有巨航"。不知这位洪顺官是否是他的后人，但对海贸的执着，二洪可谓同出一辙。

可惜清史上并无洪顺官的资料，二十四史本就很少给商贾留下什么篇幅。哪怕近代的地方志，要发掘商人的史料，也几乎找不到多少痕迹。士农工商，商乃末流，有谁会在意记上几笔？反而在外国人的日志中，我们还可以寻到片鳞只爪，譬如这位洪顺官。

英国商船"麦士里菲尔德"号的大班道格拉斯，是这么称道洪顺官的："其他商人都很尊重他，而他不仅有力量反击其他官吏作后台的商人诡计，甚至高级官吏的诡计他也敢反对，在当时与英国贸易的所有中国人中，只有洪顺官一人可以和后来的行商相比，很多外国观察者对于他兼有惊人的商才和信誉表示赞美。"

本来，康熙削藩，于1580年收拾了尚之信，并"赐死"。所以，作为尚可喜当年倚仗的王商，应该说是失势的，然而，在尚可喜当政年间，其父子一手组织的王商——即广东王府商人，由于朝廷的禁海，一般商人不得出航，反而给了王商垄断外贸的机会，他们可谓得天独厚，利用贡舶贸易，大行走私之道——平心而论，在禁海之际，走私则是不得已而为之，不可一律否定。这一来，他们积蓄财富的速度也就急剧加大，与外商打交道的本领也同样"看涨"。如前引史录，称某位王商"打造船舡，私通外洋，一次可得四五万两。一年之中，千舡往回，可得利银四五十万两，其获得甚大也。"

所以，这位洪顺官，在尚之信被赐死后，找到京城里的权贵，在政局变化中仍站稳了脚跟，没被抄没。这一来，他既有巨额的财富，又有丰富的外贸经验，连总督商人、将军商人、抚院商人，有时也还是不得不让他几分，毕竟人家"手眼通天"，就算有意较量几番，却还是得退让下来。

这洪顺官是什么个模样，恐怕也无法考究，然而，他斡旋于几类商人当中，又在官府与外商中拥有较高的信誉，显然绝非平庸之辈。财富是一回事，信用又是一回事，在以农耕文化为主调的华夏大地，商人被视为巧取豪夺、重利轻义的一个阶层。但洪顺官"惊人的商才与信用"，分明是受有西方文化重契约、重然诺的影响，是正在蜕变中的一类新人——这么说，并非溢美之词。

"麦士里菲尔德"号先期到达广州的"外港"，也就是澳门，大班道格拉斯立即便去拜会了洪顺官。洪顺官是专程从广州赶来的，他消息灵通得很，两人洽谈了有关业务，洪顺官让道格拉斯晓知当时广州贸易的有关规则。而这时，另一位商人施美亚，他是依附于总督的，被视为总督商人，总督自是地方上一言九鼎的人物，道格拉斯当然也不敢怠慢，也专程作了拜访。反正，做生意，免不了要多谈几家，再作出选择。

过了近20天，即9月14日，海关官员丈量完船货之后，终于允许道格拉斯驶船进入广州。与道格拉斯接洽的中国官员，已满口承诺，为英国商人贸易减低关税，并且尽力提供诸多方便，道格拉斯自是踌躇满志。

只是，到了广州，情况就复杂起来了。澳门只来了王商与总督商人各一位，在这里，各类商人则闻讯而来。当然，小小的私商是不敢来的，他们也无法挨上边，连分一杯羹都莫想。来的都是有背景、有权势的，诸如将军商人、抚院商人。在外贸场上，也是各领风骚三五年，此起彼消，此涨彼落。

道格拉斯先是一喜，毕竟洽谈的商人多了，讨价还价的余地也就大了，商人嘛，利润是重中之重，一船的布匹，换回更高价值的丝绸、陶瓷，回去就大发了。可是，往后谈却发现，愈有权势的愈是漫天要价，在中国，价格竟是与权势相挂钩，你不买有权势的高价，只怕会付出更高的代价。

但这位大班只按他在国际贸易中的规则办事，首选的便是可靠、适中与公平。最后，还是觉得，最早洽谈的洪顺官，价格算是比较公道的。

于是，洪顺官与道格拉斯的贸易合同终于正式签订了。

然而，两人没想到，彼此的厄运也便就此开始了。

一听说合同签下了，将军商人与其他有背景的商人于心不甘，陆续来到洪顺官处，先是说上几句好话，诸如利益均沾，你不可以一人独专，占尽了好处，让大家都有一份，皆大欢喜，也就相安无事了。

可洪顺官偏听不出弦外之音，这合同是我一家签下的，当然由一家执行，岂容他人置喙，有本事你们去把合同拿下来！

"你不要敬酒不吃吃罚酒。"

来人一个个悻悻而去。

10月27日，一群如狼似虎的衙吏，冲进洪顺官的商行，镣铐声银铛直响，不由分说

"粤商文化"丛书

十三行：商船与战舰

便将洪顺官一索子捆得结结实实带到当时的两广总督府的所在地肇庆，去面见总督大人。

总督大人自是怒斥洪顺官这号"过气王商"居然敢霸占外贸生意，你比得上当年王商沈上达么？尚之信被赐死，他近百万两银家产不全被抄没了？沈上达的船队有多大，自己还开到南洋做生意，赚得昏了头……你小心点！

一声令下，洪顺官押下了大狱。

没办法，只好让家人打点各处，"有钱能使鬼推磨"，总督大人终于称"不管了"，洪顺官总算被放出来，回到广州。

合同是废不了的，洪顺官也就如约去"麦士里菲尔德"号上去验货。这一验，却发现，随船运来的布匹，有的已被损坏了，有的质量差劣，并不如合同上所称的，有的尺码不足，有的色泽不好……洪顺官当即提出：合同必须修改。道格拉斯无话可说，同意对有问题的布匹作折价处理。

双方重新达成协议：原定由洪顺官缴交的税款，先由道格拉斯代为缴付，由洪顺官担保偿还。

交易似乎已可以顺利进行了，虽然各类有背景的商人仍通过不同的渠道施加压力，要求参与到这一桩大买卖之中，好都赚上一笔，但洪顺官只是虚与委蛇。

可他万万没想到，交易未完成，12月16日，从马尼拉开来的一条商船，载满了西班牙银圆——当时，清朝政府只认银圆为交易用货币，而这些银圆，则是用来投资生丝、熟丝的。这一来，丝的价格立即就涨上去了。也就是说，原来与道格拉斯所签下购丝的价格，相比之下则低了，洪顺官自然要亏。

然而，祸不单行。紧接着，又有一艘从厦门转来的船，运来了大批的英国布匹，这批布匹，比广州的价格竟低了三成。这一来，洪顺官原定购下的布匹，所付的价又高得多了。

付出的高了，收入的低了，洪顺官两边都是一个"赔"，如此，他只有破产这条路可走了。

这时，洪顺官思考再三，为了避免最终破产的后果，他终于答应，与将军商人、总督商人、抚院商人合作，几家一同与"麦士里菲尔德"号开展交易。

洪顺官提出，务必向道格拉斯索回2万两白银，将货先退回。道格拉斯考虑后，答应了下来。可将军商人、总督商人、抚院商人经一番琢磨，却又不干了，硬是强迫道格拉斯修改合同，把价格降下来。

这一折腾，便已过年了。

直到第二年的三月，总督，再加上巡抚，均参与审理这一贸易案，经过两个多月的审理，终于作出决定，花6500两纹银，将道格拉斯的半数绒布买下。

道格拉斯也同意了，双方签了字。

然而，洪顺官，加上将军商人、总督商人、抚院商人一道，总共才拿出5000两纹银。

道格拉斯坚决不干：做贸易，讲的是信用，6500就是6500，分文不能少。

欠外国人的钱，是丢皇上面子的事情。于是，海关监督下令，将道格拉斯的通事，还有洪顺官二人，投进监狱——看上去是各打五十大板，只是不敢惹道格拉斯，把罪过加在通事头上，谁知道你是怎么翻译的？而洪顺官则叫苦不迭，本当分摊到其他几位商人头上的纹银，怎么叫我一个人来担当。

可海关监督是不敢去惹将军商人、总督商人、抚院商人的，况且这些人一开口，就把自己撇清了：从头到尾，都是洪顺官揽的事，与我们何干？

这洪顺官虽为"王商"，可"王"已不在，怎么也硬不起来了，唯有任人宰割。他也深知，与外商打交道，不可不讲信用，所欠的1500两纹银，赖是赖不了的。其他几位商人可赖，可他却是赖不了。更何况又再度投进了大狱。没办法，只好让家人找找生意场上可以帮得上忙的朋友，变卖加借贷，七拼八凑，好不容易，总算凑够了1500两。道格拉斯收足了银子，也就于7月18日离开了广州，上别的商港去了。

道格拉斯走了，当官的面子有了，这才把洪顺官从牢里放了出来。尽管同"麦士里菲尔德"号做成了一笔生意，可洪顺官却把家底都掏空了。"王商"的历史也从此不再了。

而"麦士里菲尔德"号第二次来到广州时，它对于由杨宗仁、海关监督力撑的"公行"的"无疾而终"发挥了重要作用。从深层次上看，中国行商所依据的仍是集体原则，共进退，从而均价格，免竞争，一致对外，与传统的平均主义观相一致。其实一般强调诚信，抵制垄断，一视同仁，公开公平，便只是对圈子内的要求，对圈外则一概排挤打压。因此，海关方面即下令凡在公行之外的"闲散商人"都不得涉足外贸，凡有作瓷器贸易的须纳百

第五章　"麦士里菲尔德"号与"公行"

"粤商文化"丛书

十三行：商船与战舰

分之二十货价给公行，茶叶更高至40%——表面的公平带来更大的不公平。

公行的十三条行规刚制定出来没几个月，"麦士里菲尔德"号便抵达了黄埔。这时，粤海关向英国商人发出了通知，不得与非公行的其他商人作交易。与此同时，大班亦得知非公行内其他商人如做瓷器生意须交纳给公行20%货价，茶叶更是高达40%，他们都纷纷向大班诉苦，大班很清楚，这一来，瓷器、茶叶价格势必上扬，买方更深受其害。

这显然是不合乎自由贸易之原则的。于是，这一行规，立即受到了严重的挑战，几乎是胎死腹中。挑战者，则是20年前第一艘来到中国广州的英船"麦士里菲尔德"号。

马士书中记载有：

1721年7月22日，"麦士里菲尔德"号抵达黄埔，比其它三船早到十二天。

皇帝特命一位钦差大臣陪送一位大主教嘉乐（Patriarch Mizabarba）到此，他是去年从罗马来北京朝廷的，现在返回澳门转往里斯本。

他们获悉新公行的背后势力是海关监督和提督，同时，海关监督已布告，禁止全部低级商人，或不是公行的商人与外人来往或贸易；海关监督负责强制这些商人，如和瓷器贸易者，缴付新公行20%，他们中间作茶叶贸易者，缴付40%。这个非常的暴行使所有非公行的商人都请求我们（这是他们唯一的希望）解除他们的痛苦。

这种情况使大班手里握有有力的武器。

当海关人员要上船丈量以确定税额时，大班立即予以阻止，声称，如果不停止公行这一制度的话，生意就不做了。

英船大班之所以敢这么做，是得到了消息，说皇帝的钦差大臣已经到了广州，而海关监督更打算请这位钦差大臣到船上一趟，挑一些欧洲才有的奇珍异宝呈送给皇帝。而大班一称停止贸易，海关监督的如意算盘就打不成了，讨好皇帝的好事也就泡了汤。况且，牛皮已吹出去了，钦差大臣天天催问何时上船选贡品，这又如何应对是好？

何况这么大一艘船跑掉了，更是白白失掉了一大笔税收，划不来。

权衡利弊,海关监督只好于7月30日召集公行的主要商人开会,商讨变通的办法。最后,公行不得不作出决定,退一步,让其他商人(非公行商人)一同参加瓷器与茶叶生意,当然,得有条件限制。

"麦士里菲尔德"号终于达到了目的,推行其自由贸易的原则了。而公行制定的行规,也就成了一纸空文。

26日,海关监督送信来,说他愿意丈量船只。大班回答说,他们准备遵守各项既定法律和法令,但他们一定要"坚持享有他的前任所赐予的和外商贸易的特权,特别是他一定要取消他发出的限制民人和我们贸易的布告;另出布告宣布恢复我们和民人所享有的全部特权和权利。"

在这些事未履行之前,他们拒绝与本口岸的当局有任何接触。

两天后,海关胥吏(管事)劝诱"此处所有商人",恳求他们到黄埔丈量船只。大班的主要武器是海关监督打算请钦差到船上,以便挑选一些欧洲出产的珍奇物品送呈皇帝,他不也让皇帝的直接代表知道这个有利的对外贸易受到遏制,但他们拒绝让船只接受丈量。

翌日,中国商人金少(Comshew)和吉荐(cudgin)两人通知他们:

"假如我们能够推翻公行,他们答应帮助我们进行,他们一定将茶叶价钱适当降低。他们告诉我们说,此事一定要向总督请求,否则不会成功,同时一定首先要通过他的胥吏,他们答应今晚介绍我们和胥吏会面。"

当天晚上,他们会见总督的代理人,并申述他们有必要停止对广州的贸易,除非想办法"将公行取消"。

大班报告说,海关监督几次向他们威胁,他们不予理会。7月30日,"总督召集主要商人去见他,并严厉地对他们说,他们现在所采取的办法一定会使此处的贸易得到坏的结果;他命令他们去找大家商量,如果他们不能决定解散他们的集团,他一定用办法强制他们"。

总督是一位重要官员,不能等闲视之,而"被召集的公行商人考虑到的叱责,这使他们非常害怕。公行一些主要商人允许金少和吉荐参加他们的茶叶生意,他们是靠它来组成公行的,这个主要部分既失优势,也就是公行的手段已被毁坏"。

"粤商文化"丛书

十三行：商船与战舰

各事顺利解决，8月1日，大班随同钦差、海关监督以及其他官员到黄埔，并丈量船只。"大臣对那些少见的事物好奇发问，他对这些东西十分困惑"；大班便把几件珍奇物品送给他。其他船只分别于8月3日及5日到达，贸易进行不受阻碍。"麦士里菲尔德"号载茶叶623箱，"莫里斯"号载茶叶2313箱，11月6日出发；"弗兰西斯"号载茶叶2587箱，而"卡多根"号载茶叶3154箱，12月17日出发。四船都载有瓷器。

引文中提到的"吉荐"，即是十三行八大家"潘卢伍叶谭左徐杨"中的叶家，这位"吉荐"后来还成为了英国蜡像馆中的第一位中国行商，可见当时多风光。近日查明"吉荐"中国名应是静园。

这艘英商船"麦士里菲尔德"号，20年前打开了中英贸易的局面，这次，又无形中摧毁了刚设立的公行制度，其实这一切都符合其自身的思维逻辑。而要评论其功过，则不是三言两语可以说清楚的。这毕竟不仅仅是商业原则的碰撞，更是两种制度与文化的碰撞，很难以功过、是非来评说。

杨宗仁心中自然是急得犹如热锅上的蚂蚁，皇上派他来是寄予厚望，是希望他可以安定广州的商贸，可是这一来，反而将事态弄复杂了，影响了税收，大大失算，不好在皇上那交代。于是，找来了公行的行首，包括谭康官等在内，找个变通的法子。最后决定让行外的陈寿官等人参与同外洋大班的贸易，这事才算了结。但是，这一来，订立的"公行"条约也便失效了，甚至连公行，也都无形中停止了。

对于公行，英国东印度公司一直存有戒心，几年之后，即1725年12月24日，"汤姆森号"开往广州时，东印度公司还给大班写信称："我们希望他们不再试图恢复（公行），假如他们已经恢复或一定这样做，而你们又正好在该地，你们则务必尽力以最有效的办法抵制之。"

无疑，在当时的历史背景下，中英之间的贸易，代表了东西方的沟通、交流，英国业已取代葡萄牙、西班牙、荷兰成为海洋贸易的霸主，这也是没法回避的历史现实。平心而论，当日中国的贸易制度，是相当落后的，甚至比宋、明对外贸易还要落后，贡舶贸易与市舶贸易毕竟不是一回事。这一来，我们更需要向人家多学一点东西，不可以天朝上国倨傲。正是在这一背景下，十三行的聚散、起落、盛衰，始终处于一种未可自我把握的境地，同时受到内、外两方的挤压，它的生存，是一个奇迹，也同样是历史的"怪胎"，所以，不可以一定之规来度量、评估。

但不管怎样，英商主导了当时的东西贸易，当是历史中极为关键的一个"节点"。只是，当年的"麦士里菲尔德"号的大班及船员们没有想到，在杨宗仁手中终结的"公行"，在其孙子杨应琚出任闽浙总督，上奏"一口通商"得到乾隆皇帝批准后，"公行"不久也就在广州"咸鱼翻身"了。虽然没过多久，便又撤销了。可不久又恢复了，而且一直延续到了鸦片战争。

曾被指定为公行之首的潘家人，曾有一句名言：宁为一条狗，不做洋商首。

可见，"公行"加在行商头上的枷锁是何等可怕——清廷及海关的墨吏，正是借用"公行"这样一个机构，对行商进行压榨与盘剥。

1835年，英国的东印度公司最终解散了，在西方商人的眼中，公行也就是与东印度公司对应的组织，实施垄断，有害于自由贸易，于是，再度一致要求，既然我们的东印度公司撤销了，那你们的公行也一样应该同时撤销。

当然，清朝政府是没有予以理会的。

而公行与东印度公司，也并非同一性质的机构，东印度公司本身是股份制的，但公行却不是，是封建统治下的一个怪胎。

当鸦片战争爆发，英国人提出的条件中就有一条，撤销公行。其实用不着提出来，十三行此后在一场大火中被烧得面目全非，一切都荡然无存。公行也就无形中消失了。"麦士里菲尔德"号对抗公行的经历，就这么留在了十三行史上。

"粤商文化"丛书

十三行：商船与战舰

白艚船（王次澄等著，《大英图书馆特藏中国清代外销画精华》第六卷，广东人民出版社2011年版）

第六章
"苏珊娜"号的是是非非

十三行：商船与战舰

直到中国明清易代，英国商船才试探性地与沿海口岸接触。康熙皇帝于1685年宣布开放四个口岸之际，英商才正式启动对华贸易，尽管1699年英国"麦士里菲尔德"号到过

粤海关税馆（王次澄等著，《大英图书馆特藏中国清代外销画精华》第六卷，广东人民出版社2011年版）

广州，但怯于当时的教训，英商大都只到厦门口岸贸易。广东关税高，加上当中又有葡人作梗，尽管"麦士里菲尔德"号有一次成功的经验，但而后十多年，英船也未能再来广州。直到1715年厦门贸易时爆发了武装冲突，才令英商再度把目光投向了广州。

1715年的冲突起因是中国商人欠了英商的2600两货款不愿还，反而勾结当地官员一道，设法赖账，要将英船"安尼"号赶出厦门港。英商自然不干了，他们把一艘要开往巴达维亚载货的中国帆船扣了下来当作人质，以此逼中方发还欠款。这边，中国水师受命，派船去夺回被扣下的中国货船，从而与"安尼"号发生炮战，打了个昏天黑地。

这一事件发生后，东印度公司下令，所有驾往中国的船只，全部转向广东口岸进行贸易。

于是，第二年，也就是1716年，三艘英国商船，多年后重抵广州。这回，他们得到了新王朝所设的粤海关总督的热情欢迎。前朝事犯不着与后朝计较，另一个口岸出了事，正好有利于广东的进出口贸易，何乐而不为呢？

于是，"苏珊娜"号的大班出面，正式与粤海关监督签订了六项协议：英船大班可以与海关监督相见；英馆前张贴自由交易布告，不得骚扰；英船可以随意任免通事、买办及其他类似之仆役；英大班进入海关时不得被阻；英船可储存海军军需品，而不需任何课税；海关不得延误船需要的出口关单。

以上六条，对开放贸易无疑是非常有利的。尽管当时在广州，十三行中的凌官与安官，实际上独揽了整个外贸，可"苏珊娜"号船仍与另一寿官（Suqua，亦称Cumshaw）签订了一个瓷器贸易的合同。

为了防止琐屑的烦扰，第四条是很必要的，但它包含相当程序的相互信任与了解。1704年洛克耶曾提出用各船小艇的密箱盛白银，从船上运往商馆，将黄金运回船上，以便不受官吏的注意；在以后的时期，大班的"写字台"不受检查就成为惯例了。

对比一下中方与英方各自不同文本的六条协议，颇有点意思：

其一，英方的有"随时可与'海关监督'谈话，不用等候"，但中方只是"可以相见"。

其二，英方有用词是"禁止侮辱"，而中方为"不得骚扰"，理解角度不一样。

其三，英方的与中方的基本一致。

第六章　"苏珊娜"号的是是非非

"粤商文化"丛书

十三行：商船与战舰

其四，英方规定很具体，具体到船只问题，如挂旗帜等细节上。

其五，也基本相似，但英方用的是"置备"一词，中方是"储存"。

其六，英方强调的是"稽延或骚扰"，而中方仅是"不得延误"。

英方的"正式协约"是由"苏珊娜"号主任大班尼什正式造访海关监督时签下的。

这六项协议传出去，外商奔走相告，广州口岸即时兴盛起来，这一年，便有20艘外船停泊在广州黄埔、澳门，其中有6艘法国船，海关自是笑逐颜开。由于当时中国银两缺乏，英商甚至放债给行商。

不过，他们对凌官与安官垄断外贸是不满的，因为这不符合自由贸易的法则，一直期望这二官取消其独揽外国贸易的做法。四年后，即1720年8月，凌官突然去世，人亡则事废，未等英国商人提出，这一垄断似乎便被打破了，往后的交易就好办多了。

短短几年，广州口岸的盛衰便起落了几回，1716年，英国商馆设立，海关监督与"苏珊娜"大班签约，令广州口岸盛极一时，当年到达的外船就有20艘。可1721年，"麦士里菲尔德"号挑战公行后，广州海关需索的"规礼"节节上升，每船通事索费250两、买办150两，船只丈量费3250两后减到2962两，税费则由最初的3%涨到4%，再增至6%，虽说税费相对国际的不算高，可索取的"规礼"却是个无底洞，令外商叫苦不迭，于是来的船只锐减。另一边，行商也没生意可做，到1723年，行商经济已大多陷入困窘的境地，能够支撑下来的，也就那么几家了。

巡抚兼海关监督乃至其家人的索求不已，海关旗员的额外加派，各关另设的私簿征收，令商民苦不堪言。加上种种限制，再冒出一位布官，于雍正二年（1724年）依仗抚院，纳上24000两于巡抚，包揽这一年全年的对西洋贸易，使英大班与其他商人均难以对付，于是，行商纷纷遄回厦门，在那里另组行馆，广州的贸易更一落千丈。莫里斯日志中记录了一段："（1723年）苏官、郭洛及另外几位商人从厦门到达此地（广州），我按例去迎候，他们告之，二人已在厦门建了一座大行馆，以便去那里居住，因为他们再也不能忍受此地官员的勒索，希望英国人也到那里，他们说，那里不仅商人，也包括所有官员都很希望这样，并保证我们会得到极好的待遇。"

雍正五年，即1727年3月，正好又开闽省海禁。这已是康熙年间开禁之后40多年了。纵然台湾平定，清廷仍对福建不放心，开放的口岸虽说有闽海关，但对全省约束甚严。

第二年，经历几年的萧条，加上雍正一再的整顿，广州、宁波分别设立了洋商总。商总最早是由浙江总督奏请的，他在奏折中称：

各洋商贸易，不宜遽行禁绝，且从前止颁夷人倭照，我天朝并未有定到彼作何管束稽查之法。今拟会同江南督抚诸臣，于各商中择身家最殷实者数人，立为商总，凡由内地往贩之船，责令伊等保结，方许给以关牌县照，置货验放。各船人货，即着商总不时稽查，如有夹带违禁货物，及到彼通同作奸者，令商总首报，于出入口岸处所密拿，倘商总徇隐，一体连坐，庶几事有责成，可杜前弊。

也就是这一年的八月六日（农历），两广总督到肇庆后，外船的大班则先行提出要求，要确认他们的各种权利。十八日，总督发出了告示，表示答应他们的请求，"但附带若干不情语句。而彼等所得任与各商贸易之自由尤加限制，由各行行商中选任一殷实可信之人作为总商，此因中国政府防贫小商家欺骗外人之故云"。外商日志如是说。

这一"商总"，是由各行商所举荐的，由粤海关监督正式批准，负责管理对外贸易、评定货价的殷实商人——没有相应的财力，是担当不了的。此外，商总还得负责对外的管理，对外商违反中国法律的人与事，须及时向官府通报。如果外商违禁、犯规，商总就要负连带责任。

这一商总制度较之八年前的公行制度各有侧重，其可行性要更大一些，也更实际一些，可以说，是广州十三行对外贸易制度的又一次趋求完善的努力。

于是，行商们推举出了由寿官、谭康官、廷官与启官组成了十三行的商总。

有例可循，有规可循，无论是行商还是外商，也都避免了一些制度不健全状况下的困扰，于是，广州的外洋贸易，又一次重新走向繁盛。而雍正皇帝早一年更严令广东将"缴官公费需索商人陋规银一万余两情由查出革除"，并将"规礼"额定为1950两——这比过去的3250两或2962两，是大大下降了。

不过，"规礼"一降，地方收入便少了，地方官员也就不干了。

第六章　"苏珊娜"号的是是非非

十三行：商船与战舰

"苏珊娜"号在广州或中国东南沿海，仅仅就出现了这一次，无疑，六条协约不同文本，也体现出了各自文化的认知差异及不同的立场。如"侮辱"一词，更立足于人格尊严上，与"骚扰"有太大的不同，具体细节如悬挂旗帜类，恐怕也是更着重的尊严问题。英方理解是有尊严的、带有法令色彩，而中方则是模糊的，大则化之的，诸如"可以相见"，而非"随时可以，不用等候"这么明确。

我们查阅整个东印度公司派出来中国的商船，自1716年之后，就再也没见到"苏珊娜"号的任何信息了。这条撬动了中国海关神经，进一步把自由贸易理论输入中国的船，是后来在航线上出了意外，还是被派往别处，均不得而知了。

不过，主持签订六条协约的大班尼什，则在广州与香港继续出现，而且成为1730年之后，东印度公司派往广州的管理会主任。该管理会一共有大班8人，负责协调整个航路，即佛得角、开普敦与巴达维亚英国商船的集结。

尼什也是坚决抗缴"加一征收"的大班首领，他曾几度令英国商船把船开走，不做生意，以示抗议。

然而，也就是自1729年起，他就被行商谭康官与陈芳观直接写信到董事部控诉，这一事件，在马士的书中有过较详尽的披露。

纵然西方在商业交往中恪守诚信，以商立国的宗旨人所共知，在交往中基本能守规则，但是，也不排除有不法商人与中方交往时钻空子，实施舞弊，从中谋取非法所得。谭康官就面临过这种不平等的竞争。由于深谙西方的游戏规则，他大胆向东印度公司揭露一位商人的舞弊行为，并承诺可以出庭宣誓作证。对于一位行商而言，这不仅仅是利益问题，也同样承担着风险，因为，在当时清政府眼中这无疑有"通夷"之嫌。所以，当外商一方因他正义的举动给予奖赏时，他也只能请对方用"秘密办法"送来，不能让人知道。而他为这事，则已被官府整苦了。

1731年，谭康官又一次被捕。正是因揭露法扎克利交易舞弊一事。

起因一如马士的《编年史》中所说：

另一不幸事件，是董事部训令管理会调查关于法扎克利在1729年工作时被控告各事。那年值得注意的是付出高价茶叶一事，其中大部分是向寿官购买的。而他的两位敌手谭康官和陈官（Chinqua）则直接写信给董事部，控告法扎克利付出的信用款，比应付给商人的多。董事部发出的训令，按日后所知我们在广州的情况，是特别有趣的。应将有关商人召集起来，并向他们提出一些问题，问他们是否愿意在英伦派来（日后）的誓证委员面前宣誓作证，如失败，他们能否在自己的审判官面前宣誓作证，像在委员面前宣誓一样。管理会内的双方经过一些争论后，召集了商人，但没有见到采取进一步办法的记载；有关此事的材料，只见于日后送给董事部的报告书中：

"在查询法扎克利及其管理会的事件中，我们遇到很多困难，虽然双方表达意见的方法不一致，而他们对事实作证的态度，更使我们难以理解，但我们已取得相当的进展，我们将尽我们的能力，完成此事。"

妨碍取得有效的结果，不知是否是由于管理会内部的分裂，抑或证据性质仅依赖作证者更希望对公司、法扎克利、寿官、现任大班或其中某些人予以打击。

怀疑法扎克利与寿官签订1729年及1730年的主要合约有串通舞弊的后果，于是董事部命令在1731年时不要与寿官打交道，另找谭康官和陈官。但大班首先要取得贸易自由的谕帖，特别是自运货物及免除10%；在未解决之前，他们的船只碇泊口外。

尼什留在广州过冬期间，证实商人已把售给他的货物税10%缴付；7月2日，管理会在广州成立后，他们请十四位商人开会。他们一致承认在戈弗雷的那一年（1728年）、法扎克利的那一年（1729年）以及尼什的那一年（1730年）全体商人已经缴付；至于前两年，即萨维奇的那一年（1726年）和托里阿诺的那一年（1727年），他们的说法不一致；有的说是已经缴付了的，有的说没有缴付，还有的说萨维奇的那一年是送了礼金的，但数目不是10%，差不多全体（商人）认为，在托里阿诺的那一年没有缴付。

海关监督的谕帖很不明确，而且没有提及关于大班要求中的两项特别要求，所以他们将船延搁"入口"。但到了7月17日，他们获悉有荷兰船三艘、法国船两艘、丹麦船一艘已到达澳门，他们立即与谭康官和陈官签订合约，并命令船只开入黄埔，放弃向海关监督施加压力的全部企图。这些合约包括：

生丝，600担，每担155两。白铜，800担，每担6.5两。茶叶，松萝，1400担，每担16两。茶叶，武夷，4000担，每担17两（没有铅条和木箱）。较好茶叶（工夫和

白毫），400担，共计银14000两。丝织品，15600匹，共计银77000两。

另外还有尼什在春季时已订合约的：

茶叶，松萝，4600担，每担15两。茶叶，武夷，1000担，每担15两。较好茶叶，700担，共计银21000两。丝织品，4000匹，共计银18550两。

米德尔顿和韦塞尔两人坚持说，给尼什的训令只包括供应绿茶，因此连续五个月都反对他的各项订购，只承认松萝茶一项。

大班接受的训令要投资黄金60000英镑，而他们发觉每93成色的10两元宝，最低限度价格在94成色银105两以上。他们用这个价格订约购入1000两元宝；但价格继续上涨，他们授权四位船长按照公司执照，准许每人自己选择购买黄金2500英镑。四位船长都接受了这个办法。管理会中有一位地位较低的大班，要求同样权利，购入2000镑，但管理会投票否决。该年大量需求黄金，可能是由于他们自己的及四艘散商船，另外还有三艘其他国籍船只的需求，共计7000两元宝；船长后来购入价为每个元宝110两，而公司购入价为112和115两——这是当时纪录上前所未有的最高价格。

预付货款已成为该时期的定例，这是预付给商人到内地搜购茶和丝的货款。10月17日，即他们订约后的三个月，在首批的两艘船启碇两个月之前，最后的两艘船启碇三个月之前，主要订约人谭康官和陈官的账户显示：

借方：预付款257080两。货方：交来货品，93267两。差额：163813两。

在同一天又预付给他们37511两。

很快，大班便同谭康官、陈官签订了合约，因为这是上面要他们这么做的。

由于秀官与法扎克利有串谋之嫌，所以认为他诚信有问题，就没有找他了。

谁知，这却给谭康官惹来了麻烦。

不久，海关方面来人，通过通事（即翻译）问，大班是否已按合约将货物运上了船。大班说，已经运送上去了。

结果，通事称，上司已经下了令，要通知大班们，今年不准谭康官把任何货物运送上船,更不准与他们有贸易往来。

而谭康官也联系不上了,显然出了事。

大班们估计是寿官从中作梗,他们立即命令船只不要开过穿鼻洋,留在公海上,以免被扣。同时,把寿官请来,请他念及过去的交往,帮助解释他们与行商和海关监督之间产生的误会。当然,光说说还不行,还请了有过合约的另外三位商人参与,与寿官签了约,把谭康官的份额出一部分。

10天之后,谭康官终于再出现在大班面前并告诉他们,他与海关监督见过面了,互相之间的分歧也都解决了。不过,这一段时间内,他被南海县关押了五天,同几年前一样,为同一件事关了十天——这同一件事,无非还是10%的缴送问题。

谭康官的两次"出事",说明了什么?

马士的《编年史》上,是这么认为的:

这是后来中国商人联合一气,在海关监督的严格控制下紧密合作的一个先兆;但现在的事例,不过是寿官个人与海关监督之间的勾结,目的只是要求答应参与谭康官合约的一份而已。

直到这一年,碇泊黄埔的船只,还常常得到在公开市场购买船上的供应物品及选择买办的自由;但在8月25日,各个船长写道:

"我被剥夺了以往的权利,不准我到处购买船上的伙食,而且把我的买办带走,另派一个给我,他随意给我东西,而价钱却非常贵。"

这种勒索逐渐发展成为一个有组织的制度,由买办出钱购买供应船上物品的权力,而按照他自己的价钱收费。有一位船长提出抵制这种勒索的唯一办法:"我被逼得用自己腌制的伙食来对付。"大班申诉并抗议,但无效果。

这是针对官商勾结、从中渔利一事而发起的抗争。

由于长年从事海上贸易,谭康官当是谙熟国际商务的行规,10%的"缴送"于法无依,

"粤商文化"丛书

十三行：商船与战舰

大班们自然是不能接受的，哪怕转嫁到了行商头上。而谭康官则力图扭转这一局面，也就不能不蒙受种种打击。面对清廷及海关官吏们种种敲诈勒索，你不可能任人宰割，逆来顺受，哪怕反抗招致更大的打击报复，你也不能不咬牙挺住。

这种抗争，当一直持续下去。

这需要的，是一种历史的勇气。

可是，行商们无时不处在如临深渊、如履薄冰的险境之中。一方面，他们务必随时应付官方各种各样的敲诈勒索的借口，另一方面，他们也不能不说服外商遵守中国在专制主义统治下形成的陈规陋习。

大班继续用秘密办法将他们的一部分（或者是第五部分）白银从黄埔运来；但9月28日，"谭康官和陈官希望我们不要再用驳船秘密运银，因为关吏已有几次在这个秘密地方搜出白银。"

英国商人东印度联合贸易公司到广州航运各船"哈特福德"号、"麦士里菲尔德"号、"凯撒"号和"哈里森"号的总账如下。

	两
借方：白银，227箱（908000元）计	655479
铅，117吨，每担银3.30两计	6498
长厄尔绒，992匹，每匹银6.30两计	6248
得胜酒（Palm Wine），未售出的，等	1264
上年剩余资金	106878
收谭康官及陈官金和丝短期放款利息	2052
	778419

	两	两
货方：各船长购买黄金的白银 10 箱		29801
"麦士里菲尔德"号投资		181172
"凯撒"号投资		172027
"哈特福德"号投资		183674
"哈里森"号投资		184252
		721125
交谭康官存保险箱余款		25842
米德尔顿和韦塞尔账款		1651
		778419

米德尔顿和韦塞尔在管理会的最后一个抗议，就是反对将剩余资金25842两锁在保险箱交存谭康官处，而要将它作为存款存在谭康官处，每月可以收回利息1%。

从这一借贷记录，我们当获得不少信息。

第二年，董事部交商船带来感谢谭康官揭发法扎克利罪恶的忠诚行为的一封信。为了表示他们的敬意，他们送给他英国茶碟及家具，另外还有一些优质绒布等礼物。他又送给董事部第二封信，可能经由阿巴斯诺特之手，控告尼什在1730年执行公司业务时的行为，董事部亦发出训令调查这个控告，但时间太迟，未能在1732年进行。另一控告，是根据他们自己人米德尔顿的报告，就是他将1731年航运的剩余资金留下，取不到利息，这是不可饶恕的违反规定的行为。

米德尔顿和韦塞尔留下一封信给他们的继任者，写道：

"请允许我们推荐谭康官和陈官，一如公司介绍给我们的一样，我们确证他们对于我们尊敬的雇主交托的任务，是用高度负责的态度去完成的。"

另一方面，尼什则报告他们出卖的茶叶是劣货，而他们又需大量的预付款，但他没

十三行：商船与战舰

有表示意见。

"如果我现在不完全相信米德尔顿和韦塞尔,已经或一定向你报告大量关于我们的事务的话,而你一定会对谭康官的信用盛誉的信赖,更超过他们的实际所应有的。"

这两位商人是同一商号的合伙人,董事部曾特别向尼什及现在的管理会推荐。特纳到广州后的第一步工作,就是试图和他们两位来往。但他获悉由于海关监督的憎恨,谭康官正处于困境,由于害怕,已逃到别的地方去了。在三个星期中,每天都找不到他们两人;一再要求取回保险箱的存银,直至9月11日才成功。陈官在整个季度里没有出现;但9月26日,海关监督暂停职务,而两天后,谭康官亲自来到商馆。董事部的礼物直至12月18日才送给他,即使是这样,当时他还要求,"这碟子如果我们方便的话,请用秘密办法送去"。

这一段,更清清楚楚地揭示出了谭康官等行商的艰难处境,连得到的奖励,也只能秘密地送上。一旦被公开,会是怎样的后果,可想而知。

从1716年到1729年,前后不过十三个年头,原本颇以国家及人格尊严为然的尼什大班,升为尼什主任之后,为何一下子就蜕变为营私舞弊、中饱私囊的"贪官污吏"之类,居然与他们早年看不惯的官商勾结、欺行霸市的奸商及贪官同流合污了。

《粤海关志》封面

或许,在其时,市场经济推动的法制、诚信,即便在英伦,还处于"初级阶段",或者说,殖民主义,本质上便是贪婪、嗜杀、残暴的。

又或许,清代海关的腐败本就是一个大染缸,所以才把他与另一位法克拉利迅速拉入了深渊。

从此,尼什与"苏珊娜"号一样,再也没在广州或澳门出现了。

有时,霎时消逝的,却比久久滞留的,能在历史天幕上留下更深印痕!

第七章
瑞典，不仅仅有"哥德堡"号

"粤商文化"丛书

十三行：商船与战舰

20世纪90年代中叶，笔者有幸去瑞典斯德哥尔摩参加学术会议，这是我第一次到瑞典，会议是由斯德哥尔摩大学这个享有盛名且古老的欧洲名校主办，会后，还去了另一所名校乌普撒拉大学。我记住了这所大学的一句名言：昨日知何处，明日来相会。

后来我还专门为这句名言写了一篇散文。

十三行瑞典商馆（王次澄等著，《大英图书馆特藏中国清代外销画精华》第六卷，广东人民出版社2011年版）

这次，会议专门组织参观了诺贝尔奖授奖大厅，至今，耳边仍回荡着与会学者冲着我欢呼："中国，丝绸；丝绸，中国！"因为大厅里几丈的落地窗帘，全是古老的中国丝绸！

"明日来相会"——果然，2003年，我应瑞典隆德大学罗斯教授之约，再度到了这个北欧国度。

而此行，最难忘的莫过于到了古色古香的哥德堡，见到了已打造多年的"哥德堡"Ⅲ号。

8年前到瑞典，就听闻瑞典要重造200多年前的"哥德堡"号，而且很快就要动工了。

没想到，8年后，我竟有幸作为一个中国人，最早见到这艘充满浪漫传奇，亦不乏悲情伤感的历史上的古船复生！

我怀着一种敬重而又亲切的感情，登上了这艘古船。

恍惚间，我仿佛回到了200多年前，跟随我的谭家祖先、十三行八大家之一的康官，在给这艘商船送上一箱又一箱的彩瓷，上面都烧制上"乾隆××年，谭康泰"的字样。在瑞典船来中国最频繁的期间，即雍正十年（1732年）至乾隆二十年（1755年）间，谭家正是十三行中最负盛名的陶瓷商人。或许哪一天，在瑞典保留至今的瓷器上，还能发现我家的印记。

当然，"哥德堡"Ⅲ号，已非当年沉没在离哥德堡仅一公里海面的老"哥德堡"号。

可它却与当年的"哥德堡"号一模一样，无论大小、长宽，都丝毫不爽。

这得益于古船的打捞。

水下考古，打捞出了"哥德堡"号的残骸，加上留下的古代该船的历史资料，专家们完全还原了古船原来的风貌。就在我第一次到达瑞典的那一年，"哥德堡"Ⅲ号就已正式开始建造。而8年后我重返瑞典，有幸登上了它的甲板，参观船上的各个展室。

船上入口处，可拿到导游手册，那上面写的是：

欢迎所有人来乘坐"哥德堡"号。

这艘古船，复原了本已被忘却的过去杰出的造船工艺，再现了海洋历史文明中的创造、开发、发展技艺、和平贸易的传统。

"粤商文化"丛书

十三行：商船与战舰

"哥德堡"号（Ⅰ、Ⅱ、Ⅲ号）

它是连接历史与今天的桥梁。

的确,这艘仿古船,是严格按照18世纪的"哥德堡"号的原型,完全用手工来重造的。其动力,主要仍是当年所依靠的风力与水流。据了解,"哥德堡"Ⅲ号一共用了4000立方米木材,50吨铁,25吨绳索,0.5吨麋鹿皮,2000平方米亚麻帆布,用工4000多人,达30万工时,投入了3.5亿瑞典克朗。

这是为了圆一个古老的梦!

这个古老的梦,便是重走海上丝绸之路,再续与中国当年的奇缘!

是啊!"哥德堡"号,这艘商船,不,当说瑞典,与中国的渊源实在是太深了。

这是再熟悉不过了的三桅海盗船了,且莫以为"海盗"二字有什么贬义,瑞典人并不讳言祖上的海盗"出身",那是他们作为海上王国的一种荣耀。走进商店里,大大小小,大的有真人一样尺寸,小的则可托在手上的海盗"公仔",价格可都不菲。

当然,桅杆高高竖立,风帆却不曾升起,船头上的字号,却再明确不过了。坚实的木质船体,数不清的绳缆,还有炮孔、船舷、尾舵……

这是2006年的夏天,"哥德堡"Ⅲ号,终于历一万六千海里的漫漫长途,从北欧出发,出斯卡格拉克海峡,过北海,进入大西洋,再沿原来"哥德堡"Ⅰ号、Ⅱ号的航线,到西班牙加的斯,再前往巴西北部的累西腓,然后又一次横跨大西洋,抵达南非开普敦,绕过好望角,开往澳洲的弗里曼特尔,再经过雅加达(当年叫巴达维亚),最后来到"哥德堡"Ⅰ号多次到过的广州。

瑞典国王卡尔十六世古斯塔夫与王后西尔维娅亲临这一东方古港,主持"哥德堡"Ⅲ号到达中国口岸的仪式。

它在广州停留了很长的时间,举办了很多活动,包括展览在内。

作为十三行的后人,自然很关心这一切,可惜的是,所有展品都很严格地受到保护,隔了玻璃橱柜,否则,也当印证一下,那些青花瓷器的侧面、底部,可否也与谭家尚存的青花瓷一样,烧制有"乾隆××年""嘉庆××年""披云堂""谭世经"等字样。

"粤商文化"丛书

十三行：商船与战舰

也只有瓷器，方可保存这么久，而且色泽丝毫不褪，就似刚出炉时一样。虽说"哥德堡"I号船沉后100多年，打捞上来的部分茶叶色香味尚在，照旧可以放心饮用——第二次上瑞典时，就有朋友向我展示过，但最完整的仍是瓷器，有上百件。

光鲜如昔，几近透明的青花瓷，自不只是谭家祖上一段难忘的历史。

透过这瓷片，我们当更进一步发掘出十三行已有过的辉煌，以及屈辱。

让我们把镜头，再摇回雍正年间，去询问来自瑞典的"处女航"好了。

第一条来到中国的瑞典商船，并不是"哥德堡"号，而叫作"腓特烈国王"号。

这正是雍正十年，即公元1732年8月底。

这是一次迟来的造访，更是一次迟到了的商业之旅。

本来，在此前100多年，欧洲不少国家的东印度公司，已经在亚洲的贸易中挣了个盆满钵满了。而那时，瑞典也已是一个海上强国，波罗的海上几乎所有的重要港口都在它的控制之中，所以专门从事波罗的海贸易的荷兰商人，便已经向瑞典国王进言，在瑞典的西部海岸，完全可以建成阿姆斯特丹式的海港城市——这里指的正是哥德堡。这一来，瑞典的船队便能从哥德堡起航，进入北海，打入整个的欧洲市场。凭借当年的实力，瑞典的东印度公司计划当即可拟就，并且迅速成为商航中又一劲旅。然而，当瑞典建立东印度公司的特许状拟就时，一场大战，却把这一宏伟计划大大延宕了。

原来，俄罗斯的彼得大帝、丹麦国王、波兰国王等，对瑞典的强大感到很不安，更何况瑞典还夺取并占有这些国家的领土，波罗的海几成瑞典版图的内湖。他们趁刚继位的瑞典国王卡尔十二世还年轻（刚刚18岁）发动了一场后来被称为"北方战争"的战争。

开始，他们都不是卡尔十二世的对手，一万人的瑞典军队，打垮了三四万人的彼得大帝的军队，令彼得大帝临阵脱逃；后来，又攻下了华沙，另立波兰国王，令其退出反瑞典同盟，卡尔十二世率领七万瑞典精兵，开始远征莫斯科。

然而，严冬来临，瑞典军队几乎又如100年后拿破仑大军一样，败于大自然及茫茫荒野。卡尔十二世率领不到1000士兵逃到土耳其。后来，他又用15天时间，骑马横跨欧洲，从土耳其奇迹般地杀回了瑞典，重整旗鼓，再下战书。可惜，1718年，他在挪威的一次战斗中中弹身亡，年仅36岁。随后，便是一系列的不平等条约，使瑞典失去大片领土，也失去了作为欧洲强国的地位。

战前,瑞典就想开展东印度贸易。及至战败,国家财政十分困难,这事又一次被提到了议事日程之上。

瑞典战败,财政拮据,但其造船技术却一如既往,非常高超,在欧洲并不因战败而稍逊一筹,更何况远洋航海的技能不在人下,所以在海上的威风,绝不比英、法、荷兰等国差。于是,1731年,瑞典东印度公司正式成立了。恰逢中国雍正年间,开海贸易已有了一定起色。虽然从1620年到1731年,建立瑞典东印度公司被拖延了100年,使该国与他国相比,已失去了整整一个世纪。然而,有失亦有得,这么一个世纪的考量,他们可以借助于人家成功的经验,吸取人家失败的教训,使这一宏大的贸易计划少走弯路,避免损失,并且凭借海上贸易获得的丰厚利润,使因战败而遭重创的经济得以复兴,使整个国家的元气尽快得以恢复。

由此可见,"腓特烈国王"号的初航,负有怎样重大的历史使命。

为此,瑞典选择了曾在英国东印度公司商船上任职的大副坎贝尔,担任"腓特烈国王"号的大班,也就是船长。坎贝尔曾经到过广州。而按照该国第一次特许状规定,瑞典东印度公司的船员只应以哥德堡为进出口港,而到达的目的地则是广州。所以,两城之间的贸易往来,正是代表了两个国家的商业联系。

坎贝尔身兼二职,一是"腓特烈国王"号的大班,负责全盘的商业运作;二是被瑞典国王任命为全权代表,负责与清廷的外交联系。也就是说,商贸与外交并重。只是那时的清王朝,自视为天朝上国,把外邦往来视为"朝贡",根本没有平等观念,更谈不上建立国与国的外交关系,所以,坎贝尔这一外交使节的身份,也就形同虚设了。

坎贝尔倒是个有心人,毕竟是首航,须向瑞典东印度公司及瑞典国王有个交代,所以这一路上,他十分勤勉,天天做航海日志,把在海上及广州的所遇、所见、所闻,均作了较为详尽的记录,这一日记一直被保存下来,并广为人知,是难得的一份史料。

"腓特烈国王"号开往中国时,也是几遇尴尬。因为欧洲各国之间,或战或和,时敌时友,一不小心擦枪走火,在大海上也就打了起来。为了做生意,"腓特烈国王"号在前往西班牙加的斯时,悬挂的则是英国旗而没挂瑞典旗。好在坎贝尔曾在英国东印度公司做过,人头也熟,冒充英国船倒也不难。此外,它还隐瞒了商船身份,冒充英国战船,这便可以

第七章 瑞典,不仅仅有"哥德堡"号

"粤商文化"丛书

十三行：商船与战舰

逃税。这一路上，经过不同海域，就挂不同的国旗，在好望角一带，挂的是荷兰旗——南非的布尔人就是最早从荷兰来的。这其实也是一个公开的秘密了，几乎所有商船都这么做，所以，船上除有英、法、荷、瑞典国旗外，还有别的什么国旗，也不足为奇。就算是英国船，过英国殖民地的海域也不挂英国旗，因为这也可以避免本国公司的监管。

因为瑞典商船此前从未到过广州，而坎贝尔又曾是英国船上的人曾来过广州，于是，进入珠江口，索性悬挂上英国旗——这毕竟是中国人所熟悉的，这一来，也未受什么阻拦，顺顺当当靠岸了。

这是在虎门附近的珠江水面，坎贝尔率八名人高马大、金发碧眼的瑞典军官，向天上鸣枪八响，以示欢迎粤海关虎门口的官吏按例上船检查。坎贝尔在日记中写有：

28日星期天下午，从虎门关口驶来一条官船，船上的海关胥役登上了我们的船进行检查。他们在两天之前，已经从关上见到了我们，并且派人去广州，向大官报告我们的到来，这些人回头就来检查我们的大船，记录了我们船上的船员、大炮、刀剑、火药和火枪的数量。我们用茶和酒招待了他们，并送给他们四瓶酒，为此他们很是感谢。

检查毕，又鸣枪八响，欢送官员们下船。

此行来之不易，临近澳门，便遇上了台风，好不容易在惊涛中保住了性命，才泊至澳门。坎贝尔在虎门口交验后，未等大船上黄埔抛锚，便乘舢板连夜出发赶到广州。这一行责任重大，他务必抢在别的商船之前，找到一位信誉好的商人充当买办，帮外船把商品运上岸入仓库，并为船上的成员提供食品。而这一切，都围绕一个最终目的：找好买家，用尽量合适的价格，签下购货合同——只要一签，便大功告成。不过，这却是说来容易办起来难的事情。

依第三大班莫德福的意见，应当找十三行中的广顺行，行商为陈寿官。因为广顺行实力最雄厚。可坎贝尔立时作出否决，因为英国东印度公司已一下子来了四条大船，早盯上广顺行作保了，轮不上瑞典这条小船。坎贝尔推荐了他六年前来广州熟悉的两家，一是陈汀官的崇义行，一是张族官的裕源行。尤其是后者，更是他的老朋友，而且诚信度很高。可是，裕源行规模不大，且不靠江边，运货太不便利了，这一提议又被否决。末了，选择了陈汀官的崇义行,其规模不小,又靠江边,行里有很便利的驳口。"一个本性不错的人",坎贝尔这么评价陈汀官。

在陈汀官的崇义行,坎贝尔租下了一个"夷馆",这样就可光明正大地接待来客。他们中午到达,下午便在"夷馆"里迎客,可见效率之高。来访的当然大都是坎贝尔的熟人、各条大船的大班们,既互通信息也互相使绊子,都是生意场上的人,说半句留半句,半真半假,姑妄听之好了。

陈汀官办事利索,第二天便向海关申报,第三天则领上坎贝尔一干人等,前去觐见海关监督大人、二品大员祖秉圭。

尽管坎贝尔对自己的官方身份,"特命全权大使"很是得意,可对方却不理他这一套,只谈商务上的事情,承诺对瑞典这一"蓝旗国"的贸易权益一视同仁,并祝其生意兴隆,财源滚滚,还送上几块丝绸以作礼。祖秉圭本就对瑞典一无所知,也不愿知道,反正是"外夷"就是了。而坎贝尔对中国这种"朝贡"定位,也所知无几,自是"鸡同鸭讲",彼此各弹各的调,虚与委蛇罢了。

翌日,便是例行的丈量船只的仪式,这是沿袭了明代"丈抽"的古法,那是明隆庆年间(1571年)开始实施的。丈量船的宽度与长度后,二者相乘,再除以十,再依这得出的数值,来确定船为几等,并按等次来征收洋船的固定税,这税名则叫作"船钞"。

"腓特烈国王"号丈量后,被列为二等,即中等,因所有船只分三等。因此,其"船钞"为纹银880两。陈汀官作为保商,负责为该条船缴纳这一固定税。丈量完后,中方按古仪"飨以牛酒",代表皇上表示慰问。

到此,算是所有手续都办妥了。

而后的日子,便正式投入到生意上了:一是寻找买家,把带来的货物卖出;二是购买需要的中国货物,好再满载而归。中国货物,当然是茶叶、瓷器与丝绸这三大样主货,这些货物,在欧洲都很畅销,一本万利,走一趟便发足财了。

而瑞典船上的则只有呢绒布,在中国并没多大销路。不过,白银却有好几吨,这可用来购货,中国人只认它。这些白银,均为西班牙银币,有11万枚,价值纹银8万多两。当时在中国流通的也只有这种银圆,所以,船务必在西班牙加的斯港停留上几十天,为的是

"粤商文化"丛书

十三行：商船与战舰

兑换这种可以同中国人作交易的银圆。

几乎没人要的呢绒布，坎贝尔用尽手段，加上夸口，用搭卖等方式，统统推出去了，而且利润非常可观。

在交易期间，张族官，还有财大气粗的陈寿官，竟都因犯案下了大牢——可见十三行的行商并不好做。坎贝尔对自己最终选择了陈汀官并"功德圆满"地完成了全部交易很是得意，拼命吹嘘自己很有眼力。在日记中，他写到自己向十多位行商订购过货物，为日后选择可靠的贸易伙伴打下了稳定的基础。

"腓特烈国王"号在广州待了4个月，直到第二年的1月16日，才离开广州返航。船上装有151箱180捆瓷器（共计近50万件），茶叶2183箱、100件半箱装、6件小箱装、23件篮装、46件筒装、422件罐装或盒装茶叶，丝织品23355件，棉织品633件。除此以外，还有青漆家具、珍珠母、人参、墙纸、朱砂、桌布、纽扣、藤索等。用来"压舱"的生锌，即白铜60多吨，回去也能赚取许多利润。

瑞典"腓特烈国王"号在广州待的这4个月，自是同十三行行商打交道，漫天要价，落地还钱的事少不了，这且不去说它。倒是这从夏秋至冬日的4个月间，广州外商惹的是非，有一件"大事"不可不提。

这一事件，不仅坎贝尔日记中作了记载，马士的《东印度公司对华贸易编年史（1635—1834年）》中也有记载，至于清王朝，更以此大作特作文章，以证明"外夷"的不开化。

这一年，是雍正十年，对于中国的科举制度而言是至关紧要的一年，即三年一试的秋闱。所谓秋闱，便是秋天的科举考试。考试的地方，叫作试院，又名棘闱。何谓"棘闱"呢？科举考试所在的试院，为了防止作弊，围墙都插满了荆棘，谁想爬墙偷递枪手的文章，是必落个一身刺，所以，棘闱又被叫作棘院。可见当时考试之严格。一生的仕途，或从这里开始，或在这里寂灭，非同小可。

三年一度的秋闱，对于清王朝自然是件大事，不得有任何差错，更不能容忍有任何骚扰。可他们万万没料到，这一年的秋闱，竟被洋人们的枪炮声搅了个魂飞魄散。

说来也巧，省城的棘闱，就设在黄埔附近的江边。老老少少的秀才们，早已规规矩矩，赶到了试院，满腹经纶正待下笔倾泻而出时，忽然"砰砰，砰砰砰"的巨响连绵不绝，把秀才们吓得心惊肉跳，连手上的笔也给震落到了地上。

出什么事了？

反正，文章是写不了啦，这一辈子的前程，只怕也让这乍响的枪声给毁了，仕子们惊魂未定，面如土色，只差没抱头鼠窜了。

却并没出什么事，只是黄埔港口泊下的外国商轮上，水手们闲极无聊，向天放枪以寻欢作乐，不过是好玩罢了，却不知惹下了大祸。

说起来也不能全怪这些水手。本来嘛，他们到世界上任何一个港口都可以登岸，去逛大街，去酗酒，去狎妓，可到了广州，除大班能上岸去谈生意外，他们只允许在船上船下走动。港口就近的黄埔村只有一家很小的酒铺，这恐怕也就成了水手唯一的乐趣。这酒一喝多了，麻烦也就来了，整天朝天放枪，以此找乐子。船上枪、炮俱全，是因为珠江口上海盗出没无常，所以官府也没敢收走他们的这些武器，免得出事，丢了清王朝的面子。

枪一响，事情就闹到海关监督那里了。秋闱是国家大事，海关监督不敢懈怠，立即告知十三行的行商，让他们通告洋人大班不得再在船上放枪作乐。不少商船上的水手倒还听话，可有的商船，大班之间有矛盾，自顾不暇，下边的军官水手也就十分放肆，照旧放枪不误，哪管为他们作保的行商苦苦哀求。边放枪边还要喧闹，吆喝不断，弄得试院也无法开考了。

于是，主持乡试的考官就把状纸送到了总督衙门。

两广总督鄂弥达，自是唯海关监督是问，本来二人就结怨颇深，总督早就具名严参海关监督贪污海关税银，这下子更有辫子可抓，严斥海关监督祖秉圭"对外夷教化不力"。这位接待过坎贝尔的海关监督，自是气不打一处来，先是找到了陈汀官好一顿恶骂，紧接着又下令所有给瑞典"夷馆"服务的中国人统统撤走，旋即派兵把"夷馆"团团围住。

对外国人动手是不行的，气也就撒在了通事身上：谁叫你没翻译好，弄得红毛鬼子不懂规矩，捅出这么大的篓子?！可怜的通事，被抓到了黄埔港系锚之地，戴上木枷，跪地示众，而且给狠狠地打了一顿屁股。

不过，跪在锚地示众，也是给外国军官水手一个警告：下回，你们再放枪作乐，小心也一般对待。至于有效没效，则另当别论。

第七章 瑞典，不仅仅有"哥德堡"号

"粤商文化"丛书

十三行：商船与战舰

陈汀官也给吓了个半死：没把他照此办理，算是海关给足了面子。这一事件，成了传扬中外的新闻。然而，并不可就事论事，以为这事处理了，便万事大吉了。

也许，正是这一事件，触发了更大的问题，不久之后，海关监督祖秉圭也没能保住乌纱帽，与他过从甚密的几位行商陈寿官等，也锒铛入狱，状纸满天飞，不独飞到朝廷，也飞到了东印度公司。

清初至中期，谭家在十三行中，亦不可等闲视之。至于陈寿官，当年在广州从化就有良田三千万亩。当陈寿官生意执笠（即粤语破产），这土地村庄一并卖给了后来相当出名的行商潘振成。而谭家与潘家又是世交，关系延续到20世纪，这其间自有不少文章。

陈寿官是很会讨好的，海关监督祖秉圭要什么，他就给什么。祖秉圭上京打点，所有贡品及礼物，大都由他来承办。所以，二人关系很不错，至于崇义行的陈汀官与资元行的黎开官，虽说没这么亲密，但也不敢拂海关监督面子，所以彼此间也没什么过节。

在雍正皇帝尚未批复之际，雍正十年（1732年）的秋天，阳历9月18日，又发生了洋人向天鸣枪、寻欢作乐惊动秋闱的重大政治事件——这件事，更够祖秉圭喝上一壶的了。皇上本有意栽培祖秉圭的，可一连接到总督密折及广东几位封疆大臣的联名奏折，也就坐不住了，顿时雷霆震怒，上谕广东总督鄂弥达将祖秉圭捉拿归案。9月25日，秋闱被惊事件后一周，圣旨到了广州，祖秉圭也只能被一索子拿到大牢里了。

广东总督衙门告示，张贴遍了广州城，称原粤海关监督祖秉圭，欺君罔上，贪墨税银，敲诈勒索、鱼肉百姓，种种罪名皆成立，所幸圣上英明，洞察秋毫，已将该犯下狱审理，上谕广东总督会同广东巡抚，就地办理祖秉圭一案，鄂弥达从肇庆移节广州，专门审理此案。

祖秉圭头天下狱，第二天，广顺行的陈寿官、裕源行的张族官也都逃不了干系，一道给抓进了大牢。只是此事发生后不久陈寿官便离开了人世。

来自瑞典的"哥德堡"号，在十三行的历史上是赫赫有名的，这倒不是因为它大、载货量多，即便在瑞典东印度公司所有商船中，它也排不上老大，更没法与英国等国的商船相比。它的出名有二：一是它的罹难——返回瑞典，历万里波涛安然无恙，却在小河沟里翻了船，沉没在离哥德堡仅一公里的近海，留下了无数的"海底宝藏"让后人发掘；二是250年后，"哥德堡"Ⅲ号，重走海上丝绸之路，再度来到广州原十三行等旧地，再续瑞中海上丝路的佳话，引起了方方面面的关注与轰动，广州还举行了盛大的欢庆仪式，十三行的后人们，扶老携幼，重登这艘名船，重睹祖先们卖给瑞典商人的名贵瓷器、茶叶等。

"哥德堡"号当年曾三次到过广州。

第一次是1739年即乾隆四年一月至第二年的六月；第二次是1741年即乾隆六年二月至第二年的七月；第三次是1743年即乾隆八年三月至第二年九月，这次是灾难之旅，所以是最后一次。

而瑞典东印度公司的广州之行，共有129次。但巧合的是，"哥德堡"号来的这几年，正是乾隆初年，海上贸易节节攀升的黄金时段，而瑞典则处于战后复苏中，相得益彰。在1736年即乾隆元年之前，该公司用的船大都是外国造的，就从这一年开始，其后短短25年间，瑞典的造船场数目一下子增加到7个。在这之前，瑞典海运商船不到500艘，到1770年（乾隆三十五年）便猛增到了900艘。船的吨位则从第一艘出航的400吨级，迅速发展到类似"哥德堡"号这种有三层夹板、吨位达1300多吨的、当时称得上世界先进水平的远洋帆船。

"哥德堡"号是瑞典人自己制造的，造船的特位诺瓦造船厂就在瑞典的首都斯德哥尔摩。该船长58.5米，水面高度47米，排水量833吨，18面帆共计1800平方米。及至260年后重到中国广州的"哥德堡"Ⅲ号，有几个数字与原"哥德堡"号则是完全一致的：船总长58.5米，桅高47米，而船帆面积1960平方米。

1743年3月14日，在莫伦船长指挥下，"哥德堡"号从哥德堡市出发，这是它第三次开往中国广州。没多久便在挪威附近遇上风暴，而且一个接着一个，有的水手撑不住，生了病，有两位因此去世。直到4月9日，才开出挪威—英国水域，天气转好，得以顺利绕过苏格兰和爱尔兰岛，进入大西洋。4月17日，"哥德堡"号抵达了第一个停泊的港口——西班牙加的斯。在那里，他们把船上的货物换成西班牙银圆，就如前边说过的，中国人只认白银。而西班牙的银价又比欧洲其他市场的价格便宜得多，所以这一站是至关紧要的。

5月6日，即半个多月后，银圆充足了，"哥德堡"号又起锚了，这回要直奔非洲的好望角，半途中与海盗遭遇，直至升上瑞典旗，海盗们才掉头转向溜了。6月28日，终于到了闻名的好望角。7月2日，从开普敦港边上开了过去。一路上不曾停靠任何港口，横过印度洋，于8月28日抵达爪哇岛。稍事休整，半个月后，9月12日，便向南中国海进发，

第七章 瑞典，不仅仅有"哥德堡"号

"粤商文化"丛书

十三行：商船与战舰

但一路上淫雨不断，水手们一个接一个病倒了，食物、淡水又不足，只好于10月4日折返，17日重返爪哇，在爪哇万丹停泊。

爪哇当时是荷兰殖民地，在"哥德堡"号到达之前，荷兰殖民者推行排华政策，下令逮捕所谓失业和无证居留的华侨。1740年7月，更下令监禁所谓可疑华侨，10月19日，又借口搜查华侨是否藏有武器，实施种族灭绝的大屠杀，被杀害华侨达1万人以上，烧毁房屋600余间，由于杀人太多，鲜血把溪水都染红了，所以历史上便把这称为"红溪事件"。华侨不得不拿起武器进行自卫，转战中爪哇，且与当地人民联合反抗，一直坚持到1743年。

所以，荷兰殖民者一直如惊弓之鸟，对这艘要去中国的瑞典船戒心重重，更是拒绝任何国家船只进入巴达维亚港（今雅加达，也正是发生"红溪事件"的地方）。"哥德堡"号要求停泊，又是被警告，又是被质问，说要有什么不轨是必付诸军事行动的，几经反复，直至第二年1月10日，才在巴达维亚港口泊下。

这一停就停了5个月，直至5月28日，"哥德堡"号才再次出发去广州。南中国海竟又让他们走了整整3个月，终于在这一年的9月8日，开进了广州的黄埔港。这一路上的艰辛，难以形诸笔墨。

当然，他们不会知道，清朝政府对"红溪事件"中死难的华侨持怎样的态度，清政府不仅不闻不问，甚至斥责到了海外的华侨是叛贼、"天朝弃民"，杀之不惜，竟对这一大屠杀不予追究。

这边，瑞典人陆续与十三行各家商行理顺关系，到11月初，大班塔布图开始将大批商品押送上码头。瓷器则吊进底舱，这可是一箱箱珍贵的青花瓷，瓷器重，又不怕海水腐蚀，所以放在底舱可当押舱物。专门经营景德镇瓷器的谭官少不了有一份，这是除茶叶之外最大的一宗货了。瓷器在欧洲市场很受欢迎，除了茶具外，花瓶、花碗、花碟、各式餐具、器皿，都是精美的艺术品。而来自景德镇的青花瓷，在欧洲的销路最广。

1745年1月11日，"哥德堡"号离开广州，扬帆回国，船上装了大约700吨中国货物，其中茶叶约370吨，瓷器约100吨，其余200多吨，则是中国的丝绸、藤器、珍珠母等，这要到哥德堡市场拍卖的话，可以值西班牙银圆200—250万。

对他们而言，此行当赚得盆满钵满。

前些年"腓特烈国王"号的处女航时,第一批从中国运返的商品货物,拍卖之后的收入高达瑞典币90万旧克朗,而国家所收的关税才2000克朗,海关税率仅有千分之二点二。有人甚至说,瑞典东印度公司一艘商船赚到的利润,竟相当于当时国家一年的国内生产总值,东印度公司的发展,带动了整个哥德堡乃至整个瑞典的发展。当时的哥德堡人口不到1万,由于对华海上贸易刺激了工业的发展,不仅造船厂,连各类采矿厂、加工厂、制造厂也都纷纷建立起来,哥德堡迅速成了这个时代瑞典的商业与运输业最繁荣的城市,也成了北欧的重要口岸。瑞典在外贸带动下,迅速城市化、工业化,在几十年间又成了欧洲一个经济上的中等发达国家。

回去的时间比来时短得多,仅仅八个月,只及来时的尾数(来时可是整整18个月呀)。而且,一路上顺风顺水,穿越了南中国海,横渡了印度洋,绕过了好望角,6月抵达大西洋阿森松岛补给淡水和养料。9月6日,便进入英国多佛港,再次补给。

1745年9月12日,哥德堡市众多的市民,一大早便来到了港口岸边,等候早已传来满载而归捷报的"哥德堡"号进港。

可又有谁会料到,这艘历经风暴、闯过暗礁、战胜重疾乃至海盗的传奇性的商船,在最后的一刻,离岸仅900来米的时候,竟鬼使神差驶入了汉尼巴丹礁石区。待发现时已经晚了,"哥德堡"号连同它价值连城的商品,连同无数瑞典人美好的梦想,一同沉没在黑森森的海底中。

虽然所有船员都被营救了出来,可是,那足以与整个国家财政相当的满船的财富,却不是那个年代的潜水技术所能拯救得了的。在"哥德堡"号沉没之后两年,瑞典人便设法开始打捞,但所捞起的,只是几门火炮以及少量陶瓷制品。半个世纪后,即1800年,他们再次作出努力,可在冷冰冰的海水中,他们所得的仍少之又少。又过了一个世纪,至1906年,瑞典第三次发起对这条宝船的打捞,可惜的是,那时的技术水平仍受局限,能打捞上来的亦为数不多。

沉船后第二年捞起的少量丝绸与瓷器,就足以让东印度公司把本钱收回,并赚得盆满钵满了。如果大规模打捞成功,现已成为古董的货物,又该是一笔何等巨大的财富?!

这悬念留了一个世纪又一个世纪——也许,当时沉没的初衷,正是要让200多年之后的现代人,面对历史丰厚的遗产张目结舌,感慨万千!

第七章 瑞典,不仅仅有"哥德堡"号

"粤商文化"丛书

十三行：商船与战舰

那我们就此留一个悬念，待200多年后"哥德堡"Ⅲ号再度造访广州时再说吧。

200多年后，复制的"哥德堡"号再度重访广州，其间的意义已有不少人阐释过了，但是大都均未到位。诚然，瑞典没有参与鸦片贸易，要比英、美等国干净得多，这是所有人关注到的，但是两国之间的友谊，远比这深厚得多。

瑞典的东印度公司成立于1731年，对应于中国则是雍正九年，该公司终止于1806年（1813年正式关闭），期间往亚洲的航班有135次，其中到中国132次。这一时间段内，瑞典社会正处于工业化和产业化的进程当中，正是来自东印度公司的巨大利润，转化成了工业化的资本，使瑞典的工厂迅速兴办、扩张起来，与此同时，造就了一批商业巨头，他们为回报国家，建立了不少医院与大学，促进了社会的近代化。1731—1806年长达75年的双方贸易中，总值高达数千万两白银，这成为瑞典经济发展的资本。换句话说，中瑞贸易成为瑞典近代化的催化剂。

瑞典对与广州进行帆船贸易的情况有详细记载。记载表明，从18世纪60年代到70年代早期，以广州为基地的帆船少则有27艘，多则达35艘，18世纪经常出入广州的帆船，其名可考者实有37艘。这个数字包括前面提到的不以广州为基地的帆船。

瑞典的资料进一步表明，至少有9家贸易商行及13位中国商人为这37艘帆船出资，其中31只帆船由7位不同的中国商人经营。可见，当时有不下20位来自澳门和广州的商人经营帆船贸易，为其提供资金及服务。

这些中国帆船贸易商与行商有一定的联系。事实上，在18世纪60年代，这些帆船出资人中本身就有许多行商。他们经海关监督的批准与外国人进行贸易。行商潘启官（Poankeequa）、颜瑛舍（时英）（Yngshaw）、陈捷官（Chetqua）以及其他商人积极参与，为这一贸易活动出资。

感谢瑞典方面留下如此具体的资料：37艘瑞典商船中有31艘是由行商经营的，占了六分之五强，而全部37艘也都有行商出资。可见，十三行不仅仅是"天子南库"，更是世界"影子银行"。

几番风雨，几度春秋。

进入21世纪，十三行已消失了一个半世纪，瑞典重新仿造了一条260年前到过广州的商船——"哥德堡"号重访广州。

这是2006年7月18日，这艘新"哥德堡"号，历经300多天、3700海里的航程，与阔别261年的广州重逢了。

瑞典国王卡尔十六世古斯塔与西尔维娅王后踏上了铺着红地毯的广州土地。

当年的瑞典人无不倾心于中国的青花瓷。为迎接万里之遥而来的尊贵的客人，广州方面特地举办了一个海上丝绸之路的展览，除了历史图片与照片外，还有众多的历史文物。当然，青花瓷是少不了的。

举办方来到顺德龙江里海，找到了谭家的后人。在祖居楼上，还保存着上百年前烧印有"乾隆""嘉庆"字样的青花瓷，以及玉石等。来人从中挑选了十多件，有各种碟、碗、壶、盘等瓷器，拿去展出。

来人还拍下了祠堂里的青花瓷香炉，上面也清晰地烧印有"嘉庆二年""谭世经"等字样。很可惜，照片在报纸上登出来后不久，香炉竟被文物盗贼偷走了。

展览馆里，这些青花瓷引来了远方客人的啧啧赞叹。

昨日知何处，明日来相会。

我们期盼着，下一轮的相会在新的世纪里。

十三行：商船与战舰

七月半水陆船（王次澄等著，《大英图书馆特藏中国清代外销画精华》第六卷，广东人民出版社2011年版）

第八章
"成功"号闯关到了天子脚下

"粤商文化"丛书

十三行：商船与战舰

　　乾隆元年（1736年）仿佛是中国的一个宿命，这一年，乾隆继康熙"开海"、雍正"开洋"之后，以年轻人的锐气，一登基便宣布取消"加一征收"靠岸税，对外贸易从贡舶贸易向市舶贸易作根本性转变，对外开放进一步深化。然而，也正是这一年，英国东印度公司来华商船"诺曼顿"号上搭乘了一位叫詹姆斯·福林特（James Flint）的年轻人。他便是后来使乾隆一改初衷，从开放到限关，实行"一口通商"的关键人物洪仁辉（不少文章用的是"洪任辉"三个字，却是忘了其起中国名字的初衷）。

18世纪英国东印度公司船队

洪仁辉，其家庭背景、搭船来到中国的目的何在、是不是船员或水手、干什么工种等，一概是谜。当时，这位英国年轻人突然向"诺曼顿"号的里格比（Rigby）船长主动提出请求，把他留在广州，说自己想留在这里学习汉语。学习汉语，这在当时的英国人几近异想天开。但"诺曼顿"号船长最终还是答应了福林特这个奇怪的要求，把他留在了广州。这艘"诺曼顿"号三年后失事了，船长不知所终，而留在广州的那位年轻人也杳无音信了。五年后，也就是1741年（乾隆六年），英国东印度公司董事会给这一年度赴中国参加广州十三行贸易的"约克"号和"玛丽公主"号发出指令：（"诺曼顿"号）船长里格比（1736年）留下一个小伙计，名叫詹姆斯·福林特，在中国学习汉语。如果你在那里见到他，并能对你有任何帮助时，你要很好地接受他为我们工作。

"约克"号的大班执行东印度公司董事会的这项指令，千方百计联络到了这位英国年轻人。福林特在1741年11月19日（乾隆六年十月十二日）给"约克"号大班写了一封信，称：

恳请容许我上禀，五年前船长里格比留下我在此学习中文，而我在此学习三年后，舰长里格比叫我到了孟买，我是乘"哈林顿"号去的。在我到达之前，船长里格比已离港，不久，居留地总督和管理会认为必须令我乘"威廉王子"号（Prince William）前往马德拉斯，以便那里的总办事处允许我乘他们的船再度前往中国，继续学习该国的语言……我得知贵董事会在给你们的训令上提到了我。因此，才敢向你写信，假如你们愿意在我继续学习的期间给予一些支持，我将尽力留在这里学会阅读和写作，并努力学会官话及此处的方言。

就这样，"通事"洪仁辉在中国"横空出世"。

英国商人为此奔走相告。

学会了汉语，他成为真正意义上首位英国在华正式商务译员，"是（东印度）公司第一位，也是有史以来唯一一位通晓中文的雇员"。这是英国东印度公司在华贸易史上具有极大意义的一件事，在此之前，英国商人在华贸易中只能依赖中国通事或者法国人、葡萄牙人

第八章　"成功"号闯关到了天子脚下

"粤商文化"丛书

十三行：商船与战舰

以及一些传教士。

末了，这个自以为掌握了中文的英国人给自己起了个中国名字——洪仁辉。在中国官方的文件中，有时他又被误称为"洪任"或"洪任辉"。英国东印度公司在中国从此有了自己的中文译员，并为之欣喜若狂——因为英国商人第一次可以通过自己的喉舌和声音向粤海关监督开门见山、不打任何折扣、不再含糊其词地提出自己的诉求，打破了一直以来凡事必须通过行商和中国通事禀报的规矩。他们已经受够了中国通事在翻译时避重就轻、擅改语气、偷梁换柱的捉弄了。

不过，洪仁辉这个名字还得考证一番才行。

因为，在不同的文献上写法各不相同。毕竟是外国人起的中国名字，是必有一番讲究。"洪"字为姓，这当确凿无疑，出处当在清代十三行早期，有一位也许是第一位拥有巨资且颇讲信誉的十三行行商洪顺官，追随他的姓氏，是对他的尊敬与钦佩，当然更可能是巴望成为像他那样一位巨富。史料证明，这洪仁辉一直雄心勃勃，壮志凌云，要干一番大事业。

名字却有不同译法了，"仁辉"是其中之一，但有不少地方译成"任辉"，更有译作"任飞"的。

其实，"任辉"不靠谱，"任飞"也就更不靠谱了，所以我们只认定"仁辉"。

为什么呢？这位英国大班在中国经商很多年，不仅精通粤语，也精通官话，而今mandarinese被译成普通话、国语，那是经过清朝260年形成的，但洪仁辉时，清朝才近100年，mandarinese与今天的普通话应该还有很大差别。不管怎样，能精通两种中国话，他对中国传统文化多少也有所了解。况且十三行行商中，叫"仁官""义官""文官"等也有不少。所以，他知道中国人讲"仁义"，仁义值千金，所以名字叫"仁辉"当是他的选择，不至于叫"任辉"或"任飞"之类。

继康熙开海、雍正开洋后，乾隆皇帝本来一直在推进新的开放，取消了"加一征收"靠岸税，完成了自朝贡贸易向市场贸易的转变。然而，在乾隆二十二年（1757年），他却突然宣布"一口通商"，实行限关，关闭了除广州之外的另外三大口岸，中国对外开放进程中大逆转，以至在后来的鸦片战争中"不战而败"。

有人把这一逆转归咎于洪仁辉，说他不了解中国国情，擅自开船闯到了天子脚下，以至于雷霆震怒,乾隆一下子翻了脸,不但没答应他多开几个口岸,反而把已有的除广州之外的其他口岸全封了,把他也放到澳门"圈养"了三年。

于是,洪仁辉成了这次限关的罪魁祸首。

但历史果真如此吗?洪仁辉又究竟是怎样一个人?

在这之前,即乾隆十九年(1754年),清朝政府就下令,今后凡外船的船税、贡银、行商与通事的手续费、出口货税、朝廷搜罗的奇珍异品(即采办官用品物)之类的业务,统一由十三行的行商来负责。这一规定,正式确立了十三行的保商制度。这一年的7月29日,两广总督更召集了广州各国商人的大班开会,宣布了十三行的保商制度:由十三行总揽一切对外贸易;向清政府承担缴纳洋船进出口货税的责任;外商所需的其他用品,由洋行统一负责购买;如果外商违法,洋行要负连带责任。而后,更严令重申,凡是不属十三行行商团体的生意人,一律不得参与对外贸易。

这一来,行商的地位得到了巩固,保商制度也就兼有了商务与外交的双重性质。清廷恪守了不与最低贱的商人打交道的祖训,保住了面子,更守住了"中央大国"的地位,拒绝一切外交活动:我只许进贡,作贡舶贸易,不可与我谈什么外交、平等之类。

这些规定,自然令外商联想到三十年前的"公行制度",当时由于英船大班以停止贸易来要挟,终于使其成了一纸空文,没法贯彻下去。现在"旧事重提",外商势必存有戒心,尤其是这些规定执行起来必将产生诸多约束与限制,令他们扩大市场的希望化为乌有。

加上十三行的垄断,广东府衙中的大小官员都利用此机会加大了对外商的盘剥与勒索,使得双方矛盾进一步激化。

地球另一边,英国的产业革命正在启动,急于拓展在中国的市场,加快资本的积累,正在暴发的资产阶级又怎会在清廷老朽的约束下善罢甘休呢?在15世纪末到16世纪初地理大发现之后,世界市场一天天地拓展,西方的工场手工业已远远不能满足市场的需要,于是,技术革命便被推到了前面,机器生产也就开始了。长期的资本积累,更为机器生产的发展提供了大批劳动力与巨额的货币资本。而业已完成的资产阶级革命更扫除了束缚这一产业革命的一个又一个的障碍。就在"乾隆朝外洋通商案"发生的同时,英国亦发生了一起名叫"威尔克斯案"的事件,但二者的结果则大相迥异。威尔克斯是一位激进派的记者、下议员,主张国会改革、宗教宽容与北美独立,遂被捕入狱,由此导致英国一场民主

第八章 "成功"号闯关到了天子脚下

"粤商文化"丛书

十三行：商船与战舰

运动，爆发了支持他的游行示威活动。他最终被宣告无罪，并被重新选举进入下议院，后更当选为伦敦市市长。

有人说，洪仁辉的"闯关"，正是受了威尔克斯成功的激励。

在东方，面对十三行的垄断以及广东各级官吏的敲诈勒索，英国商人想扩大市场的愿望受阻，于是他们试图越过广东，直接到茶叶与丝绸的产地——浙江、福建进行贸易。"闯关"开始了。

根据史录，当时各地有报：

"本年（作者按：乾隆二十年）四月二十三日，有红毛国商船一只收泊定海县地方。据定海县知县庄纶渭赴船验明粤海关牌照，查点商梢共五十八名，护船炮械十四件，番银二万余两。询据通事禀称，我叫洪任，是红毛国人，商人叫喀利生（按英公司因洪任能通汉语，使其借名通事，另详后），上年正月在本国出洋，于六月内到广东，卖了货，闻得宁波交易公平，领了粤海关照，要到宁买蚕丝、茶叶等物。随于四月二十九日派拨兵役，护送到宁波府，住歇李元祚洋行，现在招商买卖"等情，前来。臣等伏查红行毛国商船久不到浙贸易，今慕化远来，自应加意体恤，以副我皇上柔远至意。除饬令该道派拨员役小心防护，并严谕商铺人等公平交易，其应征税课照则征收，据实报解外，理合会折奏闻，伏乞皇上睿鉴。谨奏（乾隆二十年五月六日朱批"览"）。

浙江定海总兵陈鸣夏亦有折子：

……再定海一隅，收泊东西洋艘，昔年创立红毛馆子定海街头，嗣聚泊广东澳门、福建厦门，迄今数十年，该番船不至，馆亦圮废。今年四月到有红毛番船一只，船主哈利生，六月又到有一只，船主甲等葛。其货物俱装运郡城贸易，番商就宁凭屋居住，番船仍泊定港，臣派拨官兵日夕小心防护，以仰副国家柔远之至意。……

两广总督杨应琚折子称：

……伏查广东香山县属之澳门，向有西洋人附居，其人皆循番族之旧，不留发辫，亦不事耕耘，惟在各洋往来贸易，并制造西洋器皿，以资养赡。是以雍正二年（作者按：即1724年）间经前督臣孔毓珣题明，准其将现在番船二十五只编列号数，著为定额。迨后因节年损坏，除未经修复外，现在只剩一十二只，俱有字号暨船户姓名。本年前往浙江宁波贸易之番船一只，即系澳门原编二十三号，夷商华猫殊之船。缘有红毛国夷商洪任，往返粤东贸易年久，携带银两，与同国夷商霞里笋等雇搭华猫殊之船出外贸易，于本年正月内具呈粤海关给有印照，于三月二十四日开行……

又有《新柱奏复内地有无奸徒勾引夷商现在查办折》云：

……兹据洪任辉（按即洪任）前在途次向朝铨所供，熟识宁波做买卖之郭姓、李姓、辛姓三人，复又供明郭姓名郭四观，李姓名李受观，辛姓名辛文观，其人已故，其弟现在，俱系福建人，在宁波开洋行生理等语。……

定海总兵罗英笏折：

……兹于本年（按即乾隆二十四年）六月初一日，据臣标中营游击李雄禀，据随巡外洋汛把总谢恩报称：五月三十日巡至四礁洋面，望见夷人小船一只扬帆前来，当率兵船飞追至双屿岛抛泊，随诣该船查验，系夷人小船，船身长七丈，梁头一丈四尺，夷商、舵水手共十二名，内黑鬼一名，携带防护枪炮。据夷商洪任称，系英吉利国船，五月间，由广东空船出口，货物银钱俱在后面大船上，欲往宁波贸易，现在谕令回棹等情到臣。臣星飞委员前往宣谕皇恩柔远至意，明切化导，令其仍回广东贸易，不得在此停泊，旋据该委员回禀，据夷商洪任口称，回广东生意不好，意欲仍来浙江交易，故坐小船先来探信，其大船在后，今既不准在浙交易，自当开往广东等语。随该夷船即行起

第八章 "成功"号闯关到了天子脚下

"粤商文化"丛书

十三行：商船与战舰

碇，于初一日申刻开行回棹。……

一下子，洪仁辉把中国东南沿海搅得"穿心打浪"。"闯关"不成，也就只有告状了。

闽浙总督杨廷璋奏道：

闽浙总督臣杨廷璋谨奏，为恭折奏明事：窃照虹毛番商洪任驾船到浙，投递呈词，业经臣恭折具奏，并将原呈附呈圣鉴。折内声明先于六月十九日，差弁传调守备陈兆龙到闽查讯，及行镇道等官密访，有无奸牙勾串情事。缘闽浙相距遥远，定海又隔越海洋，风水稽阻，至闰六月二十六日，甫据陈兆龙到闽，臣随亲加细讯，据称：本年（作者按：即乾隆二十四年）五月三十日申刻，在洋巡哨，瞭见大洋有船前来，随驾兵船迎往，认系番舶，即于双岐港（作者按：即双屿岛）喝令抛碇，施放号炮，各汛千总把兵船陆续俱到，因同上番船查看，内只番商洪任带有黑鬼一名，番人十名，并随身炮械，并无货物，及内地民人。据云：五月内由广东开船，欲赴宁波贸易，银货俱在后船等语。随将该船拦阻，不许往宁，一面差小哨驰报总镇，初一日午刻，总兵罗英笏差委守备娄全，定海县亦委沈澳巡检高云蔚驾船俱至双岐港，谕令开行回广。洪任见势不能留，随称要去不难，但我有呈词一纸，要众位收去，我即开船，否则仍须赴浙投递，即出呈词给看。因询尔系番人，何来汉字呈词。据复系从别处写就带来。众人原不允其接收，而洪任坚欲将呈递交方去，彼时急图番船迅速回棹，见理谕不遵，因随口允其接收。洪任等随即一面起碇，一面将呈留下，扬帆而去。备弁等亦随即开船押护前进，至初三日押至南韭山外，已出浙境，方将兵船收回，于初四到汛，将呈禀缴。此系文武员弁六七人耳闻目击之事，实无别情等语。……

东南沿海留不成，洪仁辉便一直往北驶去，开到大清帝国首都附近的天津。于是，便又有了《直隶总督方观承奏英吉利商人洪任来津投呈折》，云：

……据天津道那亲阿、天津府灵毓禀称："六月二十七日，据大沽营游击赵之瑛移称：六月二十四日，海口炮台以外，有三桅小洋船一只停泊，随即往查。船内西洋人十二人，内有稍知官话者一名洪任口称：人船俱是英吉利国的，因有负屈之事，特来呈诉，将我送到文官处就明白了等语。查其船内并无货物，惟船面设有铜炮二位，铁炮一位，除将炮位收贮海口炮台，令该船暂泊海口，派拨弁兵看守外，合将洪任并该船番字执照一张，专差押送查讯等语。随问据西洋人洪任，即呈内之洪任辉，供称：我一行十二人，跟役三名，水手八名，我系英吉利国四品官，向在广东澳门做买卖，因行商（按原刊误'市'）黎光华欠我本银五万余两，不还，曾在关差衙门告过状，不准；又在总督衙门告状，也不准；又曾到浙江宁波海口呈诉，也不准；今奉本国公班衙派我来天津，要上京师申冤等语。及再诘问，惟称我只会眼前这几句官话，其余都写在呈子上了。除将洪任辉并其跟役二名暂行安置在津候示，合即禀报"等情。臣查洪任辉乃外洋英吉利国之人，阅其呈词及所开条，疑有关内地需索贻累情事，虽系一面之词，但既据远涉重洋，口称欲赴京师申诉，小国微番，若非实有屈抑，何敢列款渎呈。所有洪任辉原呈并款单一纸，又该国番字执照一纸，理合固封奏闻。应否将洪任辉并其跟役二名，由内部委员伴送赴广，敕下该督抚衙门将呈内各款逐一质讯明确，据实具奏，伏候圣训。……（朱批：已有旨了）。

这回，告到了皇帝脚下，总算是告准了。清政府最终受理了这位英商的投诉。

这位洪仁辉，虽说是"红毛国"人，金发碧眼，却能说一口流利的官话、粤语，乃至其他地方的土话。他此番有这般"壮举"，不屈不挠，其实是东印度公司一手策划的，事关大英帝国的商业利益。他告粤海关贪污，目的是想在中国多开几个口岸，让厦门、浙江，甚至津沽，都能让英国商船开进去做贸易，可他太不了解中国了。

一个专制集权的帝国，任何"投诉"或者"批判"，会适得其反，让其更专制、更集权、更封闭，而不会因此网开一面，显示宽容与大度。于是，洪仁辉的"投诉"是允了，可处理的结果则是他及东印度公司始料未及的，没有半点威尔克斯的幸运。因为这里是有2000年帝制的中国，而非英吉利。

此案一直审理到乾隆二十四年（1759年），方宣告结案。

被他投诉的粤海关监督李永标不得不被革职。因为，让夷人告到朝廷，已是很丢面子

第八章 "成功"号闯关到了天子脚下

"粤商文化"丛书
十三行：商船与战舰

的事情了，所以皇帝才雷霆震怒，即革职查办。《新柱等奏将李永标革职并查封任所资财折》云：

  臣新柱、朝铨、李侍尧等奏为请旨事：臣等钦遵谕旨会审英吉利番人洪任辉呈控粤海关监督李永标等一案，臣新柱于七月初三日抵粤，随传旨将李永标解任，一面提集应质要犯，一面提取库簿案卷，逐一跟查。臣朝铨于七月十九日带同洪任辉到粤，即于二十日公同集犯严审，讯据李永标所供，家人、书役得收陋规之处，伊毫无知觉。其余各款供吐游移，坚未承认。臣等思勒索外番陋规，国体攸系，非寻常失察犯贼可比，应请旨将李永标革职，按款严行究拟。再李永标任内资财，应否先行查封之处（朱批'自然'），相应一并请旨遵行，伏乞皇上圣鉴。谨奏。（乾隆二十四年八月九日，奉朱批，依议，钦此）

至此，粤海关贪污一案似告一段落，可洪仁辉不但未达到目的，自己还没好果子吃，且让代作呈词的四川人刘亚匾因"为夷商谋咬"之罪而丢掉了脑袋，行刑前还被示众，杀鸡给猴子看。

时任两广总督的李侍尧是这么上奏的：

  两广总督臣李侍尧谨奏：为敬陈防范外夷规条仰祈睿鉴事。窃惟……英吉利夷商洪任辉等屡次抗违禁令，必欲前往宁波开港，旋因不遂所欲，驾洋船直达天津，名虽呈控海关陋弊，实则假公济私，妄冀邀恩格外，臣细察根源，总由于内地奸民教唆引诱，行商、通事不加管束稽查所致。查夷人远处海外，本与中国语言不通，向之来广留贩，惟借谙晓夷语之行商、通事为之交易，近如夷商洪任辉于内地土音官话无不通晓，甚而汉字文义亦能明晰；此外夷商中，如洪任辉之通晓语言义者，亦尚有数人。设非汉奸潜滋教诱，焉能熟悉？如奸民刘亚匾（按 Morse 书卷五页八三称之为 Loupingchou）始则教授夷人读书，图骗财物，继则主谋唆讼，代作控词（按当时外商购买中国书籍如《诗经》《字汇》《说文》等籍者甚多，请参考 Morse 书卷五）。由此类推，将无在不可以勾结教诱，实于地方大有关系，兹蒙圣明洞烛，将刘亚匾即行正法，洪任辉在澳门圈禁三年（按此点可参见《国朝柔远记》及 Morse 书卷五），满日逐回本国，俾奸徒知所惊惧，外夷共仰德威，此诚我皇上睿谋深远，肃清中外至意。惟臣访查内地民人勾引外夷作奸犯科，事端不一，总缘利其所有，遂尔百般阿谀，惟图诓骗取财，罔顾身蹈法纪伏思夷人远处化外，前赴内地贸易，除买卖货物之外，原可毋庸与民人往来交接；与其惩创于事后，似不若防范于未萌。臣检查旧案旧任兼关督抚诸臣所定稽查管束夷人条约非不周密，第因系在外通行文檄，并非定例，愚民畏法之心，不胜其谋利之心，行商人等亦各视为故套，漫不遵守，地方官惟图息事宁人，每多置之膜外，以致饬行未久，旋即废弛，非奏请永定章程，并严查参条例，终难禁遏，兹臣择其简便易行者数条，酌参管见，敬为皇上陈之。

李侍尧提出的几条，很快便被乾隆皇帝批准了，条例名为《防范外夷规条》：

（一）禁止外商在广东过冬；（二）外人到广东只能居住行商馆内，并由行商负责管束稽查；（三）禁止内地商人向外商借资本，禁止外商雇请汉人役使；（四）禁止外商雇人传递信息；（五）外船停泊之地，派兵守卫。

不久，清政府又向外商颁布九条禁令：

（一）外洋战舰不得驶进虎门水道；（二）妇女不得携入夷馆，一切凶械火器亦不得携带来省；（三）公行不得负欠外商债务；（四）外人不得雇用汉人婢仆；（五）外人不得乘轿；（六）外人不得乘船游河；（七）外人不得申诉大府，事无大小有需申诉者亦必经行商转递；（八）在公行所有之夷馆内寓居之外人须受行商管束，购买货物须经行商之手，尔后外人不得随时自由出入，以免与汉奸结交私货；（九）通商期间过后，外商不得在省住冬，即在通商期间内，如货物购齐及已卖清，便须随同原船回国，否则（即间有因洋货一时难于变卖，未能收清原本，不得已留住粤东者）亦须前往澳门居住。

第八章 "成功"号闯关到了天子脚下

"粤商文化"丛书

十三行：商船与战舰

洪仁辉的野心非但未能实现，清朝当局还变本加厉，除制定条例对外商加以防范，最终更封了所有的海关，只余广州"一口通商"。

乾隆皇帝的"圣旨"先是称：

向来洋船俱由广东收口，经粤海关稽察征税，其浙省之宁波不过偶然一至。近年奸牙勾串渔利，洋船至宁波者甚多，将来番船云集，留住日久，将又成一粤省之澳门矣，于海疆重地，民风土俗，均有关系。是以更定章程，视粤稍重，则洋商无所利而不来，以示限制，意并不在增税也。将此明白晓谕该督抚知之。

原来，天意并非高深莫测，这里一眼就可以看透，他的目的是通过增加宁波关税，迫使洋商只在广东贸易，因为广东利多，浙江税多。可是，外商对此并不以为然，只要贸易额大，税虽说多了点但盈利不见得少，更何况粤海关暗中的勒索未必少。

乾隆关于洋船赴浙加重收税以使商船俱归粤海关贸易的谕旨：

乾隆二十一年闰九月初十日（1756年11月2日）

大学士公傅　字寄

两广总督杨

闽浙总督喀

乾隆二十一年闰九月初十日

奉

上谕。据杨应琚奏，粤海关自六月以来，共到洋船十四支；向来洋船至广东省者甚多，今岁特为稀少。查前此喀尔吉善等两次奏有红毛船至宁波收口，曾经降旨饬禁，并令查明勾引之船户、牙行、通事人等，严加惩治。今思小人惟利是视，广省海关设有监督专员，而宁波税额较轻，稽查亦未能严密，恐将来赴浙之洋船日众，则宁波又多一洋人市集之所，日久生他弊。著喀尔吉善会同杨应琚照广省海关现行则例，再为酌量加重，俾至浙省者获利甚微，庶商船仍俱归澳门一带，而小人不得勾串滋事，且於稽查亦便。其广东洋商至浙省勾引夷商者，亦著两省关会，严加治罪。喀尔吉善、杨应琚著即遵谕行。

钦此

遵旨寄信前来

乾隆关于海关增加税收以使番商无利可图自行回广东贸易的上谕：

乾隆二十二年正月初八日（1757年2月25日）

大学士公傅　大学士来　字寄

闽浙抚督

乾隆二十二年正月初八日

奉

上谕。喀尔吉善等会奏，浙海关更定洋船税则一折，已交部议奏矣。洋船向例、悉抵广东澳门收口，历久相安。浙省宁波虽有海关，与广省迥异，且浙民习俗易嚣，洋商错处必致滋事。若不立法杜绝，恐将来到浙者众，宁波又成一洋船市集之所。内地海疆关系紧要，原其致此之由皆因小人贪利、避重就轻，兼有奸牙勾串之故。但使浙省税额重于广东，令番商无利可图，自必仍归广东贸易。此不禁自除之道，初非藉以加赋也。前降谕旨甚明，喀尔吉善等俱未见及此，伊等身任封疆，皆当深体此意，并时加察访。如有奸民串通勾引，即行严拿治罪，若云劝谕开导，冀其不来，则以法绳之。尚恐其捍法渔利，岂劝谕所能止耶？著将此传谕喀尔吉善知之。

钦此

遵旨寄信前来

十三行：商船与战舰

而浙江巡抚杨廷璋也上了关于增加税收后英商船仍到浙贸易的奏折：

乾隆二十二年六月二十二日（1757年8月6日）

奏　浙江巡抚臣杨廷璋谨　奏为奏

闻事窃照，红毛番船向俱收泊广东贸易，久不远来浙省，自乾隆二十年，忽有红毛船一支驶至宁波，因交易获利，二十一年逐连来二支，经臣会同督臣立定章程，饬行防范，并将办理情形恭折。

奏明嗣业

圣主垂念海疆要地，必须防微杜渐，敕谕督臣会商两广督臣将浙海关税则加重俾番商等，知税重无利可图，自必仍赴粤东贸易不来浙省。

圣意深远，实非臣等浅陋之见所能仰窥万一。是以上年十一月番船回棹时，因税则尚未酌定，经督臣会臣，将来年税必加重，来浙亦属无利，不如仍赴粤东贸易，缘由明白给示晓谕番商，并令地方文武剀切开导，以冀不复再来。讵本年六月十三日，接提臣武升剖扎，准定海镇刱开六月初八日，据署中军游击李国均禀报，本月初七日有红毛英吉利番船一支，驶至定海之崟头洋停泊。随诣上船查询，本船名呷等，咯仍系上年来浙之通事洪同番商无仑哎并通船水手一百七名，带有货物、番银，并防身器械，来浙贸易等情，并据该地方文武具报，相同臣随移行定海镇臣罗英笏宁、绍台道范清洪并咨会提臣派委文武官弁，选发兵役，查照上届章程，严密巡查弹压，伏查粤省海关向为外番贸易市舶，设有监督，稽查周密，十三洋行世业克牙，番情熟谙，交易颇属相宜。浙省既非市舶，宁波地亦狭隘，并无殷实牙行，惟思勾串渔利，防范稍疏，难免滋事，但番商等既已来浙又不便强之使去，臣现在密饬宁、绍台道委员携带税则规条，前赴定海，会同该地文武，向番商等传示谕，以新定税则较前加重，若番商等因税重无利，不愿在浙交易，甘心回棹，则竟听其开行；若仍欲在浙贸易，惟有令其按照新定则例如数纳税一百。督令牙商迅速公平交易，克期速竣，以便乘风回。国毋许逗留。并查禁牙棍奸徒，串通诈骗滋事。仍密行体察该番等情形，果否踊跃完税，抑系勉强从事，如仍属忻然乐从，则是课税虽重犹有利益，不能禁其不来，将来自当另筹善策为之。禁绝倘此次情涉勉强，则是因风不顺，难以即归不得已而留浙贸易，来岁定不复再至，容俟该番商定有行止，酌量分别办理再行具。

奏理，合先将番船到浙，及现在饬辩缘由，恭折奏明伏乞奏

朱批：知道了

乾隆二十二年六月 二十二日

当时，乾隆皇帝把时任广西总督的杨应琚调去任浙闽总督。乾隆的用意恐怕在于，如宁波外舶到多了，当地官员应付起来没经验，而杨应琚在广东时熟悉外贸的行情、体制，当可以对宁波的外贸加以规制，更定章程，"意并不在增税也"。

然而，不久前刚从广东总督调任闽浙总督的杨应琚却上了一份奏折，力陈在浙海关通商之弊，应当把外洋商船集中到广州为宜。乾隆皇帝看了他的折子，终于打消了扩大开放口岸的念头，认为杨"所奏甚是"，并且最后作出只允许广州"一口通商"的决断。

乾隆是这么认为的：如此办理，则来浙番舡，永远禁绝，不特泊省海防得以肃清，且与粤民生计并赣韶等关均有裨益。

乾隆二十二年（1757年）11月，乾隆皇帝分别给广东、浙江下达谕旨：仅留广东一地对外通商。

乾隆这一圣旨，却是批在时任闽浙总督杨应琚的奏折上，认为其"所言甚是"。

毋庸置疑，此时杨应琚已经上折子给皇上了，而且，同时采取了禁关的严厉措施，末了，乾隆允了他的折子，"一口通商"由此定局。

这杨应琚是何许人也？在这之前，他本是广东总督。再追寻，他竟是杨文乾之次子，因康熙准其袭三代，所以他又当上了广东总督。杨宗仁、杨文乾、杨应琚，祖孙三人，不仅对广东，对当时整个中国开放政策造成的负面影响，甚至政策的逆转，无疑起到了极其恶劣的作用。而这一作用的产生，首先在于清朝的世袭制度，由于康熙认为杨宗仁是能臣，有功，"准袭三代"，因此杨文乾、杨应琚得以承袭其在广东的职位，并一次又一次地遏制对外开放，最终在杨应琚手中造成了"限关"即"一口通商"的恶果。其次对历史上诸如

第八章 "成功"号闯关到了天子脚下

"粤商文化"丛书

十三行：商船与战舰

杨文乾这样的"能臣"的盲目吹捧，也是使其为所欲为的根本原因之一。在历史上不乏对杨文乾的溢美之词，甚至他提出的"加一征收"，也被视为"改革措施"。果真如此么？现在已不言而喻了。从"加一征收"，到"一口通商"，杨文乾、杨应琚父子罪不可逭。正可谓江山易改、本性难移，后来在平叛中，杨应琚屡屡谎报军情，明明打了败仗，却说胜利归来，一次如此，两次又如此，纸包不住火，皇上终于察觉了，开始只免了职，让他戴罪立功。谁知他怙恶不悛，本性难改，以至边庭动乱，皇上盛怒之下，判了他一个"立斩。"

杨氏三代人，就这么了结了。

当我们冷静地去分析其间的一波三折不难看到，乾隆当初还是想进一步开放的，但帝王之尊却容不得他人说三道四，你小小夷人，居然闯到天子脚下告状，这还了得？末了，要是连皇上都听信他的，这就更不得了啦！那好，我就反过来——于是，洪仁辉被判在澳门"圈养三年"即关三年，那位代他翻译文书的刘亚匾更被杀了头。

大好的开洋局面就此逆转。

尽管皇上的尊严不可亵渎，但是，杨应琚的折子起到的作用亦不言而喻。这位杨文乾的次子，因其祖父杨宗仁死时获得圣上"准袭三代"谕旨得以荫庇，当上了广东总督，后又调去任闽浙总督，就这么在继其父"加一征收"之恶税后，又给开洋插上了致命的一刀。

不过，他的下场比他父亲还惨。

简单地把锁关归因于洪仁辉的"闯关"，显然有失偏颇。这里，乾隆的心态亦不失为一个要因，如此冒犯，是必雷霆震怒了。与此同时，下边官员的鼓噪，亦更起到恶劣作用，乾隆一见杨应琚的折子，自然觉得"所奏甚是"了，下决心封掉了除广州之外的向西方开放的所有口岸，从此错失了与大航海时代同步的又一良机。

研究这一逆转的文章不少，中外都有，对这一逆转的结果即"一口通商"，各自站在不同的视角与立场上，都作出了不同的解释。但事件的肇因，却大都归因于英商洪仁辉率船独闯到天子脚下的天津要告御状引起了乾隆的反感，不"开"反"收"了。

而自命通晓中国多种方言的洪仁辉，对当时的大清帝国、对中国的文化传统，毕竟还是不甚了了。因此，他真正要达到的目非但达不到，而且还倒退更多，欲速则不达。大清帝国有自己一套思维模式，别说他，就是半个世纪后来的马戛尔尼，也一样弄不明白。

一个自命天朝上国的帝王，那种自高自大、目空一切，以为朕即天下，又如何容得几艘小商船从南方上天子脚下找麻烦呢？

也正是这种自大，把当时仍可在世界上称雄的大帝国，引向了最后的崩溃，余下十三行的这一个"气孔"，也不可能救回这从开局便走向输光的结果。

富足却病态的王朝是不会有出路的，相反，富足只会加速它的风化。

从康熙二十三年（1684年）清朝正式解除海禁、开海贸易，到乾隆二十二年（1757年）乾隆谕令"一口通商"，其间历时70多年，这正是清代十三行初期兴盛的日子，中国外贸的格局也是在这个时期确立下来的。康熙二十三年开海，却在康熙五十六年（1717年）又颁发了南洋禁航令，不到10年即雍正五年（1727年），又正式废除了这一禁航令，再度开洋。但杨文乾旋即来了个"番银加一征收"、每船收1950银两"规送"等，对开洋加以诸多限制，直到乾隆元年（1736年），方采纳杨永斌等意见，对此加以取消。"上命除落地税，因请并免渔保、埠税，革粤海关赢余陋例未尽汰者，上悉从之"——至此，开海方案最后完全确定下来。因此，当时的外商，尤其是法国商人，在推崇中国的"开明君主制"观念下，竟"仰沐恩波，无不欢欣踊跃，叩首焚香，实出中心之感戴"。

可以说，在这70年间，尤其是自雍正五年"开洋"，乾隆元年取消"加一征收"恶税，中国当年对外开放呈现的态势分明是积极的、可喜的，其中有不少可圈可点的精彩内容。可惜，对十三行的研究，偏偏忽略了这一历史时期，忽略了这段最为精彩也最为复杂、最为深刻也最为迷惘的政治、经济与文化等方面的内容，从而对其间态势上、政策上的进一步开放，缺少到位地、真切地探讨与研究。也正因为这一段研究的缺失，对一口通商的逆转，以及一口通商之后整个中国对外贸易的曲折，失去了必要的、合乎逻辑的历史依据，对其来龙去脉的梳理，也同样发生了主观认识上的错误，这样，对整个十三行历史的把握，也就有了严重的歧误与错位。

18世纪中国之强盛当在欧洲之上。英国工业革命刚刚起步，法国在"太阳王"路易十四统治下，亦称雄欧洲大陆，由于启蒙主义的兴盛，法国的思想文化亦有不俗的表现，伏尔泰、孟德斯鸠等思想家相继涌现，而中国的"开明专制"亦为其称道，为此，并不难解释"己所不欲，勿施于人"为何会写在18世纪末法国大革命的旗帜上。康、雍、乾三帝，与路易十四、路易十六的交往相当紧密，以至路易十六被送上断头台，令乾隆生出兔

第八章　"成功"号闯关到了天子脚下

"粤商文化"丛书

十三行：商船与战舰

死狐悲的感觉。美国研究者何伟亚认为，当马戛尔尼来祝寿时所看到皇宫中西方的先进技艺并不比他带来的少。正因为我们未能准确地"重建"当年中西关系的历史，才出现种种认知的误区，如简单认为西方早已比我们先进，对行商起的历史作用也缺乏全面的认识。

对康熙、雍正、乾隆三帝的认识亦如此。康熙开海后，为何又发布了"南洋禁航令"？雍正取消了"南洋禁航令"后，在广东海关问题迭出之际，又为何数度出手，惩治了一批舞弊的官员？乾隆分明在政策上完善了"开洋"措施，为何又来了个逆转，在20年后只余"一口通商"？是否用康熙"开海"，出于"国计民生"；雍正惩腐，方可"河晏海清"，航路畅通；而乾隆为"怀柔远人"放宽政策，取消"番银加一征收"恶税的理由，就足以解释康雍乾三代海洋政策的曲折与反复呢？这种解释显然过于简单。以雍正为例，当他在取消南海禁航令前亦犹疑多年，一直认为"海禁宁严毋宽，余无善策"。而后，却出其不意，雷霆出击海关监督祖秉圭、行商陈寿官与外商法扎拉利相勾结，操控外贸的不法行为——二者之间，又有着怎样的逻辑一致性？至于乾隆，对英商洪仁辉要上京告状的行为反应之激烈，又是出于怎样的考虑？

在这一段时间内，官员们各自的表演，更是值得玩味。高其倬对促成南洋开禁的作用，杨文乾的几起几落，几返几离，借"加一征收"敛财，被人告得"畏风心烦"而死，却始终坚持贪墨的洋银不属公帑，又是何心理？在这些事件中，"你方唱罢我登台"，如常赉、鄂弥达、毛克明、官达、阿克敦、杨永斌、唐英等众多官员，他们对开洋的态度、对税制的认识、与行商的关系等，都耐人寻味，值得深入探讨。

从乾隆元年取消恶税，全面开放，对外商实行优惠政策，一直延续到了乾隆二十二年（1757年）。这一年，号称中国通的英国人洪仁辉，头脑发热，驶船直达帝京脚下的天津，谁知，恰巧是杨文乾的儿子杨应琚，从广东总督调去当浙闽总督，说不宜再多开口岸，反而应减少，只留广州一口通商便可以了。结果，开放由此发生逆转，从开洋变成了"限关"。

历史竟如此令人扼腕。

洪仁辉的官司，他先是赢了，毕竟把广东海关监督李永标告倒了。而后则是输了，不仅他输了，连他的后台东印度公司也输了，他落了个勾结内地奸民，违反大清通商律的罪名，被清政府圈禁在澳门3年，而后则被驱逐回国。至于那位刘亚匾更倒霉，命都丢了。

第三年，曾在杨宗仁（杨应琚的祖父）治下创立的"公行"，终于得到恢复，此次延续11年才又被撤销，到乾隆四十年（1775年），再度重组，一直维持到鸦片战争期间，历史就此沉滞。

东印度公司本想打开北方的一个个口岸，可到最后，连南方的口岸都没保住，只剩下一个广东口岸。有生意不做，这对于已有发达商人头脑的英国人来说，实在是不可理喻。

洪仁辉案，是中国对外贸易一大转折点。这一转折，注定了80年后，中英无可避免的一场鸦片战争。乾隆身后40年，英国的炮舰从长江口长驱直入，逼使清朝政府签订了最为耻辱的城下之盟——中英《南京条约》，最终不得不答应"五口通商"。

洪仁辉功耶过耶，且留后人评说。

十三行：商船与战舰

捕盗米艇（王次澄等著，《大英图书馆特藏中国清代外销画精华》第六卷，广东人民出版社2011年版）

第九章
"嫩实兹"号：战祸与鸦片之合谋

"粤商文化"丛书

十三行：商船与战舰

每一艘船，都有一个属于自己的故事。

不会有任何重复的故事，如同世界上没有两片一模一样的叶子。这船，也就是漂浮在大海上的叶子，每艘船都不同，那么，每艘船的故事也就绝不会相同。

停泊在伶仃岛的鸦片趸船

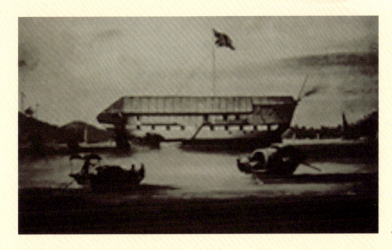

1839年鸦片趸船

"在商言商",都为滚滚利润而来,但其中仍不乏诚信,不乏友情,不乏豪爽,不乏宽厚,互惠互利,平等交易,这才是经商之道。互通有无,物畅其流,促进了市场的兴旺发达,社会同时也得到了发展,所以,这才有亚当·斯密的《国富论》(其全名为《国民财富的性质和原因的研究》),为市场经济鸣锣开道。然而,《国富论》发表之后不久,他又全力投入到《道德情操论》的修订中,这同样是他的传世之作,该书第六版出版于亚当·斯密1790年去世前不久。于是,他拥有了著名经济学家与著名伦理学家两大盛名。《国富论》出版于1776年,亚当·斯密为何在《国富论》之后仍致力于反复修改他的《道德情操论》呢?人们在积累自身财富之际,其道德情操会受到怎样的影响?显然,致力于反复修改《道德情操论》这一行为包含了这位经济学家深深的担忧。

在他生前最后一版的《道德情操论》中,在论及"良知的影响与威望"时,专门引入了一个颇有深意的思维实验。他假设"中华大帝国"在一次大地震中被彻底摧毁,普通的欧洲人将作何反应?他是这么写的:

十三行：商船与战舰

  那种可能落到他头上的最小的灾难却会引起他某种更为现实的不安。如果明天要失去一个小手指，他今晚就会夜不能寐；但是，倘若他从来没有见过中国的亿万同胞，他就会在知道了他们毁灭的消息后怀着绝对的安全感呼呼大睡。亿万人的毁灭同他自己微不足道的不幸相比，显然是更加无足轻重的事情。因此，为了不让他的这种微不足道的不幸发生，一个有人性的人即使从来没有见到过亿万同胞，就情愿牺牲他们的生命吗？

  这段话说明，一个人的道德责任情操是有"空间距离"的，而这种"空间距离"会造成道德情操怎样的缺失？

  在大航海时代，应如何与更广阔的世界里的生命建立起不仅仅是物质上，而且是情感上的联系——这正是亚当·斯密所提出的重大命题。

  "各人自扫门前雪，休管他人瓦上霜"——在东方，也有如此露骨的利己主义，但这绝对不是主流的儒家学说。"二人为仁"，仁，意味着人与人之间的关系，守护相望，恪守信义。只是，西方呢，尤其是十三行时期的西方呢？

  在亚当·斯密反复修订《道德情操论》的同时，1782年，一艘船来到了珠江口，来到了澳门，来到了广州。

  这条船，演绎出其与众不同的故事，一个亚当·斯密深深忧虑的故事。这条船，叫"嫩实兹"号。而"嫩实兹"号的故事，最后颠覆了所有发生过的故事。

  "嫩实兹"号正在穿越马六甲海峡。海峡风平浪静，阳光下波光粼粼，如撒开一片片碎金，分外诱人。本来，"嫩实兹"号在孟加拉靠岸之际，它还是名副其实的战舰，它的主人便是军人——沃森中校，而船长里查森同样是军人，船上的炮位分外引人注目。不过，当它离开加尔各答时，吃水线已深了好几英尺，因为船舱已装了沉甸甸的商品，这时，它则变了亦军亦商的航船了。军舰走私，在这些年头并不足为怪，不过，这回走私的"商品"却非同小可，那便是鸦片。

  谁都知道，此时的大清帝国，自雍正年间便已严禁鸦片了，他们为何还要铤而走险？

  原来，自从美国闹独立后，法国人出面支持美国，战争不仅在美国本土进行，而且打到了大洋上面。法国军舰也与英国战舰打了起来。

战争造成了英国银根紧缩，而能大把大把挣钱的，唯有鸦片。

就在"嫩实兹"号从孟加拉再度出发之前，另一艘单桅船"贝特西"号已稍早出发了，船上有1466箱鸦片，总价值为72万卢比；而"嫩实兹"号则有1601箱鸦片，比"贝特西"号多100多箱，总价值为83万卢比。他们都已开好了发票。也就是说，两条船上没有多少现金。

时任孟买总督的马戛尔尼勋爵——这个人物后边还会"闪亮登场"，成为向乾隆皇帝祝寿的"祝寿团"团长，这就是另一艘船的故事了——此时给两船即将抵达的东印度公司广州管委会写了封信，说："我们缺乏现款的苦恼，有增无减，因此，我们此处的供应，甚至想用最渺茫的希望来安慰你们，也不可能。"

当然，这两条船把鸦片卖掉，也就有155万卢比了。只是出师不利，"贝特西"号刚驶过马六甲海峡，沿途仅卖出不到6万元的鸦片，大部分还得运到广州，就在出海峡之际，在廖内群岛遇上了法国人。

英、法本就是宿敌，此时又处在战争状态，"贝特西"号的船长格迪斯便赶紧下令开炮。谁知，对方不是商船，也非战舰，而是海盗船。一场恶战，"贝特西"号被法国人俘获了。好在格迪斯把6万元保住了，抱着这笔钱最后逃到广州，交给了管委会。

因为有"贝特西"号的前车之鉴，"嫩实兹"号接到命令，不可以再沿马来半岛行驶了，须向东沿爪哇岛行驶，从东线经菲律宾再折回中国广州这边。

为了防止法国人打劫，"嫩实兹"号便落下米字旗，换上法国旗，法国海盗该不会掠夺自己国家的船吧。况且"嫩实兹"号船体是用铜皮包裹起来的，与一般的英国商船稍有不同，至于炮位多了一些，那也是因为处于战争状态，商船也要加强防卫嘛。再挂上异国的旗帜，则更难辨认了。总之，保证鸦片不遭到劫掠才是第一要紧的，不可以轻易开战。

"嫩实兹"号就这么战战兢兢开到了爪哇岛的东边。此时，正值季候风从东南刮来，风帆涨满，可以北上了。

北上，则是菲律宾的沿岸。沃森与里查森商量，赶紧把法国旗换下来，升起西班牙旗。菲律宾是西班牙的殖民地，自1565年为西班牙殖民者占领已有200多年，挂上西班牙旗，

第九章 "嫩实兹"号：战祸与鸦片之合谋

"粤商文化"丛书

十三行：商船与战舰

当可保无虞。尽管 1779 年即 3 年前，西班牙也向英国宣战了。

沿岸行驶，要遇上飓风，可以及时开进港湾。

一路上，没有遇到海盗拦截，虽说风涛不息，沿途岛礁也得小心闪避，但一船人与物，都安然无恙。

"嫩实兹"号最终离开了菲律宾海岸，向西北方向行驶，越过南中国海，直奔澳门。

1782 年 7 月 21 日，"嫩实兹"号终于抵达了十三行的外港——澳门。

如果加上"贝特西"号上的 1466 箱，两船的鸦片总量便超过了 3000 箱，这是有史以来，英国人第一次大规模向远东，主要是中国倾销鸦片。如此大规模倾销鸦片，说明英国人开始不惜冒险向禁鸦片的中国挑战了，从其后的文件与信件往来中可以看出，他们已心怀叵测，但也心存侥幸，一方面冒天下之大不韪，另一方面亦胆战心惊、小心翼翼。

然而，这也成为了一个历史的转折点。作为战船走私鸦片的"嫩实兹"号，成了这一罪恶的重要开端。

正因为做贼心虚，在"嫩实兹"号抵达澳门后不久，法国领事沃克兰去世，"嫩实兹"号派去一艘驳船，一位职员上法国馆吊唁，船上还专门鸣炮致哀。

英法不是开战了么？何以英舰还派人去吊唁呢？其内在的意思无非是说明，我并非军舰，不代表国家，所以是非敌对状态，作为商船，应保持和平友好。

当然这更是做给中国人看的。因为，中国人是不允许战舰过来的，时刻在防范"夷人"的进犯。更何况船上还有 1600 箱鸦片，这是中国的违禁品。"嫩实兹"号要赖在澳门，设法把鸦片卖掉，就不能不多方周旋。

但鸦片怎么卖，是一个大难题，毕竟这在中国是违禁品，在澳门当地的商人谁敢接货？所以，大笔点的生意是做不成的，而散商、小商家，过去已有长期赊欠的习惯，且每一箱只能卖得 210 银圆。

早在"嫩实兹"号抵达澳门时，里查森便清清楚楚地算了一笔账——这回做的可是亏本买卖：从加尔各答出发，扣除运费、船长及水手费用，再加上战时津贴 16%，就去掉相当大一笔，到达广州后，交船钞、商馆费用及引水员与通事的报酬，又去掉了一大笔。而以长期赊欠售出，每箱仅 210 银圆，折算下来，亏本 18.7%，即 54627 两。

但亏本也得做，不在于一回，而在长远——这也才有往后半个世纪间，鸦片终于在中国泛滥的结果。

"嫩实兹"号的鸦片生意在澳门做得非常艰难。

没有人能了解这背后的运作——总之，过了相当一段时间，海关突然批准了一位"新行商"先官。这自然是由于英国人已经打通了官方的关节。本来，在这一年，由于战争的影响，加上十三行的不景气，十三行行商只剩下四位了。官方在此刻迅速增设"新行商"，其资格是怎么审查的，其财力有没有达到标准，一概不得而知。我们唯一知道的是，1782—1783 年这两年间，先官的记录还出现在马士的《编年史》上，并记录下他欠了一大笔债，却独有鸦片的货款全部付清。两年后，这位先官人间蒸发，再也不见踪影了。

那么，这个先官是为何而来，又为何而去呢？

恰恰这两年，"嫩实兹"号始终在澳门、黄埔以及整个南中国海沿岸辗转往复，力图将所有鸦片销完。

马士的《编年史》中关于 1783 年的记录有：

前"嫩实兹"号售给新官的鸦片，1400 箱已运往马来各口岸；但其中有 500 箱再运回澳门。

对这一记录，有如下说明：

这是在马来各口岸无法售出的。因为从孟加拉开来澳门的全部船只大量运来这种货品。我们不能认为行商新官去年的交易是很顺利的。……他曾经说过，准备本季度就和我们清账，他提起上季运往海峡用罐装好存放该处的鸦片，由于在廖内被劫掠，遭受巨大损失（70000 元）。

记录继续有：

第九章 "嫩实兹"号：战祸与鸦片之合谋

"粤商文化"丛书

十三行：商船与战舰

大班向董事部的报告亦提及1783年的第二次航程："散商船'嫩实兹'号于9月29日到达，载有私人商号的鸦片。"

作为一艘战船，"嫩实兹"号在澳门停泊，大清海关不可能不知情，就算瞒也瞒不了多久，再狡辩称其为商船也无济于事。而一艘战船久停澳门意味着什么？这可令大清当局困惑了。

你要真是商船，为什么不上黄埔港，与十三行的商馆建立关系呢？

就在大清当局准备去澳门调查时，"嫩实兹"号终于启航，开往了黄埔——这自然是先官的主意，老行商们也认为该这么做。

到了黄埔，就得按商船入境的全部手续办理。于是，海关便派人丈量了这一艘挂名"商船"的战舰。程序很严谨，每个步骤都不缺：丈量过了，船舱查过了，船钞一分不少地交齐了——总算是过关了。

沃森与里查森心中很是庆幸，1600箱鸦片并没有被"发现"。当然，他们认为，这是先官的功劳，把海关的关节打通了，丈量船只的差官，对某些舱位睁一只眼闭一只眼，也就算是验过了。

不过，差官对船上的印度人倒是打量了好一阵，但什么也没说。

然而，船虽然进了广州港，但鸦片是不可能销出去的，在广州报个到，船还得回到澳门，设法销售鸦片。于是，把先官的200箱鸦片卸载并付了税费，船便离开了。

可是，海关却来了个后发制人。这时，海关严正地指出，你"嫩实兹"号到黄埔后离开，并没有装运任何的货物，更何况船上还有印度兵，所以不能当商船对待，而战船是不可轻易出港的。

这下子，沃森也好，里查森也好，都慌了神。

本来，按商船对待，出境时若没载货是不征收任何税的，而依大清律令，战舰是不可以进入黄埔港的，如以此理由扣押，那船上的1400箱鸦片就岌岌可危了——要是有人透露了消息,下场恐怕比"贝特西"号更惨。本来,就算全部销完,也得赔个五万多两,这次如果被没收、销毁,便要赔好几十万了!

先官当然心中有数,但他却推给作了保商的老行商,让他们给海关监督送上几千两银子试试。

谁知,官至二品的海关监督李质颖对这几千两银子却不屑一顾。谁让你们当保商的?把战舰保成商船,这玩笑开大了吧?

没办法,只好大"放血"了。最后,交了20000两银子,总算放行了。这20000两银子,算是礼银。

于是,"嫩实兹"号载着余下的1400箱鸦片,拿上"出口执照",又回到了澳门,并在南中国海沿岸转上了圈。

对英国人来说,这是一次试探,一次冒险,表面似乎是不成功的,亏了本,被勒索,还费尽了周折,犯得着么?

但这却是非常成功的"前哨战",一次"火力侦察"。

在马士的《东印度公司对华贸易编年史》中记录下了这一次以相当规模的方式向中国倾销鸦片的丑陋事实,尽管写得吞吞吐吐、似是而非,但明眼人一眼就可以看个明白。

鸦片是违禁的。已再一次有明确的公告。大总督黑斯廷斯和最高管理会在他们所写的忠告函件内称:

我们认为有必要注意的是,"嫩实兹"号是作为一艘武装船进入中国内河的,不得报告带有鸦片,这是禁止买卖的。

广州管理会亦熟知把它作为一艘战船看待,带它驶入黄埔,照例交付船钞。

虽然鸦片是违禁的,现在它由英国散商船及悬挂其他旗帜的船不断输入。

管理会在各个时间里报告:新官(Sinqua)和散商船的各个指挥大量交易鸦片。

当最高管理会决定采取运送鸦片到中国这一措施时,我们认为应当禁止澳门船的船主们购买这样大量的鸦片;在该市的鸦片,除已售出者外,最少尚有1200箱。

第九章 "嫩实兹"号:战祸与鸦片之合谋

"粤商文化"丛书

十三行：商船与战舰

中国政府是严禁鸦片输入的，而这个事业对我们是一件新的工作，因此，我们必须采取极其谨慎的措施。由于这种东西经常在澳门交易，我们决定将船在该处停留几天……但新官认为，该船停留在澳门会引起查询，以致惹起不便。……潘启官也认为，该船应驶入黄埔，以免被怀疑。

没有一位广州的行商是与鸦片有关的——各人是"不论在什么方式下，都不愿意利用他的名字去做这件事"。大班唯一交易的商人，是新官——并不是由于他住在澳门，因为他在该处亦同样受到像在广州一样多的官吏的支配；只是由于他惯于做鸦片买卖，他早已用各种办法将这种买卖的关节打通。因此，全船的舱货只能按他所提出的条件售出。由于私商存货的竞争，他在广州和澳门附近只能售出200箱，其余的1400箱则运送到从东京至马来半岛的沿岸出售。

先官是一位新行商，但在"嫩实兹"号抵达时，他仍未受到指派；或者由于他不是该船的保商，所以就能够避免用行商的名义和该船的鸦片发生关系。同时，指派该船的保商亦采取一种不同寻常的办法，即由四位老资格的有清偿能力的行商，联同做该船的保商。虽然该船的舱货很神秘，但不能设想不会知道它所载的是鸦片；这是可以肯定的，在广州或附近的所有官吏已经熟悉这种事实。该船将私商货品及运往广州的200箱鸦片起卸完毕，船长里查森申请发给出口执照，以便将船驶往澳门口外的一个碇泊所，在该处把其余的1400箱卸下。海关监督借口该船没有装运出口货物，向保商索取礼银20000两。他追索这项礼银，后来，在12月12日，保商"向海关监督保证负责缴清全部的关税及礼银20000两，海关监督遂颁发出口执照。"

这是值得注意的，如果鸦片真的是违禁品，海关监督就不会向它征税，可能他已承认这个事实的存在；而20000两就等于或者补偿输入本地消费的200箱每箱100两的关税，如以整船的舱货计，则每箱为12.50两。

仔细研读上述文字不难看到，其间开创了几项恶劣的先例。

首先，英国用销售鸦片来缓解银圆大量流出而产生的逆差，而这也成为此后60多年间鸦片走私屡禁不绝的根本原因。

其次，英国用战舰来走私鸦片，在被征收了战船的礼银后，明修栈道、暗度陈仓，把鸦片贩运进了广州。

英方显然从走私鸦片中尝到了甜头，鸦片倾销愈演愈烈，一直到鸦片战争爆发——这是不能不特别指出的。

熟悉清史的都知道，早在雍正七年（1729年），以严刑峻法著称的雍正皇帝，便已颁布了法令禁止鸦片买卖。法令中的惩戒，是对非法提供鸦片者处以100棍，并戴上枷锁游街示众。但当时中国人并未意识到鸦片的真正危害，法令的主要目的，是针对高价出售鸦片以牟取暴利者，却没有惩罚吸鸦片的人，也没有对鸦片的进口进行限制。

那时英国人还没有把鸦片作为主要货品经营。及至18世纪中叶，中国与英国的贸易有了迅猛的发展，英国人钟情的茶叶、丝绸、瓷器的货运量激增，大量白银流入了中国，英国人有点吃不住了，煞费苦心想扭转贸易逆差的局面。于是，鸦片贸易开始出现。

乾隆三十八年（1773年），在雍正禁止鸦片买卖的40多年之后，鸦片买卖猖獗了起来。也就是这一年，英国殖民者在其北美殖民地遭遇了"波士顿茶党案"。英国当局通过《救济东印度公司条例》，规定该公司拥有垄断茶叶的运销权，严禁老百姓购买私茶。于是，纽约、费城、查尔斯顿人民奋起反抗，拒绝卸运茶叶。萨姆尔·亚当斯与保罗·得维利等人即领导组成了波士顿茶党，他们化装成印第安人，于深夜把东印度公司三艘茶船上的42箱茶叶倒入海中。英国殖民者恼羞成怒，封锁了港口，并制定所谓的《强制法令》予以报复。由此引发更大规模的反抗，这也成为美国独立战争的导火线。

如热锅上蚂蚁的英国殖民者，在垄断茶叶贸易上碰了壁，牟取暴利的风光不再，设法寻求出路。

终于，他们捞到了一根救命稻草——贩卖鸦片。

也就在同一年，英国殖民者占领了孟加拉国——当时著名的鸦片产地，漫山遍野到处可见血红色的罂粟花。

贩卖鸦片，本小而利大，用来扭转对华贸易的逆差，当是最好的货品！

东印度公司立即向英属印度政府申请了独占鸦片专卖的权利。殖民政府不假思索，立即批准了这一专卖权。于是，也就从这一年开始，英国输入中国的鸦片数量迅速攀升！几年后，乾隆四十六年（1781年），英国东印度公司更取得了继续垄断对华贸易的特权。同

"粤商文化"丛书

十三行:商船与战舰

年,英国东印度公司在广州的管理会,向两广总督写了一封信,他请求两广总督,要他设法从澳门葡人那里获得一个保证,以改善英国商人在澳门的地位。信中暗示,要把与澳门隔珠江口相望的香港,作为英国商人专门贸易的地方:

如果该地一旦掌握在富有进取心的民族手里,他们必然知道如何尽力扩展该地的优越条件;我们想像它会成为一个繁荣的地方,为任何东方口岸所不及。

可以说,英国人觊觎香港的野心正是同鸦片贸易相联系的。那些年间,由于中国禁止鸦片买卖,而他们又急于扩大这一罪恶的买卖以扭转贸易逆差,脱离广州十三行另找去处,自是最好的办法。后来,他们也承认:

对于这个根据地(作者按:香港)的要求,我们是很久在筹谋的了。在18世纪,因为在贸易上发生了很多困难,商人们就建议在中国的口岸占据一个海岛,作为克服这些困难的必要手段。

如此迫不及待与国际上的形势也是分不开的。"波士顿茶党案"发生后第二年,英属北美十三个殖民地代表召开了著名的"大陆会议",商讨反英的方法、步骤,通过同英国断绝贸易关系的决定,制定《权力宣言》等。1775年,在列克星顿发生抗英武装斗争;5月,又在费城召开第二届大陆会议,建立军队,任命华盛顿为大陆军总司令,决定通过武力对抗英国。1776年7月4日通过《独立宣言》,宣布脱离英国,成立美利坚合众国。

而英国在南印度第二次迈索尔战争中也一度处境不妙,所以,乾隆四十七年(1782年)仅有4艘英国商船到广州口岸贸易。

在战争状态下,英国东印度公司为了弥补因战争影响而造成的财库银根奇紧的局面,冒天下之大不韪,竟派出一艘战舰上中国。这艘名为"嫩实兹"号的战舰上满载的不是商品,而是鸦片。用战舰偷运鸦片,可见其包藏的祸心。

由于清政府严禁鸦片,"嫩实兹"号大班设法贿赂海关当局,于是,海关监督在拿到

2万两"礼银"之后,"嫩实兹"号把200箱鸦片运到广州,绕过十三行贩卖了出去。而在澳门留下的1400箱鸦片,通过各种渠道转运到中国各地出售。就这样,1600箱鸦片全倾销在中国。

这仅仅是鸦片贸易的一个开端,而后,则是成千上万箱鸦片的倾销。

至19世纪初,每年平均进入中国的鸦片在4000箱以上,中国白银开始大量外流。有资料统计,英国政府每年向中国倾销鸦片的收入,足以支付英国海军舰队的全部经费开支。

这又回到了本章开头亚当·斯密的深深的担忧。但是,他所担忧的仅仅是一个人的道德责任感有"空间距离",而这"空间距离"会造成道德情操缺失么?

本来,东印度公司在1773年前,还在阻止针对中国的鸦片贸易,因为这种的非法贸易会影响正当的茶叶贸易。具有英国绅士的理想主义色彩的印度总督哈斯丁斯曾说,鸦片是毒品,不是生活必需品,不应该被允许。可不到10年,他便允许"贝特西"号与"嫩实兹"号携带3000多箱鸦片从他的辖区出发了。

1799年,中国政府对此发出了强烈谴责,但已无济于事了。白银大量外流,历史也就此逆转。

"粤商文化"丛书

十三行：商船与战舰

快艇（王次澄等著，《大英图书馆特藏中国清代外销画精华》第六卷，广东人民出版社2011年版）

第十章

独立与封锁：美国"中国皇后"号与"大土耳其"号

"粤商文化"丛书

十三行：商船与战舰

　　我们为寻找十三行"八大家"殿后的杨家，费了不少工夫，毕竟，在那个年代，能名列"八大家"，无论从经济实力还是社会影响力都绝非等闲之辈。在十三行中，前前后后成为行商的至少有数百名之多。有的不曾进入"八大家"，但财富的实力、在行内的地位，亦不可小觑。如曾当过行首的蔡文官，还有康熙年间的"启官"——黎家第一位行商（曾被误认为潘启官），早在17世纪就已挂了外国商船的名字到西方做生意了，还可以列数很多。无论如何，哪怕在"八大家"中殿后，杨家也必定是一代巨富。

　　十三行是世界大航海时代的产物，它从16世纪的国际性海洋贸易中应运而生，并推动了18世纪的海洋商业扩张。十三行从来不是被动适应，而是主动积极地引领国际贸易潮

美国商船来到广州

流。当时的中国应为世界首富,中国的资本与财富为16—18世纪西方的近代化即工业化提供了动力。在这一过程中,十三行的行商们不仅从事各种投资活动,而且已开始向企业家转型,否则,难以以如此迅猛的速度积攒起巨大的财富。他们显性的身份是行商,而隐性的身份则是世界的金融家,通过"钱生钱",超常规地积累起大量财富。

当时,广州是世界第一大商港,这里的热钱无疑大都集中到了十三行行商手中,他们无法在国内投资,只能悄悄地向欧美投资。

1784年,又有一艘中国人从未见过的国家的商船来到珠江口。来的是独立成国不久的美国商船。其时,中国人还分不清英国人与美国人,因为用的都是同一种语言,唯有从旗帜上加以判断,来的是"花旗国"而非"米字旗国"。而美国人来,却是被英国人逼来的。

美国人闹独立,英国自然要报复。一场独立战争,英殖民者先胜后败。1781年,华盛顿指挥大陆军,连战皆捷,10月,英军在弗吉尼亚的约克镇宣布投降,战争结束。1783年9月英美签订了《巴黎和约》,英国正式承认美国独立。可英国立即又以美国已独立为由,宣布取消了美国在英帝国范围内所享有的一切贸易优惠,禁止美国船只进入英国的主要海外市场。

这对于新生的美国而言,立时面临财政上的极大困窘。英国人在军事上失败了,就想在经济上控制美国。

美国政府自然不甘被英国控制,为打破经济封锁,走出财政困境,1783年12月,波士顿商人西尔斯便派出了一艘名为"智慧女神"号的商船,满载人参开往中国,因为他们得知中国人很看重人参,可以卖个好价钱,卖出后又可以换取中国的商品运回美国,再赚一笔。然而,当他们越过大西洋,途经好望角时,却被英国的东印度公司拦截了,船上货品被如数收购,中国之行也就半途而废了。

也就在这个时候,大陆会议最高财政监督莫里斯紧锣密鼓地筹备一次更大规模的中国商旅。这是一位既有政治头脑又有商业头脑的财政要员,在独立战争期间,他独揽了华盛顿大陆军队中的所有军火生意,并倚此发了家,紧接着,他又组建了北美的第一家私人商业银行。

美国的传统与中国不一样。他们是"以商立国",商人位于国家等级的宝塔尖上,美国

"粤商文化"丛书

十三行：商船与战舰

第30任总统柯立芝甚至说过，美国的国务就是商务（American business is business），所以，我们今天从美国的任何一个政治行为，都可以嗅出商业的气味。而中国自古以来商人是最卑微、最下贱的，让仕人所不屑。不过，这回，不屑于商人的清政府，却大大地帮了美国商人的忙，从而帮这个刚独立的国家度过了财政难关。

莫里斯当时立即意识到，要解决国家的经济困境，莫过于与当时全世界最富裕的中国打交道，肯定可以大赚特赚，以敷国用。于是，他充分利用自身"亦官亦商"的特殊身份，采取集股的方式，联合纽约商界其他头面人物，投资12万美元购置了一艘商船，装载人参、皮货等在中国可以赚大钱的货物。

这是一条非常精美、工巧的木制帆船，上面配置了各种新式的航海设备，以确保这次首航的成功。

船该起个什么名字呢？

美国人以为在中国皇后拥有至尊的地位，如同西方"女士优先"一样，所以起了一个不伦不类的名字——"中国皇后"号。

不管怎样，这艘排水量才360吨的商船，却承载着莫里斯为国家解困与众多投资商发财的美梦，尤其是他们对中国的美丽幻想，于1784年（乾隆四十九年）2月22日，从纽约港扬帆起航。

为了确保这次中国之旅万无一失，莫里斯殚精竭虑，作了精心的安排。他聘任了有丰富航海经验的格林为"中国皇后"号船长，又邀请了人际关系颇佳的山茂召作为他的商务代理人。对于一个新生的国家而言，这艘仅载有40多吨货物的木帆船的出航，却成为轰动全国的大事。由于莫里斯出面，加上国家急于要拓展对华贸易从而打破英国禁运，联邦政府也就一路给予了"中国皇后"号种种方便。出发前约一个月，纽约州州长乔治·克林顿发给"中国皇后"号两份证件：一是出入港许可证，一是航海护照。几天后，大陆会议又亲自发给"中国皇后"号航海证书，证书上加盖了这个新生国家——美利坚合众国的国印。

有趣的是，美国官员们天马行空地以为"中国皇后"号必定会接触到中国各种官员以及各类重要人物，所以，在这份国家颁发的证书上，空前绝后地写上了各种头衔：君主、皇帝、国王、亲王、公爵、伯爵、勋爵、市长、议员，还有一切有名的城市与地方的法官、军官判事、监督等。

"中国皇后"号

阿弥陀佛！好在这一切都用不上，不然，够让通事伤透脑筋的了。

至于出航日期2月22日，那也是很有讲究的，用中国人的话来说，这当是"黄道吉日"——华盛顿总统的生日。

"中国皇后"号上，共有43位人员，装有人参473担，毛皮2600张，羽纱1270匹，胡椒26担，铅476担，棉花300多担。他们已摸准了商业信息，相信会大受中国市场的欢迎。

开出纽约港，横渡大西洋，绕道好望角，这回没遇上英国东印度公司，一直驶过印度洋。

其他国家的商船，对这艘新生国家的商船都还十分宽厚，没有让他们受到什么刁难。是年8月23日，"中国皇后"号到达了澳门，而后从珠江口开进。28日，终于顺利抵达了他们梦想的商业大都会——广州，在黄埔村下了锚。

而今的黄埔村，已把当日的古码头重新修复过了，想当年，这里当是一个何等繁华的古港，曾目睹有过多少各

"粤商文化"丛书

十三行：商船与战舰

国商船的到来，如英国的"麦士里菲尔德"号、法国的"菲特立特"号、瑞典的"哥德堡"号，还有这艘不期而至的"中国皇后"号……古港湾、古码头、古树、古碑，今日的黄埔村作为旅游胜地，不知引发了当年商旅后人的多少遐想。

"中国皇后"号载来的货物果然很对中国人的脾胃，很快便让十三行商人们包揽一空。而后，他们所需要的红茶、绿茶、瓷器、丝绸，还有棉布、肉桂等物资，也很顺利地采购到手了。

此行，各国对他们都很友好，清政府通过十三行这些"亦官亦商"的行商们，也表现出了极大热忱，这令他们很受鼓舞。4个月后，当年的12月28日，"中国皇后"号启程回国了。

"中国皇后"号如期返回了美国。

此行，美方一共获得了3万美元的暴利——当年这是个了不得的大数字。投资12万，而货物本身并没用几万，大多数投资都用于购置"中国皇后"号本身了，而这一固定资产，日后还可以多次往返于中美之间以获得暴利。

见有这么大的盈利，第二年，又一艘"大土耳其"号直航中国。

在这之后约40年，美国开往广州与十三行交易的船只就达1140艘，仅次于英国，平均每年有近30艘，为解决美国建国初期的经济困厄起到了重要的作用。

当年"中国皇后"号首航成功，美国国会立即便作出表示：中国贸易可能开辟一条美国财富的巨大发展道路。这不是可能，而是很快成为现实。纽约众多报纸，也发表了这次航行的长篇报告。

美国更掀起了到中国贸易的热潮，美国人的"一切谈话，都是以中国贸易为主题"。"每一个沿着海湾的村落，只要有能容5个美国人的单桅帆船，都在计划到广州去。"

1786年，即"中国皇后"号回国后的第二年，美国国会便任命山茂召为驻广州领事，且制定了许多有利于贸易的政策。很快，美国在广州贸易的地位就仅次于当时的海上霸主英国。

那时的中国，尤其是广州，在美国人眼中倒真是"金山银山"，他们的"金山梦"还不在其未开发的西部，而是在中国。关于中国商人豪爽、大度、富有的传说，不胫而走，如今在史料上，还可读到不少。

道光年间，一位年轻的美国商人福布斯来到中国，当时他才16岁，一文不名，以贩卖茶叶为生。由于他恪守诚信，一名十三行的行商收他当干儿子。8年后，他回到美国，口袋里多了50万墨西哥银圆，他用这笔钱投资到铁路上，一下子成为了横跨北美大陆的泛美大铁路的最大承建商。

另一位波士顿商人，与十三行的伍浩官合作一笔生意，因经营不善，欠了伍浩官7.2万银圆，他一直没有能力偿还之笔巨款，所以，也就一直无法返回美国。伍浩官得知，马上叫人把他的借据找出来，对这位波士顿商人说：You an I are No. lolo flen, you be long honest man, only go on chance（你是我最好的老朋友，人挺实诚，只是运气不好）。评毕，伍浩官撕掉了本票，继续说：Just now have set tee counter, all a finishee; you go（现在债务一笔勾销，你回国去吧）。

这一段话，很快便成为了外国商人中广泛流传的名言，因为这纯粹是"广式英语"，语法完全是中国化的。

这7.2万银圆在当时可是一笔巨款，"中国皇后"号需进行两次中美贸易才能挣回这么多。这一事件，令伍浩官豪爽的名声在美国流传达半个多世纪。

连美国内战中的著名将军，后来当上美国总统的格兰特，在一次环游世界归来后，有人问他此行最深刻的印象是什么？他不假思索便作出回答：是一位中国小贩与犹太人抢生意，居然能把犹太人赶跑了。

犹太人会做生意，很有耐性，这是全世界出了名的，可是他却败在一个中国小贩手上，可见中国人经商及耐性怎样的了不得。尽管中国历史上有轻商的传统，但在中国南方地区，由于海上丝绸之路的滋养，尤其是宋、明、清几朝，南方的商业文明有了长足的发展。所以，十三行商人在皇朝统制下与西方的贸易中仍能生存、发展，甚至成为世界首富。

直到今天，以南方人、主要是广东华侨形成的世界华资集团，仍是唯一可以与犹太商团相抗衡的力量。没有他们，中国改革开放的起步，就不会那么顺利。当时引进的所谓"外资"，百分之八十以上都是"华资"。

自"中国皇后"号首航中国后的半个世纪里，中国人在美国的形象，还是美好、富有而勤俭的，连格兰特总统在19世纪中叶也这么说。

第十章　独立与封锁：美国"中国皇后"号与"大土耳其"号

"粤商文化"丛书

十三行：商船与战舰

人们也不难看到，十三行之后，无论后来的买办，还是民族工商业家，都没有，也不可能超过十三行行商的财富。

说这些，还是同一个问题：十三行行商当时有多富？他们何以能如此迅速地积累起自身的财富？他们又是如何进入世界经济大循环中的？

如果连这个谜也解不开，我们如何了解他们、勾勒他们、研究他们？

其实，《广东十三行考》的作者梁嘉彬，当年就已很敏锐地指出：

研究十三行者往往泛论其对外贸易而止；余考知西洋文物之传入除由货易得来者可以毋论外，其若西洋楼台、炮台、战船诸物之建造，西洋医术之介绍（郑崇谦之传种牛痘，伍崇曜之设立眼科医院可以为证），欧美外情之采访，甚至近代银行事业之仿行，中外货币倾融兑换，莫不以十三行为其嚆矢。

这是很有见识的。尤其是后边关于近代银行业的问题。可惜，他未能深入下去。

虽然历史不可以假设，也不可以用"如果"之类的字眼，但是，历史的经验与教训，却是可以总结并以之为鉴的。

所以，我用上了"中国十三行"的字眼。

其实，十三行何止是中国的？它更是世界的，是当时世界一个流动的银行，一个最大的银行。十三行在世界的金融业，无可匹敌！

可惜的是，我们在自己的国度却找不到多少记录，如同郑和七下西洋一样，所有的航海日志都被冬烘先生付之一炬了。我们如今唯有从国外的外文资料中寻找了，可他们当时所热衷记录的，未必是行商事略，只能从中找出若干蛛丝马迹。

1620年，英国哲学家弗朗西斯·培根称，中国的三大发明改变了世界文化、战争与航海的格局。用今人的话说，是印刷术催生了文艺复兴，火药轰毁了中世纪的千年黑暗，指南针开启了大航海时代，以此类推，也许我们也可以说十三行的巨额"热钱"促成了工业革命的历史进步。

但十三行行商的悲剧所在正是，当他们以隐秘的银行家身份，投资于英国、美国，促成或推动了工业革命的历史进步时，他们的财富在自己的国家却无用武之地，除了被敲诈、勒索，甚至难以用来引进大量的先进工业技术——尽管他们也努力过，包括在现代武器装备如军舰、水雷、洋枪、洋炮之类。他们无力挽回中国社会颓败、沦落的趋势，更无法打破闭关锁国的既定国策。

而另一重的悲剧是，当十三行行商为英国的工业革命出资之际，英国却因银圆外流，竟用最不道德的手段，以鸦片来扭转银圆外流的局面。无论英国人怎么强调贸易自由的原则、把鸦片战争美化为贸易战争，也都改变不了他们当日作为殖民者的险恶用心。

美国人一直津津乐道"中国皇后"号、"大土耳其"号在海洋贸易上的满载而归，更以当年的太平洋铁路这一工业奇迹为荣。但是，在使用了伍家巨大的投资，并由中国劳工完成了这一铁路最艰苦路段的修筑，使连接美国东西两岸的大铁路贯通后不久，1882年，美国即签署了"排华法"15条，而且从1882—1913年，美国国会先后通过的排华法令竟达15条之多。

当年有记者称，这条横跨北美洲、连接大西洋与太平洋两侧的铁路，每根枕木下都呻吟着一名中国苦力的冤魂。用中方的投资，又雇用中国的劳工完成了为美国人享用的工业奇迹，却还以一个个排华法案，实为历史巨大的讽刺与悲哀。

我们当然也要反躬自问，何以落了个被动挨打的下场？

"中国皇后"号的成功引发了美国的"中国热"。大批的商船争先恐后开往中国，仅就统计而言，1784—1790年间，来华贸易的美国船只达28艘。而据杜勒斯估计，1790年的全美进口货物中，有七分之一来自中国。也就在这一热潮中，"大土耳其"号开往了中国。

《"大土耳其"号航海日志》记录了此次行程：

1785年12月3日从塞勒姆驶出。

1786年2月23日到达好望角（开普敦）。

1786年3月17日从好望角驶出，同年4月22日抵达法兰西岛（毛里求斯，又译为毛里西亚）。

7月1日从法兰西岛开出，9月抵达广州。

十三行：商船与战舰

1787年1月从广州开出，3月抵达好望角。

3月从好望角开出，5月22日抵达塞勒姆。

王睿在其《"大土耳其"号向广州——十三行与早期中美关系研究》一文中，很详尽地介绍了丙官与山茂召及"大土耳其"号大班的交往：

当"大土耳其"号开往黄埔港时，在船队前列，韦斯特惊奇地发现两艘悬挂美国国旗的船只，他让引水将"大土耳其"号领到旁边。船只靠近时，韦斯特通过小型望远镜，认出其中一艘是一年前在桌湾相遇的纽约"中国皇后"号，另一艘也是来自纽约的"希望"号。于是"大土耳其"号在旁边下碇。它是第三艘到达中国的美国商船。"大土耳其"号一落锚，"中国皇后"号和"希望"号的拜访者就坐船前来。韦斯特从他们那里了解到，新近被任命为美国驻华领事的山茂召，就是乘坐"希望"号前来的。山茂召既已到广州，又对当地关税问题了解较多，韦斯特和范斯于是决定向他请教相关问题。他们租了一条舨板，

"大土耳其"号（自摄）

沿河前进，最后在商馆区登陆。看到标志美国领事馆成立的美国国旗在一幢建筑物前飘扬时，他们感到非常高兴。山茂召欢迎他们的到来，并在租来的一间外国商馆接待"大土耳其"号的客人。他详细介绍了广州贸易的独特方式，他告诉韦斯特船长、范斯和萨皮尔，在贸易之前，他们必须指定一位行商作为"大土耳其"号的代理。山茂召推荐之前有过交往的丙官，经双方会晤，丙官同意充任"大土耳其"号代理，并推荐了一名买办，负责安排商船驻停黄埔期间的补给。"大土耳其"号还通过丙官雇请了一位通事，负责办理海关及货运事宜。

船只开舱前，必须经过丈量，缴纳"规礼和船钞"。粤海关监督会亲临这一仪式现场。韦斯特船长闻讯，立即返回黄埔，作好迎接海关监督的准备。次日早晨，"大土耳其"号的甲板已用砂石打磨干净，黄铜器皿也擦得锃亮，总之，船上的一切都焕然一新。美国国旗高高飘扬，德比公司的旗也升上主桅。船员们配发周日才能穿上的最好制服，乘务员则把点心备好。临近正午，由十名桨手划行，上面飘着不计其数的三角旗和大清国龙旗的海关监督船只沿河驶近，围行"大土耳其"号几周。步行桥放下，身着华丽丝织官袍的海关监督登上"大土耳其"号。随行的是丙官及扈从人员。

丈量完成之后，文章写到，"税费一经核算清楚，丙官就与海关监督签订了一个支付担保协定，监督开具一份'开舱'准许状，这意味着'大土耳其'号可以自由卸货了。"

同时，具体列出了丙官与之做的生意：

可以肯定的是，他卖给丙官的黑檀及其他物品价值12325美元。扣除法兰西岛包船的租金，范斯的债务以及海关的入港费用外，萨皮尔所剩无几，根本没法购买预计的茶货。因此被迫放弃"大土耳其"号从广州到波士顿的续租合约。在山茂召及同伴兰德尔的斡旋下，经过多次协调，萨皮尔最终决定向丙官赊账10039美元，其中3800美元用来支付从法兰西岛到广州的租金，5739美元还给范斯先生的借款，余下的500美元是离开法兰西岛的住宿费用。根据原来的合约，他同意支付总计3500美元的粤海关税款。在付完范斯的欠款后，他仅剩2000美元，而韦斯特船长的"大土耳其"号在广州却一分钱没花。9月26日，丙官同意"以本季丹麦与荷兰公司的价格"，为"大土耳其"号

"粤商文化"丛书

十三行：商船与战舰

置办10039美元的武夷山茶货。丙官商量，将这笔钱投在其他品种茶叶以及广州的瓷器、肉桂等商品上，丙官答应60天后的12月1日，将整批货搬上"大土耳其"号。

丙官与船长的礼尚往来，也写得颇细腻：

1786年的最后一天，最后一箱茶叶装上"大土耳其"号，木匠开始封闭底舱。

启航的各项准备工作正地进行，中桅升起，挂上风帆，帆具各部件均从岸上堤房拿到船上，妥善放在船上指定的地方，买办带来航海所需的各类物品。范斯、韦斯特与丙官的生意已经完成，准备离开夷馆。出发当天，他们去和丙官告别。丙官以常规礼仪接待了他们，饮茶环节结束后，他让仆人拿出一个大瓷碗，作为客人居留广州的纪念品，这个瓷碗绘制精美，碗心绘着满帆的"大土耳其"号，船上悬挂两面旗子，文字显示"大土耳其号在广州，1786年"。然后，韦斯特船长让通事向粤海关申请"大土耳其"号的离港执照。这份文件在货物装好后发给他们，证明所有手续都已办妥，所有税费均已缴齐。换句话说，这相当于现代海关的出入境许可证。一切手续办妥，"大土耳其"号升桅挂帆，准备返航。买办前来道别，按惯例给船长和船员带来礼物，其中包括荔枝、桔子、坛姜及其他美味佳肴。分送完毕，又转身回到舢板船上，在一根竹竿上点燃爆竹，保佑船只一帆风顺。"大土耳其"号回以炮礼，正式开航。至虎门关口，海关人员检查船牌，通关放行。经过澳门，引水下至一只等待的舢板，这是"大土耳其"号看见的最后一个天国象征，奇妙的广州、黄埔之旅已成追忆。船员们结束漫长的旅途，正式踏上返程之旅。

无疑，"大土耳其"号是满载而归了。而从上面的描述可以看出丙官的大行商气派！

就这样，我们从多个文献资料中，尽可能地把所有能考证到的有关丙官的史料找了出来。

但正如王睿在文末所说：

代理"大土耳其"号的丙官或丙观，即隆和行的杨岑龚，他在1782—1793年间担任行商。在此以前，作为最大的瓷器商之一，他曾通过广源行销售货物。前述赠给"大土耳其"号的大碗，既表现了瓷商身份，又说明绘制精美渊源有自。

这段印证了范岱克在《广州－澳门日志1762》中所述，有关杨岑龚的3次记录，均是向外商签约出售瓷器的记录。

梁嘉彬所引马士《东印度公司对华贸易编年史（1635—1834年）》卷2载1783年Se-unqua（义丰行蔡昭复）破产事云："……根据海关监督之令，Se-unqua已被迫将其最后剩下之财产荷兰馆（Dutch Factory）出卖，以缴付皇上税捐，因此，彼已被视为完全破产。新行商之一Pinqua（丙官），用一万六千六百两将其承购。"到1784年，十年赔偿期限到了，蔡昭复却无资金。监督将此情况密告皇帝，建议将其所欠荷兰东印度公司的30500两债务平摊给了谭家的Tsjoqua、文官、丙观和钊官。四人同意在4年之内分期赔付给荷兰东印度公司。1786年8月22日，Chowqua、文官、钊官和丙官签订互保声明，将义丰行破产后剩下原来供给荷兰人的商品用以抵扣欠款。1787年，北京朝廷要求广州商人分担300000两的国家预算经费。1791年，丙官负债日多，第二年就无能为力了。他虽然一度富有，但在官府勒索和外商钳制的双重重压下不堪重负，商馆终于在1792年倒闭，债务又分摊给了其他行商。

这段文字，也印证了马士的《东印度公司对华贸易编年史（1635—1834年）》中称丙官在1791年已陷入困境的记载。

虽然从这些片段中，我们也多少可以看得到杨家在十三行中曾有过的辉煌。至少，从1750—1793年这近半个世纪中，杨家经商的业绩都一直为人所称颂，否则，也就不会在他退出之后多年，仍会有"潘卢伍叶，谭左徐杨，龙凤虎豹，江淮河汉"的民谣传诵。

正是"大土耳其"号把杨家的人引出来了，他就是"大土耳其"号的保商——杨岑龚。

十三行：商船与战舰

尽管在已查到的历史材料中，这个名字的出现就那么极少的几次，难以引起关注。甚至有人认为他未必就是"八大家"中的杨家，因为行商里同姓的人太多了。直到"大土耳其"号出现，他的行商名"杨丙观"浮出水面，再回过头来查现成资料，这才发现，由于翻译的问题，每每把他错过了。

仅就马士的《东印度公司对华贸易编年史（1635—1834年）》中，搜索英文原文，我们便能发现，这位"丙观"——中方的名字，由于译成英文又再回到中文却成了"平官"，于是，眼前便豁然开朗了，虽说《编年史》正文中"平官"出现不多，可在1775—1804年来广州的东印度公司船只表上，令人难以置信的是，平官仅仅是作为英国公司的船只包商就有十多次，更不要说他主要还是美国商船的保商。

我们大致搜索了一下：

1783年，"平官"首次出现在这"船只表"上，这应是他成为行商后不久，他是英国商船"库特将军"号（755）(吨位，下同）的保商；1784年，则是"恒河"号（758）、"庞斯博恩"号（758）的保商；1785年，所任保商的有"沃伦"号、"黑斯廷"号（755）、"贝尔蒙特"号（758）；1786年，则有"斯托蒙特"号（723）、"皮戈特"号（758）、"庞斯博恩"号（758）、"皇家主教"号（720）。几年间，仅对英国商船而言，他已从一艘商船的保商，升为四艘商船的保商。

再往下看，1787年，有"多佛尔"号（700）、"瞭望塔"号（986）、"兰斯多恩"号（574）；1788年，有"博达姆"号（1021）、"休斯爵士上将"号（967）；1789年，有"诺丁汉"号（1152）、"忒提斯"号（804）、"皮特"号（775）；1790年，有"瑟洛勋爵"号（805）、"瞭望塔"号（986）、"海王星"号（809）。

然而，1791年后，"平官"的名字就再没出现了。

仅8年间，他当了20艘东印度公司商船的包商。那么，其他国家或公司的呢？目前尚未能统计，但美国的商船应是大头，他与伍家的浩官，在这一时间段内无疑是最活跃的。

这8年间，杨岑龚，即丙观或平官，在十三行中是何等的辉煌——而在8年前，如果他的财富达不到一定量级，无论如何也进入不了行商的行列。在英文的大班日记中，早在1760年前后，他已是著名的瓷器商。也就是说，他在十三行辉煌了三四十年。否则，怎么会名列"八大家"呢？

就在杨岑龚光芒四射之际,沛官(浩官,即后来被美国人评为世界首富的伍秉鉴)才刚刚跻身十三行行商之列;"八大家"中的卢家(茂官)也一样;而叶家(仁官)则在他之后约10年全身而退;谭家则在30年后的大火中隐身;左家(梁经官)甚至这个时候还不曾出现。

同是与美国人做生意,伍家做得风生水起,一直做到半个多世纪后投资建设横跨美洲大陆、连接太平洋与大西洋的太平洋铁路,资产高达2600万银圆,是当时的世界首富。

而杨家竟一下子"人间蒸发",以至于后来都几乎找不到他们留下的影踪。

两相比较,后人慨叹人事之兴替、商业之沉浮,是何等地无常。且请记住杨家,这"八大家"中殿后者曾经的辉煌。

十三行：商船与战舰

解饷炮船（王次澄等著，《大英图书馆特藏中国清代外销画精华》第六卷，广东人民出版社2011年版）

第十一章
祝寿与觊觎："狮子"号率领的船队

"粤商文化"丛书

十三行：商船与战舰

当马戛尔尼踌躇满志地率领一支庞大的船队，带上西方近百年辉煌的科学技术成果，绕过好望角，从波涛汹涌的大西洋来到一碧万顷的印度洋，再经过马六甲海峡向南中国

广州十三行局部（王次澄等著，《大英图书馆特藏中国清代外销画精华》第六卷，广东人民出版社2011年版）

海进发,好向 80 岁高龄的乾隆皇帝祝寿时,他会遭遇到什么?又会想到什么?最终又将会导致什么呢?

此时,正是潘启官周旋于官府、海关、行商以及外国商人之间,殚精竭虑要构建一个多少与近代商业接轨的商业体制之际,英国人竟已派出了一个巨大的"祝寿使团"来到中国,而且绕过了广州,直接上了北京,用他们的话说:要改变广州,必须避开广州,要在广州得到什么,必须慑服北京——"谈判地点不应是广州,而在北京"。

请注意,这是在乾隆五十八年(1793 年),这个使团历十个月的颠簸,于这一年的 6 月,终于来到了中国。不过,他们这一理念,当时并没有得到证实,却在 1840 年的鸦片战争中,成了他们所极力要做成的,并得到了巨大的成功。

破译这一段话不是那么简单,这不仅单指他们意识到中国的专制主义,是"北京说了算",也不单指广州的商业贸易已具有近代色彩,想借助北京占到更大便宜没那么容易。

先说说使团的特使马戛尔尼,他有着丰富的外交经验,

狮子洋沿海岸北上(詹姆士·奥朗奇,《中国通商图》,北京理工大学出版社 2008 年版)

"粤商文化"丛书

十三行：商船与战舰

担任过驻沙俄的公使、爱尔兰大臣、加勒比海总督、马德拉斯总督，而此时的身份更是"勋爵"。英国人以为，以传统封建帝制的等级来考量，这"勋爵"的身份自会令清朝皇帝格外重视。所以，他们没有在通常的，也是唯一的口岸广州登陆，而是直上北京，是视国家的外交使命为第一职责，解决了这一问题，广州的事就好办了。

可是他们失算了，他们种种意愿，尤其是开辟新的口岸，获得一块居留地并向北京派出真正意义上的大使——常驻使节，从一开始，就被中国插在他们船首上的"英吉利贡使"长幡，弄得模糊起来。尽管英王乔治三世致乾隆的信写得那么客气：

马戛尔尼（詹姆士·奥朗奇，《中国通商图》，北京理工大学出版社2008年版）

英王陛下践祚以后，除随时注意保障自己本土的和平安全，促进自己臣民的幸福、智慧和道德而外，并在可能范围设法促使全人类同受其惠。在这种崇高精神的指导下，英国的军事威力虽然远及世界各方，但在取得胜利之后，英王陛下对于战败的敌人也在最公平的条件下给以同享和平的幸福。除了在一切方面超越前代增进自己臣民的繁荣幸福外，陛下也曾几次派遣本国最优秀学者组织远航旅行，作地理上的发现和探讨。此种举动绝非谋求扩充本国已经足以满足一切需要的非常广大的领土，亦非谋求获取国外财富，甚至并非谋求有益本国臣民的对外商业，陛下志在研究各地的出产，向落后地方交流技术及生活福利的知识，增进整个人类世界的知识水平。陛下常常派遣船只载动物及植物种子至荒瘠地区帮助当地人民。此外，对于一切具有古老文明国家的物质和精神生活，陛下更是注意探询研究以资借镜。贵国广土众民在皇帝陛下统治下，国家兴盛，为周围各国所景仰。英国现在正与世界各国和平共处,因此英王陛下认为现在适逢其时来谋求中英两大文明帝国之间的友好往来。

可他们到了北京,参观了圆明园——恰好在60年后,这个举世闻名的"万园之园"竟毁在包括英军在内的八国联军的烧抢掠夺中——然后,上了热河的避暑山庄,见到了82高龄的乾隆皇帝,并递交了英王的书信,得到的反馈是三个月前这支祝寿使团尚未到达北京时,乾隆皇帝早已拟好的"复信":

乾隆五十八年八月己卯赐英吉利国王敕书曰:咨尔国王远在重洋,倾心向化,特遣使恭赍贲表章航海来庭,叩祝万寿,并备进方物,用将忱悃。朕披阅表文,词意肫恳,具见尔国王恭顺之诚,深为嘉纳。

至尔国王表内恳请派一尔国之人住居天朝,照管尔国买卖一节,此则与天朝体制不和,断不可行。向来西洋各国有愿来天朝当差之人,原准其来京,但既来之后,即遵用天朝服色,安置堂内,永远不准复回本国。此系天朝定制,想尔国王亦所知悉。今尔国王欲派一尔国之人住在京城,既不能若来京当差之西洋人,在京居住不归本国,又不可听其往来,常通消息,实属无益之事。且天朝所管地方至为广远,凡外藩使臣到京,驿馆供给,行止出入,俱有一定体制,从无听其自便之例。今尔国若留人在京,言语不通,服饰殊制,无地可以安置。若必似来京当差之西洋人,令其一例改易服饰,天朝亦从不肯强人以所难。设天朝欲差人常住尔国,亦岂尔国所能遵行。凡西洋诸国甚多,非止尔一国,若俱似尔国王恳请派人留京,岂能一一听许,是此事断断难行。岂能因尔国王一人之请,以致更张天朝百余年之法度。

据尔使臣以尔国贸易之事,禀请大臣转奏,皆更张定制,不便准行。向来西洋各国及尔国夷商赴天朝贸易,悉于澳门互市,历久相延,已非一日。天朝物产丰盈,无所不有,原不借外夷货物以通有无。特因天朝所产茶叶、瓷器、丝巾为西洋各国及尔国必需之物,是以加恩体恤,在澳门开设洋行,俾得日用有资,并沾余润。今尔国使臣于定例之外,多有陈乞,大乖仰体天朝加惠远人抚有四夷之道……除广东澳门地方仍准照旧交易外,所有尔使臣恳请向浙江宁波、珠山及直隶天津地方泊船贸易之处皆不可行。

"粤商文化"丛书

十三行：商船与战舰

　　又据尔使臣称，尔国买卖人要在天朝京城另立一行收贮货物发卖，仿照俄罗斯之例一切，更断不可行。京城为万方拱极之区，体制森严，法令整肃，从无外藩人等在京城开设货行之事……天朝疆界严明，从不许外藩人等稍有越境掺杂，是尔国欲在京城立行之事必不可行。

　　又据尔使臣称，欲求相近珠山地方小海岛一处，商人到彼，即在该处停歇，以便收存货物一节。尔国欲在珠山海岛地方居住，原为发卖货物而起，今珠山地方既无洋行又无通事，尔国船只已不在彼停泊。尔要此海岛地方亦属无用。天朝尺土俱归版籍，疆址森然……且天朝亦无此体制，此事尤不便准行。

　　又据称，拨给附近广东省城小地方一处居住尔国夷商，或准令澳门居住之人出入自便一节。向来西洋各国夷商居住澳门贸易，画定住址地界，不得逾越尺寸。其赴洋行发货夷商亦不得擅入省城，原以杜民夷之争论，立中外之大防……核之事宜，自应仍照定例，在澳门居住，方为妥善。

　　皇帝早已事先拒绝了他们的一切要求。

　　紧接着，他们便接到通知，4天之后，即10月7日，使团务必离开北京，以至马戛尔尼的随身男仆安德逊感叹道："我们进北京时像乞丐，居留北京时像罪犯，离开北京时像小偷。"

　　就这样，这支庞大的使团，竟从陆路长途跋涉，经梅关古道进入广州，以得到皇帝召见后的身份，去压服广州的地方官员来接待，这样，一路上可以蒙受"皇恩浩荡"，轿子也有得坐了，要知道，曾经广州的外商坐轿可是惹起了不小的风波，现在可不一样，这是得到皇上"恩准"了的。

　　法国作家阿兰·佩雷菲特在《停滞的帝国》中，写到了这个使团在十三行受到的礼遇，倒是很逼真，我们不妨复述部分：

广州（1793年12月19—23日）

　　12月19日早晨，使团上了皇家平底大船顺着珠江南下。两个半小时后，英国人在

乾隆皇帝与小斯当东

一个名叫河南的小岛下船。在那里，为他们准备了一所公馆。总督长麟、巡抚郭世勋，海关总监苏楞额及本地的主要官员，身着朝服，站在铺有地毯的平台后面迎接。随后，所有人走进一间大厅，里面有两行排成半圆形的扶手椅。马戛尔尼就是这样绘声绘色地描写那次隆重欢迎的。两个世纪之后，"贵客"代表团在中国受到的接待仍然同这一模一样。

别这么性急，英国绅士！您忘了一个准备仪式，而小斯当东却在日记中把它透露给我们了："我们在一个帐篷下通过，来到一间陈设漂亮的大厅。大厅深处有一御座。我们在那里受到Suntoo（按：即"总督"的注音字）及其他大官的欢迎。他们对着御座行三跪九叩礼，感谢皇帝赐予他们一次舒适而又顺利的旅行。我们

第十一章　祝寿与觊觎："狮子"号率领的船队

"粤商文化"丛书

十三行：商船与战舰

模仿他们也行了礼。"

疑问又产生了。因为当时在场人之一，海关总督苏楞额在1816年断言，他看见过勋爵在广州叩头。那么，模仿什么呢？托马斯没有指明。久而久之，英国人会不会屈从于天朝的习俗？还是继续满足于"英国式的叩头"——行单腿下跪一次的礼节？这里省几个字却给后来人添了麻烦。

为了拒绝向皇帝行叩头礼，马戛尔尼经过了那么多的周折。现在马戛尔尼会同意对空御座叩头，那是不可思议的。可是英国人又再次面临不利的处境：集体仪式。最大的可能是他们跟着做，就像在热河，他们在人群中第一次见到皇帝时那样。可能他们是单腿下跪，略微低头致意，但是随着天朝的节拍，三长三短。这是"得体的礼节"，也是马戛尔尼和皇帝都不愿意接受而又接受了的一种折衷做法。

"仪式后，我们和中国官吏退到一间又大又漂亮的大厅里"。马戛尔尼直接把我们引到这间大厅，而对那段如此难走的弯路却只字不提。

中国官员们在英国人对面坐下。谈话进行了一小时，谈的主要是旅途见闻和"狮子"号抵达广州的事。总督让这艘英国船进入黄埔港，这是对军舰少有的照顾。

接着是看戏。"一个颇有名气的戏班特意从南京赶来。"主人准备了"丰盛的中国饭"，还为客人备了礼品。总督"主持了仪式"。他对英国人给以"最高待遇"。这使广州的中国人为之瞠目，因为他们从未见过外国人受到这般尊重。从此，他们便不能再怀疑皇帝的政府对使团的重视了"。特别是我们无法怀疑马戛尔尼也在设法使自己相信这一事实。因为，晚上小斯当东在他那可怕的小本本上又记上了"我们每人都按身份坐下。总督请我们喝茶和奶。寒暄几句后，他起身，在几个大官的陪同下，把我们带到他让人为我们准备的一栋房子里，更确切地说，是一座宫殿里。他呆了几分钟，然后所有的人都走了"。

"茶和奶"，"寒暄几句"，"几分钟"。多亏了托马斯，我们才知道是在他们的新住地，在总督及其副手们未出席的情况下请他们吃饭："总督给我们送来一席丰盛的中国式晚餐"，接着是演戏："他让人在我们住所的一个院子里搭了个舞台，在台上整天不断地演中国戏为我们解闷"。

使团的住所是一座中国式的宫殿，由若干个大庭院组成，有几个楼按欧洲风格布置里面有玻璃窗和壁炉。即使是在热带，12月份生上火，马戛尔尼也感到舒适。还有池塘、花坛、对比明显的树木以及花丛。

恰好在住所的对面，河的对岸，就是英国代理商行。马戛尔尼一行本来是可以住在那里的：它比所有中国馆舍都舒服，但是"中国人的原则决不能让特使与商人住在同一栋房子里。在这一点上，只好入乡随俗了"。

晚上，终于只剩下了英国人。男孩不无宽慰地在日记中写道："晚上，我们共进英式晚餐。代理商行送来了我们想要的一切"。吃了6个月的中国饭菜，烤牛肉和羊肉里脊的滋味使他们重新回到"家，甜蜜的家"。

第二天大清早，勋爵推开窗户：舞台正对着他的卧室，戏已经开演了。演员接到命令，只要使团住着，他们就得连续演下去。马戛尔尼十分恼火。他设法免除了戏班的这份差使。演员被辞退。巴罗报告说："我们的中国陪同对此十分惊讶。他们的结论是英国人不喜欢高雅的戏剧"。

马戛尔尼不无幽默地设想，如果为了给一位天朝特使解闷，英国的宫廷大臣召来考文特花园剧团的明星为他演出，这位特使在伦敦会有何反响呢？肯定他很快就会感到厌倦。这是一个进步：马戛尔尼开始同意文化的相对的了。

小斯当东说第二场戏不像第一场戏是总督赐的，而是海关监督安排的。但孩子并没有因此而受到感动："监督不在位已有两个月，但他已表现得比前任更贪婪。他毫无理由地向一名中国商人勒索20万元。尽管皇帝有旨，他还企图对我们的商船征税"。准是马戛尔尼和他的副手流露过他们的苦衷，结果让机灵的托马斯听出了说话的意思。这件事使使团的最后希望也化作了泡影。

巴罗说得更明确："'印度斯坦'号因携带过礼品而免征税；然而公行的商人已交纳了3万两银子的税款。他们要求海关监督归还这些银两，但他只交出1.1万两，说原来就交了这点钱。从中可以看出，进入皇帝国库的税收只是很少的一部分"。这件事本身就说明了问题：3万两银子中有1.9万两由他人征收，对国库来说，就这一笔税就损失了三分之二。

就这样，坚持事实的东印度公司的专员们使马戛尔尼渐渐失去了信心。当提及"中国官吏敢于敲诈勒索"时，巴罗援引其中一个说的话，乾隆本人也不否认会有这种意想

第十一章　祝寿与觊觎："狮子"号率领的船队

"粤商文化"丛书

十三行：商船与战舰

不到的训人话。"你们来这里干吗？我们把你们国内不产的珍贵茶叶给了你们，而你们却把我们毫不需要的你们厂里的产品来作交换。你们还不满足吗？既然你们不喜欢我们的习俗，为什么你们又老来我国？我们又没有请你们来！而你们来了如果你们循规蹈矩，我们还是礼相待。请尊重我们的殷勤好客，别指望改造我们"。这就是中国的声音！这也许是自古至今一个民族在感到自身受到威胁时发出的激烈言论。

12月21日托马斯的日记："西班牙与荷兰的专员今天早晨来拜会勋爵。晚上，乔大人派来一批杂技演员。他们也是专程从南京赶来的。他们的演出十分惊险。"……

从欧洲来看，广州是"中国的门户"，是一个整体。英国人发现这个整体是复杂的。广州离海的距离并不比巴黎到塞纳河的距离来得近。称它为"中国的门户"，那是对已经穿越了几道大门的人而说的。

首先要经过澳门。由于河道多暗礁，船只绕道那里很危险；要出高价聘请领航员和开货物通行单。接着要绕过虎门，这是一个由两个要塞防卫的海峡。还要借助先后三次涨潮通过浅滩上的三个危险的"沙洲"。这之后，才能抵达黄埔岛。欧洲的船不能超过这个海岛。这是刁难吗？不是。我们遇到的一名法国人说："中国的大帆船可以逆流而上直至广州，而欧洲的船吃水太深"。最后，从黄埔到广州，要征收通行税三次。每处都对小艇要仔细检查一番，然后方能到达代理行。

英国、法国、荷兰、西班牙和瑞典的代理行都集中在河的北岸，从旗杆顶上悬挂的旗帜可以辨认。英国代理行前是一排上面有顶棚的长廊，亦称游廊（'veranda）。这个词来自印地文。所有的代理行都只有一层，但很宽敞且陈设典雅：英国的风格。

在这些代理行的四周形成了一个占地很大的中国市场：主要是店铺和手工作坊（作者按：这便是十三行及其所在的西关）。

在《停滞的帝国》的74章，法国作家阿兰·佩雷菲特对十三行作了更细致的描写，以至他们认为"广州已不再完全是中国了"。这个结论当然不准确，但也可看出广州当时相对的开放程度，这也说明早在18世纪，广州在中国作为"唯一口岸"的意义，以及当时的历史风貌。

"12月22日。今天我们摆渡到对岸的英国代理行去,这条河要比泰晤士河宽得多,代理行的建筑确实非常漂亮。我们逛了附近几家大店铺。令我惊讶的是商店的名字,甚至他们所卖商品的名字都用罗马字写在每家店铺的门上。更令我惊讶的是:大部分商人都能用英语交谈。他们的英语还相当不错。我们看到一家很大的瓷器店,品种之多不亚于任何一家英国瓷器店。街道很窄,两旁商店林立,没有住家,很像威尼斯的梅斯利亚区。"

……今天在那里仍然可以看到许许多多用罗马字写的招牌;在那里,常常可以听到人们说英语。这些现实已有很长的历史了。

"12月24日。我们再次过河。在众多的店铺中,我们参观了一间画室和一家泥人店。我们在画室观赏了几幅画着船的油画。这些油画或运用英国手法、或运用中国手法绘制。我们还欣赏了几幅极美的玻璃画。在泥人店里,我们看到许多用粘土捏成的泥人儿。它们像大玩具洋娃娃,脸上着色,身穿衣裳。有人告诉我们,在衣服里面,泥人儿的身体像它们的脸和手一样逼真。"孩子除了手和脸就看不到别的了:中国的廉耻禁止赤身裸体,即使是玩具娃娃也不例外。我们还发现"在英国见到过的,头能转动的瓷娃娃"。

托马斯和家庭教师一路闲逛。这位先生也给我们留下了他对广州这个"集市"的印象:"他们把所有在欧洲制造的产品模仿到了以假乱真的程度,从各种家具、工具、银餐具等器皿直至箱包。所有这些仿制品的工艺与英国制造的一样好,而价格要便宜得多。"在欧洲市场上出现过仿造中国的假古物,现在轮到中国来仿造欧洲的新产品了。

这一仿造工业大有发展前途:只要看看今天的广州,如离夫子庙不远的自由市场就行了。"中国裁缝简直可与伦敦的相媲美,但价格要低一半。"由于许多丝、棉织品在原地生产,因此"没有一个地方穿衣服能比广州更便宜了"。现在价格没有变;但想穿英国的面料和裁剪式样的衣服,那么最好到香港去买。

"在广州,浆洗内衣的技术非常好,而且比欧洲任何一个首都的洗染店的价格都便宜。"中国洗染店已经有了使他们日后征服加利福尼亚的名声了。"只要不受骗上当,总是有好生意可做的。"因为"中国人认为对洋人不老实是机灵的表现。"这讨厌的中国人把诈骗提高到一门艺术的位置:"很少有欧洲人没有遭受过这方面的教训。"可以猜想赫

第十一章 祝寿与觊觎:"狮子"号率领的船队

"粤商文化"丛书

十三行:商船与战舰

脱南并不属于那些"幸运的少数人"(happy few)之列。

另一个有关语言的信息:当时就有人说一种英—葡语混杂起来的洋泾浜语。赫脱南听到一个中国人不客气地回答说:You no savey english talkey(你不会英国语)。多灵的听觉!德国家庭教师的面目被揭穿了。

由刘半农翻译,马戛尔尼著的《1793乾隆英使觐见记》、斯当东的《出使中国记》以及前边提到的《停滞的中国》中,不仅写到了十三行行商旖旎的园林风光,也直接写到了与十三行商人的交往。

而这个时期内,最出色的行商仍是潘启官,尽管当时的商总由蔡世文担任。笔者以为,这应是历史上对十三行商人一次最形象也最有意味的直观描述,尽管英国人多少有点隔靴搔痒、不得要领的味道,但亦不失为一个从不同的角度且相当客观的"留影"。

不仅我们今天对十三行商人仍有某种神秘感,就是当时的英国人,也是一样的。在《停滞的中国》中有专门的一章写了广州商人。尽管是200多年前的所见所闻,尤其是那时候的若干观念,到了今天仍让我们为之深思——毕竟,传统中国的"无商不奸"仍影响至深,而不是把诚信视为商业交往中的第一资本!漫天要价、落地还钱的劣习未改。这里亦不妨节录上几段。

正当巴罗寻欢作乐、小斯当东参观兼有中西色彩的小手工作坊时,斯当东和马戛尔尼却在设法了解他们的大老板——公行的一些大名鼎鼎的商人。他们都是些什么人呢?

……1793年,中央帝国已经实行同样的体制:在天朝的官僚体制严密监视下,由少数几个人负责与夷商的贸易。在修道院也一样,内院应与外界联系:这个工作由专门的修士负责。在广州,则由公行的行商负责。

还是这些与外国人交往的贸易经纪人,在19世纪被称为买办,这词来自葡萄牙语的"买主"一词。国民党时代,这个买办集团在中国起着极其重要的作用。蒋介石夫人的娘家——宋氏家族在与国际资本家的交往中发了财。……

马戛尔尼会见了这些商人。"我与潘启官交谈过,他是那些最有权势的行商之一,为人奸诈、狡猾。章官，论权力不如他大，但比他有钱。他更年轻，也更坦率。"至少当章官声称"已完全作好准备与代理行发展商务来往"时，马戛尔尼是这样评价的。在潘启官的问题上，勋爵似乎陷入了我们的瑞士见证人夏尔·德·贡斯当所批评的天真幼稚的状态。

这些人都属于受人歧视的商人阶层，却都有官衔。英国人对此感到惊诧。奇怪的是潘启官在行商的地位最高，"却只有一个不透明的白顶珠，而章官却有水晶顶珠，这说明后者的官衔比前者高"。那是因为潘启官很谨慎。章官也很谨慎：他衣袋里还有一颗蓝顶珠——它当然更神气，但有危险。"他肯定地告诉我，他绝对不会在公开场合戴它，怕那些官要缠着要他送礼"。还是不要炫耀自己"用一万两银子"买来的这种荣誉为好。

再说这些商人的顶子并"不给他们带来任何权力"。严格地说，这些官衔的标志不是卖的，而是在北京一些有影响的要人因为收了商人的礼物"觉得不好意思而把顶子作为荣誉称号授予他们的。"

马戛尔尼所了解的情况与当时在广州的法国人和瑞士人的描写以及传教士们在日记中所反映的现实有出入。正当伏尔泰称道通过考试选拔官吏的好处时，贪官与富商之间就像黑手党那样有着一种真正的勾结关系。获得最多的行业——盐业和外贸——常常是出租的，盐政和海关官员要经常受到勒索并交付赎金。在地方行政机构供职的官员绝大多数是汉人。但在公行的人员配备上——也就是说在对外关系方面，因为战略上太重要——一般都安排的是满洲人、蒙古人或是入了旗的汉人，有时甚至是皇亲国戚。

那些靠了血统或靠了墨水上去的特权人物到了任期满了的时候，也要给大臣送礼以便连任或提升；他们同时也是让他们腰包里装满银两的商人的玩具……捐官、买顶珠翎子、渎职以及前资本主义经济阶段的其它特征与马克思·韦伯所称的世袭主义完全吻合：公私不分。"属于大家的东西都是我的"。

在同行商交谈时，马戛尔尼估计，东印度公司竭力想在中国的中部和北部开设商埠是非常正确的："公行的商人们从未去过首都，对于北京就像对威斯敏斯特一样，知之甚少。只有用强制手段或出于强烈的利害动机才能使他们离开故乡。"

公行的业务范围不超过南京，它把从欧洲买来的大量商品往那里发送，再从那里购进大批运往欧洲的货物。事实上，"南京是最大的商业中心"；"左右中国市场的人"都

第十一章　祝寿与觊觎："狮子"号率领的船队

"粤商文化"丛书

十三行：商船与战舰

云集在那里。马戛尔尼希望在舟山和宁波开设商埠是有道理的，它们可以打开南京的大门。现在，他猜到为什么获准在那里开设商埠如此困难的原因。因为，这不仅与惯例相左，而且还会对广州的商人和官吏构成威胁：他们是唯一与西方贸易有利害关系的中国人。他们给南方提供一个有限的出口市场，而不供应北方。

因此，广州的公行不但不能发展贸易，而且只能限制贸易。此外，它依赖一群官吏而生存。没有各级官吏的同意，它决不敢主动做任何事。……

马戛尔尼推测，如果在中国有一个政治上强大、经济上有影响的商人阶级，那么中英间的困难将会少得多。

不管马戛尔尼对"南方不知北方"这一阐解如何有歧误，甚至牛头不对马嘴，对中国政治的理解又如何隔靴搔痒、词不及义，可毕竟提供了一个参照，一个至今仍可以使用的参照。

见过了十三行商人，也享受过了十三行商人的"行宫"——在河南的庭院后，英国人亦很迫切地想了解，作为南方的大都会广州，与曾见到过的北方的皇城北京之间，究竟有着怎样的差距？

针对广州当局关于开放的许诺，马戛尔尼得出了一个"广州，一座半开放的城市"之结论。

不过，他对许诺（针对他所提出的开放要求相应产生的告示：不要多次征税；英船可直驶黄埔港；英人可买地扩大代理行；雇工不需要特别准许等等）所作的判断是：

就实质而言，那只是些"连篇空话"。第一个告示规定了粗暴对待或榨取夷人钱财者所要服的刑，它是针对一些"卖白酒给水手的小人物的"。第二个告示是针对向欧洲人敲诈勒索的官吏的。应该指出的是，这两个告示丝毫没有改变以往的习惯，对备忘录不作任何回答。

使团继续在严密监视下生活。丁维提在岸边散步，看到一种据他说是鲜为人知的蓝色植物。他俯身去拾，此时不知从哪儿窜出一个军人，威胁着不让他捡。"类似的遭遇发生过好几次"。

马戛尔尼在日记中写道，东印度公司的先生们被圈在广州城外的代理行里不能进城。因此，能跑遍这个大城市是很自豪的；欧洲人虽然对其知之不多，但一提起它就像谈起一座熟悉的城市一样。"我很好奇，想看看这座城市。我从它的一端穿到另一端。大家说它有一百万居民；看到到处是人，也许这并不言过其实。"

人们"都很忙碌"：他们忙于"制作缎子鞋""编织草帽""鼻梁上架着眼镜锻造金属"。"街道很窄，都是石板路面。在街上既看不到二轮马车，除了我的仆人骑之外，也看不到马"。广州只是个大市场。而从军事观点来看："城墙完好"，但"没有一门炮"。

永远是那位说大实话的圣约翰——小斯当东——告诉我们，好奇心并非是这次参观的唯一理由："1月7日。今晨，我们乘船到城门口。下船后就坐上轿，穿过市区来到总督府。我们到时，一名仆人请我们不必进去了。我们立即转身离开。中国的礼仪就是这样"。

马戛尔尼一言不发就回去了；他十分恼怒，但在日记中对中国这样离奇的礼仪只字未提。

马戛尔尼发现，在广州英国人和中国人之间的关系十分奇怪。是否告示一实施，一切都能解决了呢？在它们颁布后，一些外国人仍然遭到小的敲诈勒索。当然，肇事者受到了惩罚。但马戛尔尼并不认为这是个解决办法。"有些更多的事取决于我们，它们比那些告示和惩罚更能保护我们。"

第一件要做的事，就是欧洲人要坚定地团结一致，而不是互相敌对，从而使那些滥用职权或不正派的官吏不能巧取豪夺。这就是工联主义，尽管这词还没有出现。他们在广州的一位见证人，夏尔·德·贡斯当在英国使团到达前数月，在他的日记中已经注意到这一点："所有了解中国的人，都将同意这个观点：这个懦弱的民族在坚定与强硬的态度前总是动摇让步的。商人们都同意，住在广州的欧洲人只要团结和一致要求，就足以使他们免受过去一直受到的欺侮。"

但是，欧洲人要靠自己作出努力，改善与当地居民的关系。勋爵指出："欧洲人躲着广州人。"他们只局限于与"那些在代理行工作的人有来往"。他们穿与"中国式样尽可能不同的衣服"。"他们对中国的语言一窍不通；他们甚至不想学汉语"，尽管小斯当东的例子证明可以在几个月内取得进步："他学说与写已有很长一段时间了。多亏了这样，他能很自如地说写。他常常对我们有很大的帮助"。

结果是：欧洲人任凭中国仆人随意摆布，后者又听不懂人家对他们说的那种莫名其妙

第十一章 祝寿与觊觎："狮子"号率领的船队

"粤商文化"丛书
十三行：商船与战舰

的话。"一个身穿长袍、头戴软帽的中国人，来到伦敦商业区做买卖，而又不会说英文，大家能想象吗？与广州人对待欧洲人相比，他们不会受到伦敦人的欢迎，就像现在欧洲人不受广东人的欢迎一样"。

英国人可以"任意按他们的意旨来左右中国的贸易，就象他们在别处所做的那样，如果他们表现得有分寸，处处谨慎行事，尤其重要的是，要有耐心和不屈不挠的精神"。不懂中文，只能维持一种不好的关系。

不该把错误都归在欧洲人身上。因为规章制度禁止中国人给外国人教授中文。联系都要通过学过英语的中国翻译，虽然他们是东印度公司的雇员，但仍然处于皇帝权力的控制之下。所有想不顾这些规定的努力都没有成功。这是11月20日的备忘录里提出的要求之一；很自然，它是不会得到答复的。

还有两个月！马戛尔尼认为还可以再试试同中国人对话。但自12月22日始，没有进行过一次认真的谈话。那么传达诏书呢？它没有成为一次会谈的机会，倒使他想起那次预示他归国的阴森的仪式。那些告示呢？那是答非所问。到总督府的拜访呢？那简直是一种凌辱。再也没有什么可企盼的了。

马戛尔尼决定在下逐客令前就到澳门去。但他善于辞令，知道怎么说话："因为不想过多打扰中国人，又怕总督以为特使对他在中国的逗留不满意"，他以健康状况不佳为托词。

当局抓住了机会。"一致同意"把返程的日期定在第二天，1月8日。在起锚前，马戛尔尼作了最后尝试：他邀请总督于翌日晨来英国人馆舍共进早餐。他想借此机会，把东印度公司的专员介绍给巡抚和海关总监。总督接受了邀请，但毫不掩饰他的惊讶：这些商人难道有那么重要吗？马戛尔尼尽量向他解释英国商人与其他国家商人间的巨大差异，但无济于事："中国人永远不会明白这一点的。"

赫脱南说：他们不能懂得这一点，首先是因为"最小的芝麻绿豆官都自视在最富有的商人之上"。更何况这些都是受人辱骂、挨人石块和遭人打得只能躲藏在代理行的商人。

英国商人在广州的名声很坏，因而勋爵要使中国人理解他们的优越地位就更为困难了。赫脱南作为一名地道的德国人开心地指出了这种矛盾："在中国商人受到歧视，然而，他们的身份在欧洲所有的文明国家都受到尊重……英国商人感到双倍的痛苦"，因为他们"在本国备受尊重"，但他们在中国却被视为"西洋诸国中较为强悍的人"。

当然，赫脱南夸大了商业在"欧洲文明国家"享有的尊敬：敌视经商和商人的偏见在法国、意大利、西班牙、葡萄牙，甚至在德国的一大部分地区都相当普遍；它们与在中国盛行的那种偏见并无多大区别。但他的观察很正确，他用了"最残忍的人"这个我们在皇帝笔下常用过的说法。安特卡斯托骑士的一句话说得再明确不过了："中国人发现，这个胆大妄为的国家希望独霸同亚洲的贸易"，它"增加远航中国的船只，而这些船随时都可改造成军舰"。

对于英国人，"商人"一词本身就代表他们的智慧，他们是文明的先锋。中国人对此是不能理解的。当商人不是英国人时，马戛尔尼与中国人一样也蔑视他们。这倒也不假。

作为"士农工商"之末的中国商人，包括富甲天下的潘启官、伍浩官这些十三行商人，与被视为高高站在宝塔尖上的英国商人，的确是无法比较的。这是清王朝的痼疾之一。

一切都结束了，这也包括使团向清政府提出的七项具体要求也全部遭到拒绝：

（一）开放宁波、舟山、天津、广州为贸易口岸；（二）允许英国商人仿照俄国在北京设一行栈，以收贮发卖货物；（三）允许英商在舟山附近一岛屿存货及居住；（四）允许选择广州城附近一地方作英商居留地，并允许澳门英商自由出入广东；（五）允许英国商船出入广州与澳门水道，并能减免货物课税；（六）允许广东及其他贸易港公布税率，不得随意乱收杂费；（七）允许英国教士到中国传教。

然而，他们也并不是一无所获。

马戛尔尼归国时，预言道："如果中国禁止英国人贸易或给他们造成重大的损失，那么只需几艘三桅战舰就能摧毁其海岸舰队，并制止他们从海南岛至北直隶湾的航运。"可以说，他沿途已进行了军事的刺探，并非口出狂言。

不管英国人进攻与否，"中华帝国只是一艘破败不堪的旧船，只是幸运地有了几位谨慎的船长才使它在近150年期间没有沉没。它那巨大的躯壳使周围的邻国见了害怕"。假如来了个无能之辈掌舵，那船上的纪律与安全就都完了。船"将不会立刻沉没。它将

第十一章　祝寿与觊觎："狮子"号率领的船队

"粤商文化"丛书

十三行：商船与战舰

像一个残骸那样到处漂流，然后在海岸上撞得粉碎"。但"它将永远不能修复"。

颇有讽刺意味的是，马戛尔尼到来之日，正是所谓的"康乾盛世"的顶峰。在马戛尔尼觐见乾隆皇帝前后，这位自命为盛世之君的乾隆爷，还举行了两次"千叟宴"，一次是乾隆五十年（1785年），于乾宁宫，一次便是乾隆六十年（1795年）于宁寿宫与皇极殿。"千叟宴"摆了五六百桌，全是山珍海味、名酒佳肴。应邀赴宴的花甲老人5000多名，其中更有逾百岁的老翁，他们入席与皇帝共宴，皇帝更赐酒赐诗，高潮迭起。其时，乾隆爷也84岁高龄了，仍老当益壮，神采奕奕。

无疑，于帝国而言，这是展示其盛世的一幕，意义非常重大。然而，其揭示的却应是另一重意义。

就在这"盛世"之际，马夏尔尼的祝寿船队路过珠江口，按法国作家阿兰·佩雷菲特于1989年出版的研究著作《停滞的帝国》一书所记载的，却是另一番景象：

……"狮子"号通过两个守卫"虎门"的要塞。马戛尔尼估计后说："防御很薄弱。大多数开口处没有炮，在少数几处有炮的地方，最大的炮的直径只有6英寸。"只要涨潮和顺风，任何一艘军舰"可以毫无困难地从相距约一英里的两个要塞中通过"。

……只要说明一点就足以使这条用牛羊的肠膜吹大的龙泄了气。与"狮子"号交叉而过的武装船上装满了士兵。但并没有鸣礼炮。原因就不言而喻了：炮孔里没有炮。这些炮孔都是在船舷上画的逼真画。这难道不是中国本身的形象吗？马戛尔尼思忖。"破败不堪的旧军舰，它只能靠着庞大的躯壳使人敬畏了……"

……巴瑞托上尉（由马戛尔尼派遣）乘"豺狼"号察看了地处澳门和香港之间的岛屿。他的报告指出，伶仃和香港适合殖民。……1842年，英国确定把香港变为殖民地。勋爵的另一个预言也将实现：守卫虎门的两个要塞在鸦片战争中将被"六门舷侧炮"摧毁。

20多年之后，即1816年，英国又再度派出一个使团，由另一个勋爵阿美士德所率领，他们曾偷偷到了宝安的区域，返回英国后即向政府递交了一份报告称：从各方面来看，无论出口入口，香港水陆环绕的地形，都是世界上无与伦比的良港。

可是，该怎么获得这一良港呢？

一场世界历史上最龌龊、最卑劣的贸易战由此开始了。那便是鸦片贸易。

从1813年，即阿美士德使团到中国前三年，至1833年，即鸦片战争爆发前七年，中国的茶叶出口只增加了一番，可进口到中国的鸦片却翻了四番。

马克思已敏感地意识到这一问题的严重性，他在《鸦片贸易史》一文中认为，1834年，"在鸦片贸易史上，标志着一个时代"，这翻了四番的鸦片，发生了质的变化，成为对中国的一次不宣而战的秘密战争：

中国人在道义上抵制的直接后果是英国人腐蚀中国当局、海关职员和一般官员，浸透了天朝的整个官僚体系和破坏了宗法制度支柱的营私舞弊行为，同鸦片烟箱一起从停泊在黄埔的英国趸船上偷偷运进了天朝。

他在这篇文章中还指出，"在1837年，（英）就已将价值2500万美元的39000箱鸦片顺利地偷运入中国。"

如此巨大的鸦片偷运，上上下下，从政府官员到一般百姓，会造成怎样可怕的后果？连英国水手也觉得，中国各城市的鸦片馆就像英国的杜松子酒店那么普遍，各阶层"上至骄奢淫逸的官吏，下至干苦力的，经常不顾禁令出没于鸦片馆"。一个国家，如果全吸鸦片成瘾，会衰弱成什么样子？

这是一场不见血却吸尽人骨髓的最为卑鄙的战争，最终公开成为一场血腥的战争！

乾隆五十九年（1794年）三月，马戛尔尼使团终于离开澳门，朝着伶仃岛与香港岛驶去，而后经南中国海归国。波涛中的香港岛忽隐忽现，马戛尔尼已摸准了行情——那里，将是英国的囊中之物！

不过，乾隆皇帝的上谕却是这么说的：

第十一章　祝寿与觊觎："狮子"号率领的船队

"粤商文化"丛书

十三行：商船与战舰

贡使于十二月初七风顺放洋回国。因奉有恩旨，允许再来进贡，其欢欣感激之忱，形于词色，益加恭谨。仰见我皇上抚驭外夷，德威远播，凡国在重洋及岛，无不效悃献琛。现在该使臣等启程回国之时，即预为下届贡忱之计，似此倾心向化，实为从古所未有。

而英国方面则认为：

新近派往中国的使团，向一个对英国人几乎一无所知的民族出色地显示了英国的尊严，为未来奠定了获取巨大利益的基础，也为那位设计并执行了这一计划的政治家的才智增添了光彩。

东方与西方两个不同的国家，用两种截然不同的语言对这一事件结局作了不同的评价。但历史则很快会以无情的事实证明，英国是如何"为未来奠定了获取巨大利益的基础"的。

如前所述，20年之后，嘉庆二十一年（1816年），英国派出阿美士德到了中国，同马戛尔尼一样，没在广东停留，未等清廷同意，就直上天津。

他们到了北京后，便向清朝政府提出，给予英国贸易的特殊利益：英大班有与中国商人贸易来往的自由；中国官员不得随意侵犯"夷馆"，"夷馆"人员可雇用中国仆役，禁止中国官吏对英国商人轻蔑傲慢无礼的举动；清政府允许英国派员进驻北京。嘉庆皇帝本想要召见他，按例要他行三跪九叩的拜见礼节，阿美士德非常傲慢，回答说："我生平只对上帝和女人下跪，可惜当时中国当朝的不是女人。"并托病以不能行动为由拒绝入宫参见中国皇帝。嘉庆皇帝下旨，立即将阿美士德驱逐出境。

据史料记载，当时皇上午夜突然要接见，阿美士德借口疲劳，衣冠不整，时间又太晚等，包括拒绝"三跪九叩"，不去觐见，一下子龙颜大怒，这等未开化的夷人，岂可对天朝上国无礼?!

于是，皇帝找了个借口，下了诏书：

朕传旨开殿，召见来使。和世泰初次奏称不能快走，俟至门时再请。二次奏称正使病泄，少缓片刻。三次奏称正使病倒，不能进见；即谕以正使回寓赏医调治，令副使进见。四次奏称副使俱病，俟正使痊愈后，一同进见。中国为天下共主，岂有如此侮慢倨傲，甘心忍受之理。是以降旨逐其使臣回国，不治重罪。

这一章，最后引证了一个事实，自18世纪末到19世纪初，英国向中国输入的鸦片成倍地增长。他们似乎在"外交"上遭到了挫折，可在鸦片贸易上却获得了巨大的成功。

蚝壳船（王次澄等著，《大英图书馆特藏中国清代外销画精华》第六卷，广东人民出版社2011年版）

第十二章
"希望"号之失望：铩羽而归的沙俄

"粤商文化"丛书

十三行：商船与战舰

广州西炮台税馆地区（王次澄等著，《大英图书馆特藏中国清代外销画精华》第六卷，广东人民出版社2011年版）

1803年8月7日，经过近20天的等待后，喀琅施塔得港终于迎来风平浪静，船长克鲁森什坦恩率领"希望"号与"涅瓦"号启碇开航，开始了俄国历史上的首次环球航行。

在西方，16世纪初期航海探险家麦哲伦为葡萄牙等西欧国家的全球征服开辟了新的航线；15世纪初的中国明朝为追逐朝贡贸易而开展"金钱外交"，郑和率船队七下西洋后取而代之的是中国国门的渐行关闭。

在葡萄牙人之后，荷兰、英国、法国，乃至瑞典等国，都在十七八世纪叩开了中国的大门。

然而，俄国的远航姗姗来迟，19世纪初期的东西方已经发生了很大的变化，沐浴在康乾之治余威下的清政府做着"天朝上国"的美梦，西方列强对全球市场的掠夺正如火如荼，已经迟到过一次的俄国人这次不愿置身事外，"希望"号与"涅瓦"号的首航昭示着俄国新兴资产阶级觊觎他国财富的勃勃野心，中国广州是船队停靠最重要的一站。

历史上的俄国濒临大西洋、太平洋和北冰洋，但直至19世纪初，俄国的远洋技术也并未发展起来，这大概与其拥有众多的陆地接壤的邻居有关。对外贸易的渴望并非始自俄国资本主义的兴起阶段，约1000年前，生活在西伯利亚高原上的古老民族便在"瓦良格到希腊之路"上展开了与北欧和拜占庭的商业往来。此后的数个世纪里，基辅罗斯各公国"与其南方的诸文明中心——拜占庭、亚美尼亚、格鲁吉亚和伊斯兰世界进行着繁荣的贸易"。拜占庭帝国的解体导致了商路发生转移，15世纪的莫斯科逐渐成为了对外贸易中心，中国商品最初通过中亚人的中转源源不断输入莫斯科、大不里士和诺夫哥罗德，贸易的繁荣使得16世纪的中俄商人开始直接交易，据说，1557年伊凡四世出征的战袍就是用中国黄缎缝制的。

对于多数中国人来说，对俄国古代史的了解是从俄国历史上最杰出的皇帝——彼得大帝开始的，他曾与中国的康熙皇帝一同被马克思褒奖为18世纪的两个伟大帝王，其评价之高可见一斑。但与康熙皇帝不同的是，彼得一世不只是一个顺乎潮流的君主，更是一位站在时代前列的人，他的远见卓识将俄国由欧洲的穷乡僻壤变成了世界强国。他在内政外交上实施了大量的西方化和现代化的政策，许多措施或远或近的都对中俄外交史产生直接或间接的影响，比如重商主义政策、拓展海权、西面作战与东面罢兵等策略。尤其要提及的是他采用法国人柯尔培尔制订的重商主义政策，笃信政府应该控制国家经济命脉，自由贸易、私商投机必须得以控制或杜绝。在《尼布楚条约》签订前，俄国曾经三次派遣使华团，这些使华团全都"兼携方物贸易"，虽获利颇丰，但次数有限，反观私人商队规模和数量却逐年扩大。到1697年，俄国输华商品总价值超过24万卢布，对华贸易额已相当于俄国商队在整个中亚地区的贸易额。高额利润的流失使得沙皇政府非常眼红，官派商队的组织工作势在必行。于是，1689年《中俄尼布楚条约》除了初步划定中俄两国北部边界外，第五条还规定了双方的通商事宜。双方商人凭政府颁发的路条进行贸易，开始了中俄间的正式

第十二章 "希望"号之失望：铩羽而归的沙俄

"粤商文化"丛书

十三行：商船与战舰

贸易往来，在越发重视对华贸易的基础上，1698年俄国政府又发布了《关于对华贸易的一般规定》，这个规定的目的在于使沙皇政府垄断中俄贸易的所有财富，因此，国家每两年派一支商队前往北京来替代私商交易。1719年，俄国商务委员在给赴华的伊兹马伊洛夫使团的训令中所提到"俄国人在任何时候均可自由携带差役、资财、货物进入中国沿海和内河各口岸，不得阻止，而且人数也不受任何限制"便不足为奇了。

与俄国的迫不及待相反的是清政府的不紧不慢，甚至逐渐冷淡的姿态。1728年中俄签订了《恰克图条约》，规定俄国来华经商人数不得超过200人，每三年来北京一次，免除关税；同时在两国边界处的尼布楚、楚鲁海图和恰克图设互市。两年后，清政府在恰克图新城派理藩院司员驻守，建立中俄互市。1755年（乾隆二十年）更是宣布停止了俄方前往北京贸易的特权，规定中俄贸易统一于恰克图办理。最初的几十年里，恰克图的贸易并不景气，这与沙皇政府的国家垄断商队政策有着极大关系。直至1762年，俄国女皇叶卡捷琳娜二世允许私商经营贸易，恰克图贸易才得以逐渐繁荣。恰图克互市对于俄国对华贸易来说是唯一合法的场地，并为其带来巨额利润，所以是至关重要的。然而，北地通商根本无法满足沙俄的胃口，尤其到18世纪后期，欧洲和北美的皮货经海路源源不断输入广州，使得过去的恰图克市场惯常以"彼以皮来，我以茶往"的交易方式受到极大的挑战，加之清地方政府以中俄间纠纷和矛盾为由而频繁罢市，沙皇俄国迫切的寻求对华全境贸易，至少也应有权利与广州进行正常贸易。

沙俄政府渴望与中国建立更广泛的商贸关系，绝不是想想而已。自17世纪后半期，沙俄前后三次往中国派遣使华团，都是以与中国商讨"双方互相来往并自由贸易，并通过贸易各自得到盈余和利益"为主要目的的。此时，沙俄对中国的了解可能大多只是依靠彼得·戈杜诺夫所编写的《中国及远方印度通报》，这是一本问答体书面报告，被询问者多是曾与俄国商人交易过的中亚人，他们间接地为沙俄提供了中国的一些情况，但并不具体，因此沙俄需要通过派遣使团深入中国腹地直观地观察中国。与其他所有外邦觐见清朝皇帝一样，包括跪拜之礼在内的所有中国国礼都不可避免，不出意外，使团并没有实现沙皇的期望，仅仅了解到"中国都城有很多外国人：法兰西人、波兰人、西班牙人、意大利人。他们各自信仰自己的宗教，他们的教堂用石头建成，式样各不相同。他们的画像画在木板上，有主宰一切的上帝的神像，有圣洁的圣母的神像，有约翰先知和天神的神像。还有十二名圣徒的神像，只有神像上没有题词"。彼得大帝亲政后三年即往中国派遣了一支人数庞大的使团,这是17世纪沙皇政府派往中国的最后一支使团。与首次率团出使的巴伊科夫不同,米列库斯身为外交官,通晓拉丁文,具有较高文化素养,他身负"请求允许两国商人自由往来于双方国境"和"尽力探明一条可通往俄国的较近路线,特别是水路(经由大海或江河)"的重任。他对中国的了解成就了《中国漫记》一书,其中对广东的描述十分吸引人:这里人口众多、规模庞大,物产丰富,四季温暖,建筑精美,河网密布,可直接驶入大船,广州城商人众多,云集了大量的货物,商人简直富不可言……沙俄上至贵族,下至普通商人对此充满向往。

1719年,俄国商务委员会在给赴华的伊兹马伊洛夫使团的训令中提到,要力争使"俄国人在任何时候均可自由携带差役、资财、货物进入中国沿海和内河各口岸,不得阻止,而且人数也不受任何限制"。六年后,再次对拉古津斯基使团重申"……有必要查明……荷兰人、英国人、法国人和葡萄牙人将何种货物运进中国沿海口岸,又将何种货物从中国运往本国;尚须查明广州城市情况,因为广州和中国其他所有城市相比是最便于通商的,对俄罗斯尤为方便,因为可随时经水路来往于北京和广州。因此急需查明此条水路的运费如何"。拉古津斯基向国内回复"据我所知,迄今为止,除葡萄牙人外,别的欧洲商人都禁止前去北京;而准予在其沿海口岸经商的也只限于那些早已同他们订有通商条约的国家的商民;至于是否准许俄罗斯人到其沿海口岸去,对此,我不仅要通过别人去打听,而且如果中国人不加禁止,我也可派专人去实地看看,并将其所见所闻详细的记载下来"。回复中声称曾向清廷提出请求,需要知道广州与外国商船的贸易情况,俄国至少应与其他欧洲国家来华频率一致。清廷不以为然,俄罗斯并不像其他欧洲国家那样遥远,且与中国在恰图克已经建立互市,自然不能再增加广州贸易了。

令俄国人沮丧的是,国内的远洋航海技术确实不够先进,清廷的拒绝令其顿感无力,短期内他们只能想方设法增加从恰图克至广州贸易间的商品转运来尽力弥补。与此同时,荷兰、瑞典、英国、法国、美国等大力发展海上事业,通过在东南亚、南亚等诸岛链建立殖民据点而获得了向广州"伸手"的便利,这个"顽固的内向型"国家终于被打开了一扇窗,在一个多世纪里为这些新兴的资本主义国家发展近代工业提供了财富源泉。不仅如此,18世纪后期,自从英国人将毛皮在广州卖出高价后,法国人和美国人紧随其后大肆搜集毛皮输入中国。无疑,广州口岸的毛皮交易必然影响北方小城恰图克的毛皮市场,俄国人通过领域扩张掠夺的或者从美洲输入的毛皮,由于运费高昂造成在价格上无法与英美抗衡,

第十二章 "希望"号之失望:铩羽而归的沙俄

"粤商文化"丛书

十三行：商船与战舰

市场日益萎缩。如果说18世纪早期俄国人渴望广州市场主要还是基于资本的原始扩张的话，那么到18世纪中后期，俄国人生活的压力则迫使其必须探索新的海上通道才能在世界市场中拥有一席之地。

自彼得大帝时期，俄国便频繁的向南部与北部扩张，至18世纪末期，已在阿拉斯加及北美洲太平洋沿岸设立了一系列殖民堡垒和贸易站，俄国商人从这些地区获取毛皮和海狗，格利戈利·伊凡诺维奇·舍列霍夫便是其中一员，他以其远见卓识与进取心被誉为"俄罗斯的哥伦布"。商人们希望能对北太平洋丰富的海狸、海狗、海獭等毛皮资源享受独占权，纷纷创办贸易公司。这种竞争的结果，不仅导致阿留申群岛等岛屿的毛皮资源的巨大浪费，而且不利于对殖民地进行统一管理，更无法应对欧洲国家对该地区的渗透。舍列霍夫瞅准时机，在美洲海岸和岛屿积极实施殖民计划，除了经营公司，还修建了防御工事以及兴办俄国学校。舍列霍夫的殖民活动得到了莫斯科的关注与肯定。1795年舍列霍夫逝世，但他在阿拉斯加沿岸的殖民事业并未终止，为了向政府争取远东及美洲地区的渔猎专营垄断权，舍列霍夫的遗孀致函商务大臣索伊莫诺夫，宣布在舍列霍夫和果里科夫创办的美洲商业公司的基础上成立新的俄罗斯美洲公司，请求给予公司优惠条件，包括与中国广州、澳门、巴达维亚、菲律宾等地的贸易权。在沙皇保罗一世的庇护下，俄美公司成为一个类似英国东印度公司那样的半官方的拥有商业、军事和占领特权的垄断组织，包揽了美洲、远东商业拓展和殖民事务。

另一位必须提到的关键人物是伊·弗·克鲁森什坦恩，事实上，"希望"号与"涅瓦"号的环球航行方案便来自于克鲁森什坦恩。他是俄国新生代的海军人才，1793年被派往英国学习航海技术，并在不列颠舰队服役达六年之久。就在这几年中，他参加过英法两国间的大海战，也曾经跟随英国商船去过非洲和美洲、西印度群岛、东印度、广州和澳门，不仅有着丰富的航海经验，而且对到过的国家在地理、人文、经济等方面有着直观的观察与研究，更独特的经历在于，他曾从马六甲搭乘便船潜入广州，住了整整一年，考察了南中国海的航行条件及广州毛皮市场的贸易情况，对当年粤海关的各种规章制度熟悉于心。克鲁森什坦恩是一位有心人，回到俄国后，他便向俄海军部呈递了组织环球航行的方案，包括两个目的：一方面希望以此改善俄国舰队的现状，为俄国舰队提供富有经验、训练有素的水手队伍；另一方面涉及俄属美洲殖民地的贸易问题，提议建立俄国船只通往北美殖民地的正常航班。根据尼·符·杜米特拉什科在《涅瓦号环球航行记》中所介绍，最初，克鲁森什坦恩的这个方案并未得到商务部批准。不过，后来当沙皇亚历山大一世时代著名的国务活动家尼古拉·彼得诺维奇·鲁缅采夫提出关于经海陆运送赴日使团以及向北美殖民地运输货物的方案时，另一位重要的国务活动家、海军上将尼古拉·谢苗诺维奇·莫尔德维诺夫注意到了克鲁森什坦恩的建议，这个建议同鲁缅采夫的设想和俄美公司的利益刚好吻合，他便支持了这一创举。

1802年8月7日，亚历山大一世核准了俄美公司所提请的关于派遣俄国环球考察船只，并尝试建立贸易关系的呈请。克鲁森什坦恩被任命为考察队队长，海军大尉里相斯基为助手。

1803年2月，鲁缅采夫奏请亚历山大一世，向北京派代表就广州开放对俄贸易一事开展谈判：据臣在工作中所了解的俄美公司贸易情况，结合俄对华贸易总的情况，臣以为，无论该公司怎样加强其活动，也难抵恰克图毛皮商品价格的冲击。若俄国人自己不去开辟通往广州之路，英国人和美国人从诺特加巽他岛和沙洛塔群岛搞到毛皮直接去广州，总能（以后也将）在毛皮贸易中取得优势。鉴于广州贸易能带来巨大的利润，臣有责任向陛下建议，可否以向北美洲派出船只为借口向北京派员请求中国港口在必要的情况下给予友好帮助，并提出像所有欧洲人那样在广州进行互易。看来，中国不会拒绝俄国这个大邻国的互易请求，尤其是如果暗示中国政府，大量毛皮输入广州，中国人会得到巨大的利益。

1803年3月，鲁缅采夫再次向沙皇提交报告，陈述对华、对日贸易于俄属美洲发展的重要性，建议派船环球旅行，向日本派使团以建立贸易联系，向中国派出使团推动在广州贸易一事，亚历山大一世批示"照此办理"。

俄美公司缺乏能够承担环球航行任务的船只，因此，里相斯基奉命前往英国购买环球航行的船舶。里相斯基在伦敦购置了"希望"号和"涅瓦"号两艘船，花了17000英镑，后由于对船进行改造而多花了5000英镑。"希望"号已下水3年多，而"涅瓦"号下水仅仅15个月。"涅瓦"号排水量为350吨"希望"号为450吨，船员多为自愿并对探险充满向往的俄国水手，只有"希望"号上有着身份为自然科学家、天文学家的外国人，另外还有艺术院的画家随行。克鲁森什坦恩被委任为探险队队长，亲自指挥"希望"号，助手里相斯基也具有丰富的航行和海战经验，直接指挥"涅瓦"号，身负与日本港口长崎或者北海道建立正常商业贸易往来使命的俄国驻日公使尼·彼·列扎诺夫以及上述的学者和艺术家皆随船"希望"号。两艘船舶中，"希望"号因为承担外交公干，花费便由俄国政府支

第十二章 "希望"号之失望：铩羽而归的沙俄

"粤商文化"丛书

十三行：商船与战舰

出；另一艘的花费则由俄美公司和鲁缅采夫承担。

大西洋面的旅行基本是顺利的，虽然克鲁森什坦恩与列扎诺夫在领导权上发生了争执，航行途中两艘船分分合合，多次失去联系，但是"希望"号与"涅瓦"号还是依照原定计划绕过南美洲，抵达夏威夷后便分开行动了。"希望"号在勘察与卸货后，护送列扎诺夫大使前往日本，随后重返勘察加，转载毛皮，运送到广州出售。"涅瓦"号则前往科迪亚克岛，装载毛皮运往广州。最后，两船在广州碰面后重返俄国。

作为环球科考的任务来说，此次首航成绩斐然。绘图学、天文学、水文学、动植物学等学者分别绘制了沿途地图和天文点，收集了大量颇具价值的动植物、人文标本，并精确完成了对海流和海水的观测以及系统的天文观测任务。然而，两艘船的日本与中国之行却是风波迭起，最后铩羽而归。

"希望"号出使日本失败后便携带着少量毛皮存货于1805年11月21日到达澳门，12月3日"涅瓦"号满载皮货与其回合，打算共同进入黄埔港。这中间的10余天时间，为避免缴纳船钞、货税和规银，"希望"号以载货量为由向澳门同知衙门报称为"巡船"，打算等到"涅瓦"号到来后，货物作价足可以抵消上述税银，则立即改称为"货船"，要求进入虎门水道。12月8日，"涅瓦"号到黄埔后面临粤海关官员是否准许卸货和放行的问题。克鲁森什坦恩私入广州面见老朋友英国散商比尔，托其介绍保商。比尔也拿着经纪费，竭力奔走。

"资格最老的商人怕和我们打交道，他们并非不晓得俄国与中国毗邻，并有某种商业来往。他们是深知本国政府脾性的，预料俄国人初次来广，势必引起麻烦，不能不望而生畏。比尔虽多方设法到老牌行商中为我们物色可信的商人，唯事与愿违，迄无成效。他们谁都不愿承办创新之事。最后，他只好放弃原来的打算，借助自己私人的信用，才说动新行商骆官敢来承保我们这两条船。"

最终，新晋行商西成行黎颜裕情愿冒险，同意与俄美公司商务代表谢梅林进行贸易谈判。黎颜裕用7000西班牙币向延丰行贿后，被同意卸货移送至西城行仓库，并拆解皮件，分类点验。如前所述，在广州皮货市场繁荣的前提下，俄船运送而来的货物无法卖得高价，几经周旋，只得以中等价格与西成行完成交易。俄方用皮货交易的赚银又购置了瓷器、茶叶、丝绸、南京棉布等。

正值俄船装货之际,两广总督那彦成指示"应俟朱批到日,方准放行",并以"营弁临船弹压",俄船骚乱。唯今之计,克鲁森什坦恩只得求助英国东印度公司驻广州大班德拉蒙德。后者为此事专门成立了"特选委员会"。两人本来写了一封措辞严厉的信函要行商呈递给总督,但没有行商敢接这个委托,包括公行数一数二的行商潘启官和卢茂官。俄方威胁行商,如果不帮助呈递信件,则将寻机自行呈递官府,行商无奈应允。后经广利行卢茂官指出,该信语欠恭顺,碍难代禀。几经修改妥协,俄方呈递信件内容如下:"本国地处极北,若遇此时风吼,遂致阻滞一年,叩求早赐红牌,放关开行。如开行之后奉到大皇帝谕旨,交英吉利国留粤大班代寄回国,钦遵办理。"

海关总督阿克当阿接信后数日未曾表态,俄商只得再次寻求德拉蒙德的帮助,后者邀集众商,商议对策。总商潘启官不得已率众商叩求海关监督。两广总督吴熊光、广东巡抚孙玉庭和海关监督阿克当阿筹商后,认为"该商等远赴重洋贸易,货物业经起卸,海洋风信靡常,若俟奉到谕旨方准开放,设致船只阻隔经年,既非体恤远夷之道,并恐该国阻其贸易,心生疑畏,亦多未便。臣孙玉庭、阿克当阿再四筹商,不敢拘泥等待,拟准其开船回国……此后准其贸易与否应俟奉到谕旨,钦遵办理。"

两天后,海关监督发放出港执照,正式准予放行。在这一次风波里,延丰碑革职查办,海关监督阿克当阿、巡抚孙玉庭、两广总督吴熊光均被"交部议处"。北京的态度显示了其反对沙俄接触广州的强硬立场,直至鸦片战争爆发后也未有放松。俄美公司联合英国东印度公司,利用行商的两难境地,频频对其施压,行商艰难辗转可见一斑。俄船"希望"号与"涅瓦"号的到来在黄埔港上掀起的这阵风波,直抵北京,可叹的是,清廷大员、海疆大臣均无从知晓"路臣"国系何方神圣,任由英俄牵着鼻子走,留下了又一桩外交笑话。

粤海关监督不知"路臣究系何国",自是情有可原,因为那是粤音转译的国名,因此军机处对延丰所称译出的夷禀表示怀疑:广东省向无俄罗斯通事之人,凭何译出其夷禀? 延丰在嘉庆十一年(1806年)正月四日军机处的传询中实话实说"我因其国名向未经见,不知道究系何国,当经询问洋商,据洋商等查禀,转据英吉利国之人审听该商言语,知系路臣国即俄罗斯,从前并未到过……惟念俄罗斯向在恰克图贸易,因何来至澳门,复令洋商转饬英吉利国之人译出该商船夷禀。"

此次俄船来广贸易事件成为"清朝官员后来筹办'夷务'时一再援引的案例"。1814年10月,又有一艘俄国商船来到澳门,"载有槟榔五千石,欲进广拨换茶叶等货",澳葡判

第十二章 "希望"号之失望:铩羽而归的沙俄

"粤商文化"丛书

十三行：商船与战舰

事官眉额才报请准其"驶进黄埔贸易"。登州同知彭兆麟、两广总督蒋攸铦、署澳门同知官德、香山知县马德滋一干人等均以"嘉庆十年"的圣谕为瞻，生怕失误。

广东官员对此案圣谕的遵守直到1853年也未稍有变通，尽管此时清帝国在欧美各国的强大压力下已经开放数个口岸并部分失去关税自主权和领事裁判权。1853年6月18日，后来签订《中俄天津条约》的俄方代表普提雅廷从香港前往广州，两广总督那彦成对其已经盛气凌人却不失应有礼节的公函答复曰：鉴于中俄两国在北方进行旱路贸易，他无权将俄国商船放行进中国港口，更谈何军用船只。

"希望"号与"涅瓦"号仓皇返行，意味着北方沙俄一时的退却。但是，俄国对海上贸易权的争夺变本加厉，明的不行，则广托外国船只来华贸易。

桨艇（王次澄等著，《大英图书馆特藏中国清代外销画精华》第六卷，广东人民出版社2011年版）

第十三章
西方的"治外法权":"海王星"号之诡异

"粤商文化"丛书

十三行：商船与战舰

十三行江景

"海王星"号是英国东印度公司来华的一艘商船的名字。

1807年2月24日，这艘商船上的一群水手在广州与中国人发生了冲突，结果一名中国人死于某位英国水手的棍棒之下，由此引发了一场外交危机。这一危机，除直接导致广利洋行即十三行"八大家"排第二的卢家倒闭外，更重要的是标志着西方的"治外法权"最早的楔入。

在伦敦皇家亚洲学会的讲演大厅里，曾经挂有一幅《审讯"海王星"号水手图》。这幅图讲述的是一段十三行的历史，或者说，是其间一个重大的历史事件。图上展示的场景，

在洋行会馆审讯海盗

此前在中国是前所未有的。这是西方人第一次被允许正式出席中国公堂的画面，也是有西方水手第一次被提上中国公堂进行审讯的记录。

1790年前后，卢观恒开设广利洋行。广利行的行址在广州源昌街，西面是经官行，南面是粤海关货仓，东面隔一街巷与怡和行相邻。据历史学者曾昭璇、曾新、曾宪珊考证："普安街，清代卢观恒的广利行，长133米，宽3米"，而伍秉鉴的"怡和行，长198米，宽4米"，广利行是十三行最大的行馆之一，生意如日中天，十三行家族排列中，广利行排在潘家后面，形成其乾隆嘉庆年间的潘、卢、伍、叶四大家族。

乾隆五十二年（1787年），英国东印度公司与卢观恒签署了大额的棉花与茶叶交易。加上与时任十三行行首的万和行蔡世文（文官）私交甚笃，卢观恒很快获得海关签发的行商执照，开设了广利行，入主"官商"，人称茂官。同时获海关签发的行商执照的有六家，其中包括如日东升的伍、叶两家。成为行商后的广利行生意更为红火。与最大的贸易伙伴英国东印度公司大班商定的份额，广利行居然每每得到大头。

及至1808年，卢观恒与怡和行的伍秉鉴一起，共同担任十三行的首席行商。同时让英国货运公司大为紧张的是，行商们已然成为自己最大的竞争对手，往往能够以更早、更快的方式进货，交易中也常有出人意料的表现，但毕竟在中国的土地上，大家心里都有自己的小算盘。

第十三章　西方的"治外法权"："海王星"号之诡异

"粤商文化"丛书

十三行：商船与战舰

西方商人也多次提到卢观恒的富有。国外甚至动用了商业暗探，1812—1813年报告说："茂官（广利行）和沛官成为英公司最大的交易对手。"十三行在广州活跃的年间，乾隆突患重病，喝了洋御医罗德配的红葡萄酒，很快让心跳恢复了正常。他认为喝葡萄酒"如同婴儿吸入人乳"，每当洋船入港，他就询问有否葡萄酒，要火速运京，而葡萄酒，也成了卢观恒和洋商贸易的大头。研究中外贸易史的著名美国学者马士则宣称：1811年，中国十大行商中，有7家靠借债度日，只有卢观恒、伍敦元、潘长耀有偿付能力，这说明卢观恒资金何等雄厚，后备力又何等强大。

所以，压垮广利行的，并不是生意上的失着，也非天灾，而是一位外国水手。

原来，外国水手在十三行的地面上酗酒斗殴、滋事惹祸也不是一两天的事了。更何况欧洲打仗，敌对国双方水手相见，便如寇仇，就得大打出手。清廷也懒得理，你们的事你们自己解决。可这回不同了，死的却是大清皇朝的臣民。

这是嘉庆十二年（1807年）正月，英国东印度公司"海王星"号水手在广州度假，酒喝多了，与中国老百姓发生冲突。他们冲进街道，烧毁关卡木栅，打伤阻止他们的中国人，以至让一位叫廖亚登的年轻人死亡。

这条船的保商，正是卢观恒。

结果认定叫希恩的水手嫌疑最大，7月1日，南海知县照会澳葡理事官："谕行商卢观恒亲自前往澳门，着令该大班将夷犯即日交出，解省审办。"

只要人不死，上下打点，也就可以摆平了，可人一死，钱就难以摆平了。为了把伤人的水手元凶找出来，广州官府在十三行的英国商馆大厅，一个个传讯当日参与斗殴的英国水手。

中方当然很重视，代表官方的有：海关监督、广州知府、澳门同知、南海与番禺的县知事；行商则有：潘启官、卢茂官（观恒）、伍浩官与昆水官——此时，叶仁官已经全身而退，不再是四大行商的一员。

英方则有：皇家海军战舰"狮子"号舰长、3名英国公司大班，以及翻译斯当东。

英方船长罗而斯提出，为了表示对法官的敬意，要派一队红制服的英国海军守卫在两旁。行商觉得这有挑衅的意味，婉言拒绝了。但审了几天，没一位水手承认参与斗殴。

马士的《编年史》上，还详细记录了几位水手的回答，那位叫希恩的水手，不承认带有棍棒，但带有一个烟斗，于是，便抓住了。

因为是卢观恒保船上的水手出的事，卢观恒的银子的用处也就有限，他已经先行被关到了牢房里，少不了受到皮肉之苦。他只好出招，让行里发告示，悬赏两万捉拿凶手，这才最后对簿公堂。

审完后，希恩被关在商馆内，第二天，"海王星"号被允许恢复上货，另51名水手可以上船。

直到将近半个月之后，才有了判决：罚希恩12.42两银子。相当于4英磅。

当时，英方紧张万分，因为中国的惯例是一命抵一命，才不管你是不是外国人呢。结果如此不了了之，让他们大大地松了一口气。当然，判的是意外误伤。

然而，对于卢观恒而言，却没那么轻松，不仅负担保责任，自己还得坐牢。官方唯行商是问，每个部门他都得去求情、打点……这回，各个部门都有足够的借口敲诈他了。洋人的不法，每每都成为官府勒索行商的借口，而且，你如今算是十三行中的老二了，岂能不多出点血？更何况这次事件涉及到了一条人命，他们更是狮子大开口了。

最后事情是怎么摆平的，那位希恩为何羁押了近半个月才一罚了之，这半个月中经过了多少求告、讨价还价都不得而知。后人只知道，卢观恒想学1804年叶仁官的法子，交一大笔钱，全身而退，而经过这番曲折，退出的"赎金"显然是交不出了，只能硬着头皮撑下去。却也没撑得了几年，1812年他终于倒下了——死了，总不要退出的"赎金"了吧！

都说这件事耗尽了他的财富。

如今，四大行商只余二位了。任你再富有，顷刻间也一样灰飞烟灭。在官府与洋人之间，行商永远是如履薄冰。

"海王星"号事件，人们首先关注的是，外国人第一次进入中国的法庭，有人认为，这是西方的"治外法权"最早的尝试，但也是暗箱操作的范例，所以，表面的条理与背后的运作，同样都扑朔迷离，连中国人也未必看得明白，外国人更是如坠五里云雾。

200多年过去了，回顾这一事件，就算不一目了然，但仍然可以读出不少东西。

就当时的国际法而言，居住在所有基督教国家的任何一个外国人，都同样受所在国法

第十三章　西方的"治外法权"："海王星"号之诡异

"粤商文化"丛书

十三行：商船与战舰

律的制约，这是当时西方所公认的。难道说，只因为中国是非基督教国家，就制约不了在本国土地上为非作歹的外国人么？而所谓的治外法权，显然是建立在不平等的基础上。

在此案之前，即1784年，英国"休斯夫人"号因鸣放礼炮，导致两名中国人伤重致死。那时清廷还坚持"以命抵命"，不管是有意杀人还是过失杀人，最后逼得英国人把肇事炮手交出，实行了绞刑。

应该说，前后20来年，鸦片大规模的进入，使两个案件的处理发生了重大转变。

"海王星"号事件是群殴致死，与放礼炮过失杀人显然不一样，但结果则令人扼腕。

我们试回顾一下该事件，先看看英国人是怎么记述的，再从美国人的角度——当时美英矛盾并未平复——看看有何不同，最后再看看结果究竟说明了什么。

在马士的《东印度公司对华贸易编年史（1635—1834年）》中，英国人是这么记录的：

1807年2月24日，广州发生了一件本地中国人与"海王星"号前来度假的人之间的严重纷争，因为其结果，据说有一名中国人丧命。前一天，"伊利侯爵"号的几个水手，被诱骗到艇内，财物被抢去，衣服被剥光后投到河里或者放在岸上，可能是被酒灌醉的；船上出纳员经过一番困难将几名从河里救起，而有一个则失踪了，再也没有见到。翌日，各船出来度假的人大为愤怒；而那些从"海王星"号来的人则与市民打了几次架，水手持棍进攻，市民则以砖头和石块投掷赶走他们；晚上，码头上一个用来做关卡的木棚被火烧毁，第二天早上（25日）发现一名海关官吏受伤。"海王星"号保商茂官立刻进行干预，并认为他有理由希望：最近的事件不会发生任何坏的后果，因为已答应送礼物给这位海关官吏，并负担他的医药费，他已答应息事宁人。

码头上，整天聚集大群愤怒的中国人，但由于海关官吏编造了一个有利的报告，所以焚烧关卡已获宽恕。于是在27日早上，"海王星"号船长布坎南前来访问剌佛主席，并通知一个不愉快的消息，一名和"海王星"号船员及其他人等殴斗负伤的中国人，已于24日至25日之间死去，死者大概是差不多整个星期三（24日）都留在码头上的那位重伤者。……茂官非常惊异，并表示他害怕此事已扩大到无法用钱财来解决，纵然政府官吏以受贿著称，亦难存一点希望。

两天来（27日和28日）都在争执此事——当局要求交出那个打死人的罪犯；委员会则说这是混斗，双方互斗的人数众多，无法指出哪一位比其他人的罪更大。无论如何，委员会显然要表示积极活动并作一些必要的调查；但通知茂官，假如将"海王星"号水手带到广州，他们的审讯必须在公司商馆进行，同时不能将被告提走，除非首先已确定证明他有罪。而且，"他也必须知道，假如企图将他们用武力夺走，一定会产生更严重的后果，因为它是一件绝难容忍的举动。"

其时（28日）委员会授权他们的三位指挥，其中一位就是"海王星"号的船长布坎南，审讯"海王星"号的水手，假如他们无法找出凶手，最低限度也可以查明哪些人与聚殴有关。同时，当局在城内审讯与该船有关的中国人，如通事、仆役等等；另外，海关监督发布命令，一份下令公司各船全部停止装运，另一份下令禁止水手前来广州。翌日（3月1日），南海县下令要保商和英国头目将凶手交出来审讯。2日晚上，茂官的帐房来访剌佛，告知他的东家被南海县扣押，除非等到欧洲人已交出来受审，不准保释。

他的儿子报告说（3日），虽然受到粗暴的对待，并仍被软禁起来；另一位同事指出，南海县一定是受了某些上级的示意而决定采取这种行动的。

2月24日，是阴历十八日，第二船队的八艘商船顺着大潮驶至二道滩下游，以便完成各船的装载，这是由于委员会和各船通讯缓慢的结果，但在3月3日晚上，委员会收到船长的审讯报告，其最后的结果是：没有足够的证据可以判明任何个人，是犯了谋杀这样严重的罪行。

尽管如此，"海王星"号有7名水手，被指出是"在暴乱中最活跃的"。召集行商会议，向委员会指出：在这种不幸的情况下，无法解救茂官，只有将那个曾经动手致命一击的人交出，或者将那天在广州的全部人员带来受审。

同时，他们又说，茂官现在已被严酷的对待，而且，除非将那个人或各个人交出受审，他们恐怕明天会把他解到总督衙门，可以预见将会受到肉体上的责罚。

换句话说，就是拷打。翌日（4日），茂官由两位官员陪同到公所与委员会商谈；但经过长时间的会谈，两方无法取得一致的意见。委员会提出一个有些重要的叙述——在2月

"粤商文化"丛书

十三行：商船与战舰

24日，当时码头上有几位其他的英国和美国的船员，或多或少参加了这次事件。

因此事情仍然要推到下一个月。11日，有一种不祥之兆，可能会将船长布坎南逮捕作为交出罪犯的抵押。14日委员会宣布：可以明确地告诉官员，他永远不会将任何一个未经证明有罪的不列颠臣民送去受如此可怕的审讯，或任何中国方式的审讯，除非官员承认在欧洲人的商馆内进行是适当的，假如他们要进行一个中国式的审讯，他们只能使用武力。

茂官再次被软禁起来，但显然经受着很多精神上与金钱上的压迫，在这样的重压之下，他于3月16日悬赏，无论何人具有充分证据足以确定真凶者，即奖赏20000元。可以说悬赏是没有人得到的；但茂官坚信会成功，所以他立下字据，保证十天内交出凶手。21日，按察使进行干预，并下令保商和外国头目立即将那个击伤廖亚登（Leau A-ting）致死的外国凶手交出。22日，委员会向海关监督提出备忘录，恳求恢复装运，除"海王星"号以外，中国人早已准备答应，假如委员会肯出具字据，担保在凶手未被发现之前，"海王星"号不会开走。在以后的几天中，和军民府及代表海关监督的官吏会谈过几次，其中有两位为了此事到公司商馆来；商谈结果，于3月28日命令船长布坎南，将2月24日在广州度假期的52名船上水手带来，以便中国法官在公司商馆进行审讯。这些水手于29日晚到达广州。31日，审讯的全部准备工作已经完成，将在旧公司商馆楼下举行；但临时，官员送来口讯说，由于翻译问题有困难，由主席审讯他自己的人，将更为方便，如找出凶手，然后将其解交法官审判。于是有几天又和第一次参与此事的广州府在公所会谈，另外还有几位其他官吏陪同前来；后来，即4月8日，在旧商馆对52名水手举行第一次审判。审判官共7位，他们坐在大厅首席的桌子后面，在中国人的上位，即官员的左边坐着四位行商，前面也没有桌子；在中国人的下位，坐了舰长罗尔斯、剌佛、帕特尔、布拉姆斯顿和斯当东爵士，前面也没有桌子。有两名穿红制服的海军，持着有刺刀的长枪守卫，维持秩序。这52名水手准每批5人一起，受广州府审问，他一定觉得非常后悔，无法使用中国通常的逼供办法。52名水手的誓证都是同一性质的——他们完全否认曾经殴打过任何中国人；他们差不多全都否认持有棍棒，只有几个人承认有小藤条；他们全部否认曾冲出去殴斗；多数人说，当殴斗时，他们已经饮醉，有些还醉得不醒人事，只有几个人是稍为清醒的。

翌日，只有三位官员到来，两位知县和两位法官缺席，而以军民府主持。他向11名水手面询，昨天经船长布坎南指明，他的水手中，他们是时常爱吵闹的几个。他们受到异常缜密的盘问，但只有希恩（Edward Sheen）的证言需要录出：

问：你打过几个中国人？

答：我没有打过一个人。

问：你的棍棒在什么地方？

答：我只有一个烟斗。

问：有没有中国人打你？

答：有，有一个人，用石头打中我。

问：当时你是在什么地方？

答：就我所能记忆的，是在商馆外面约3码或4码的地方。

问：你有没有看见西泽打了一个中国人？

答：不，我没有看见有人打过一个中国人。

问：当时一定是你打过死者的吧？

答：不，这不是我。

问：西泽说是你打的？

答：不是，我没有打过中国人；他不能这样说，我诅咒他。

于是舰长罗尔斯出来干预，声明西泽没有说过这样的话；该官员答称，他只不过设法要从见证人逼出真相。

对于这种行为罗尔斯舰长说，假如他们期望会得到真实回答的话，他们一定要讲真话，他表示对运用这种不名誉和不正当的方法来获取所希望的证据，是非常憎恨的。

希恩受到进一步的查问，但他的整个审讯和上述的相同。官员恳求委员会在当天结束之前，设法强迫真凶承认他的罪行；只有这个办法，才能满足中国政府的要求，将事件结束。翌日（10日），三位老资格行商带来海关监督的口讯：

要我们答应在"海王星"号的水手中，指出或找出某个人，承认在2月24日曾经殴

"粤商文化"丛书

十三行：商船与战舰

打过几个中国人，并在那天还有其他行动，在这个情况下，就下令将他扣留在商馆内，行商以本人的名义保证，官员就按照他们商定对他的刑罚向北京刑部禀呈，罪犯按中国法律，只能受到一些同类的刑罚。

这个提议，对于那些编造此事的中国官吏和行商来说是十分适当的，而组成特选委员会的英国人则坚持反对意见，认为是不合理的，因此，他们表示拒绝。委员会肩负延滞的责任甚大，假如他们愿意在水手中指定一个人作为罪犯，而所受的只不过是名义上的刑罚，则价值100万镑和运载回程投资250万两以上的十艘船的稽留问题，立即可以解决。中国方面用尽各种方法劝诱他们让步，但他们坚持拒绝；4月13日，中国方面宣布他们自己进行选定人犯。他们于是在当天举行第三次审讯，由广州府主持，除前任知府以外，出席第一次审讯的全部人员都参加。再将那11名水手提上堂来，由审判官逐一审问；希恩和西泽被传讯两次。

于是广州府通知主席说，11名水手中，希恩被认为是最凶暴的，2月24日亦曾殴打过中国人，在审讯过程中，他承认在殴斗期间是在商馆外面，他手持烟斗，在混斗中亦曾受伤；官员们根据上项理由，认为他是暴徒中最应受责的，因此将他监禁在主任大班的房间里，等候他们上级的决定。

随后希恩被监禁在商馆内。4月15日，准"海王星"号恢复装货；同一天，其余的51名水手返回船上；但直至4月28日，广州府才转来遵照总督和巡抚的指示，由按察使发下的一道命令，说：外国人希恩打伤本地人一名，应予依法处理，并斟酌与此种情况有关规章，判决罚款抵罪。

而当时的《皇家亚洲学会学报》则是如此报道的：附图是按照中国一个画家的图画描绘的，它现在悬挂于伦敦皇家亚洲学会的演讲大厅里，这次审讯之所以值得注意，因为这是欧洲人第一次被允许正式出席中国审讯公堂。

1807年2月24日，据说在一次英国水手与中国市民之间的凶暴乱殴中，有一名中国人被杀死；当局对那天在广州度假期的"海王星"号水手共52人举行了三次审讯，以便发现凶手并判处罪行。这几次的审讯，是在英国东印度公司的商馆的大厅举行，为此，大厅特悬挂红黄间条棉布帷幕。此图是4月9日的第一次审讯，由七位中国官员主持。记录上是这样说的,但在记录上能被明确指认的只有六人,而图上只画有六人。其中有五位坐在桌子后面,桌上置有审判用的瓷瓶,第六位,是海关监督的代表,没有这样的桌子,因为他没有司法权的职能。各位官员如下:

在当中的桌子,坐在中间的是广州府。

在其左边(看画者的右边,为中国人的大位)为他的前任广州府。

在其右边为军民府,管辖澳门司法的官员。

在其左边的另一张桌子后面,是番禺县,广州城东半部及东区的行政长官,在其辖区内为黄埔和外国船只航运。

在其右边的另一张桌子后面,是南海县,即广州城西半部及西区的行政长官,在其辖区内,有欧洲人的商馆,此次混斗,即在该区内。

海关监督的代表坐于看画者的左边,位于军民府与南海县之间。

坐在当中桌的三人,他们的帽子上都镶有透明蓝顶子,表示三品;他们胸前补子的绣绘看不清楚,但两位广州府的品级,必然是绣蓝孔雀,而军民府的则为一只豹;如果为暗蓝顶子则表示为四品,文官图徽为野鹅,武官为虎。旁边三位全是水晶顶子,表示为五品,其补子(文官)为白雉鸡。这几位是审判官。

在看画者的右方(实际上在左边,即大位)的长座位上是四位行商。他们按资格次序:

潘启官,从1788年以来,就担任行商,而从1794年起,即担任商人行会,公行,即广州公所的会长;于该年年底退出业务。

茂官,行商中的最老者;曾于该季度安排退休,但因此案耗尽了他的钱财,因此,他没有足够的款项支付退休的权利。

沛官(亦称浩官)。

昆水官。

这四位都戴红珊瑚顶子,表示二品,其补子为金色雉鸡。这是表明他们的品级比审判官高;但审判官的职位是经考试并正式任命的,而行商的品衔是用钱,用很多钱买得来的。那位站立在昆水官旁边的穿红色长袍的青年,他的帽子上亦是红顶;但它是用丝

"粤商文化"丛书

十三行：商船与战舰

线结的，所以没有意义。

在看画者左方长座位上的是英国代表。

舰长罗尔斯，皇家海军战舰"狮子"号舰长，他在一件他不能过于随意处理的事情上，表现得非常机智，而他的遇事坚定，引起中国人的重视。

剌佛，特选委员会的主席。

帕特尔，特选委员会第二位成员。

布拉姆斯顿，特选委员会第三位成员。

托马斯·斯当东爵士，从男爵，书记兼翻译。1793年乾隆皇帝接见马戛尔尼勋爵时，他是随员中的小侍从，一如对面墙上所挂的威廉·亚历山大的素描所表示的：两幅图画都是托马斯·斯当东爵士送给学会的。1823年，他与科尔布鲁克建立皇家亚洲学会时，他送给该会中文书3000卷。

在这幅画里，三位大班，剌佛、帕特尔和布拉姆斯顿表现庄严，并对这种场面表示赏心乐事；而在东印度公司的记录上，表明他们是有才干的人，而且享有高度的商业荣誉。托马斯·斯当东爵士，当时是26岁，保持着在他的年龄上的纤弱气质，但仍然有适中态度。

52名水手，每次传呼5人，如图上所表示，两名海军庄严地站在法庭上，舰长罗尔斯曾经提议派出更多一些的红制服的海军守卫，表示向法官致敬，但中国行商有礼地暗示说，这样的敬意会产生恐惧多于赞赏。

这样一篇报道，显示的是什么？又意味着什么？

一位居住在广州的美国人，在1807年的3月4日、3月6日、4月18日以及8月20日，他连续写了4封书信记载这起事件的进展。

他在1807年3月4日的信中写道："英国东印度公司惹了大麻烦。这家公司设在广州的处所面前发生的一场不幸的争斗中，他们的'海王星'号轮船上的某位船员杀死了一个中国人。"

3月6日的信中写道:"我们无时不刻不在担心英国人与中国人的冲突加剧,因为一个中国人意外地死于一位英国水手的棒击之下。"

之后,卢观恒曾派人去停泊在珠江上的英国商船发布悬赏公告:任何能够提供杀人者信息的人即奖赏20000元。"不过,这个伟大的尝试对英国海员没有产生一点影响。"英国人最终还是同意了广东当局的审讯要求。根据4月18日书信中的记载,在3月25日前后,在"狮子"号战舰——马戛尔尼访华时所乘战舰——水兵们的保护下,"海王星"号的52名水手抵达了广州处所。广州的官员本想将这些水手带入城中审讯,但遭到了英国人的坚决反对。在英国人的坚持下,审讯在其处所里进行。

1807年4月6日,中国历史上首次有外国人参与的司法审判正式开始。经过第一轮审理,52名水手中,11名嫌疑最大者被挑了出来。主审官们宣布改日再审,以寻找进一步的证据。

4月18日的书信写道:

在重审时,主审官们努力劝说一些人认罪,并暗示,认罪者将不会受到惩处。但这种做法没有用。主审官们又暗示,如果"海王星"号的官员们愿意作证,表示他们看见一名水手肩上扛着一根竹棍,在匆忙和混乱中,一名中国人意外地将脑袋撞到了竹棍上,那么,这件事情可能就交代过去了。这项如此荒谬的、可鄙的、只是权益之计的提议理所当然地遭到了蔑视。主审官们的下一个提议是,英国人应该劝水手中的某个人说,死者想偷他口袋里的东西,并从后面撞上了他,可能因此而被竹棍刺死。但是,这些权宜之计都被英国人拒绝,于是,主审官们不得不继续审讯。最终,除了两名嫌疑最大的水手——朱利叶斯·凯撒和爱德华·西恩(即希恩)之外,其他水手都被释放。

如何处置西恩?据4月18日的书信,谈判过程十分漫长。最后,主审官决定将案情呈报北京定夺。在皇帝的旨意到来之前,西恩交由英国东印度公司广州分公司的大班看管。最后判定为:"同意犯人通过支付罚金以抵消绞首的惩罚,判处犯人支付罚金白银12两(约4英镑),支付死者丧葬费,然后将犯人赶回英国,让他在自己的国家接受管制。"美国人在8月20日这封信的结尾处写道:"为了让对这件可笑的审判有兴趣的各方保持沉默,

"粤商文化"丛书

十三行：商船与战舰

行商所支付的必要的贿赂不少于5万英镑。"

美国人的述说，与马士书中的表述稍作对比，颇有意味，读者们可细品一二。

"海王星"号事件在清王朝与西方司法意义上的摩擦算是了结了，然而，它所造成的历史后患则才开始。

可以说，把"休斯夫人"号的炮手绞死，实行清王朝"以命抵命"的简单原则并不公平。

然而，明明是把人打死了，最后却仅以4英镑"罚款"把事件了结，让凶手轻松地摆脱了法律的惩处，这又走向了另一个极端了——所以，英国人在鸦片战争中，也就堂而皇之地建立其在华"治外法权"的法律程序。

事实上，在几年后的"黄亚胜事件"中，英国人就已经变本加厉了。

到了鸦片战争前夕，即1839年7月，义律更擅自宣布建立了英国在华法庭。

在"海王星"号事件中，清王朝的官府对英国凶手所采取的态度，则从20多年的自身不讲理，迅速退到了接受对方的不讲理；从过度的惩罚变成了无视自己国人的生死，反而怕得罪外国人。不过，有一个逻辑是不变的，都得嫁祸到作为官府与外商"中介"的行商头上，扣上"管理不力""渎职失职"等罪名，从而让行商无辜遭到最大的惩罚。

卢家就此走向破产——在"八大家"排行第二的卢家，当时应比排第三的伍家更富有，却最终早早陨落了。

卢家没落后，曾试图在本族的祠堂中谋求一根功名柱，却终不得。

这正是行商的悲剧。

朝廷、官府在涉外案件上处理的巨大反差说明了什么？是一个封建帝王的喜怒无常，大清律令的失语，还是这个大帝国在迅速地颓败、腐朽，在外国人面前最终露出了自己的无能、软弱？也许是两大法系的依据不同，所以惩处也不同？或者，归咎于文化的冲突？

历史是无情的，不管怎么努力探究也未必能探明一二，那就让历史成为历史吧。只是，活在当下就不等于活在历史中么？一切历史都是当代史，诚哉斯言。

"海王星"号事件就这么深嵌在历史的夹缝当中！

木马船(王次澄等著,《大英图书馆特藏中国清代外销画精华》第六卷,广东人民出版社2011年版)

第十四章
"窝拉疑"号和"复仇女神"号：永远钉在历史耻辱柱上

十三行：商船与战舰

中英之间的战争，中国称之为"边衅"，反而在英文语境中，率先称为"鸦片战争"。后来有人试图称为"贸易战争"，但国际上已通用鸦片战争了。

尽管清朝政府三令五申，要严禁鸦片，但是，正如马戛尔尼1793年来中国为乾隆祝寿时发现，中国政府早已经不能有效地进行它的统治，英国人在一再严厉的禁烟令后边，看到这个政府的无能、无奈与无所适从。纵然鸦片不可能从正常的海关渠道进入中国，可还有更多的途径，如通过走私，令鸦片遍布各个港湾，进入中国人的日常生活，从而让这个腐败的大帝国更病入膏肓。正是当年，在银根紧缺之际，孟加拉鸦片基地的获得令总督"灵机一动"，阳谋用鸦片来"解决"贸易逆差问题，而英国战船"嫩实兹"号又成功将4000箱鸦片倾销到了南洋，其中200箱进入广州，这让他们得到了巨大的启发——从马士

虎门销烟纪念馆

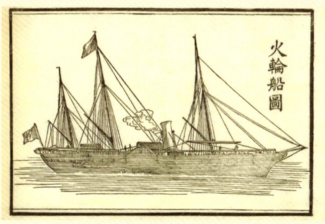

迪多号1845

的《东印度公司对华贸易编年史（1635—1834年）》的目录中，我们就可以看到在1782年之后，鸦片是怎么成为其贸易史上的"主打"商品的。

  第三十七章 鸦片的买卖投机，1782年

  第五十五章 禁止鸦片："天佑号"事件，1799年

  第六十章 海盗、鸦片往安南的使命，1804年

  第六十三章 行佣：皇家战船，1807年

    附录十九 海关监督禁止鸦片进口法令的译文

  第六十五章 清剿海盗，1809年

第十四章 "窝拉疑"号和"复仇女神"号：永远钉在历史耻辱柱上

"粤商文化"丛书

十三行：商船与战舰

    附录二十一 行商转交来的禁止鸦片进口及金银出口的两个法令的译文

  第七十二章 查究鸦片，1816 年

  第七十五章 鸦片与白银外流，1818 年

  第七十六章 澳门与黄埔的鸦片，1819 年

  第七十七章 平静的一年，1820 年

    附录二十三 关于鸦片贸易的谕令

  第七十八章 "急庇仑"号和"土巴资"号事件，1821 年

    附录二十六 重新禁止鸦片贸易

  第八十一章 东海岸的鸦片贸易，1824 年

  第八十九章 澳门的障碍：伶仃的鸦片，1831 年

  由于英国东印度公司 1833 年便被撤销了，所以，章节目录只到 1831 年止。仅仅从目录便可以看到，连英国人也不得不承认，鸦片日趋成为其贸易的重要商品，大多数年份的贸易额中鸦片都占了主要地位。

  仅从目录就能知道，澳门、黄埔、伶仃洋等几个地方，已先后成为鸦片走私的重要渠道与基地。而走私获得的高额利润让走私者更加铤而走险，相形之下，清政府雷声大雨点小，对鸦片走私可谓束手无策。当年的珠江入海口，常上演颇具讽刺意味的画面：冬天，是贸易淡季，无商船来做生意，可鸦片交易却兴旺得很，收贮鸦片的，有伶仃洋面的趸船；批发鸦片的，有广州城外的"窑口"；运销鸦片的，更有疾驰的"快蟹"——这已是"一条龙"运营了，各个环节可谓"井然有序"。海关严禁，自有"快蟹"私送；欲封舱，"窑口"则可包销；水师缉私，巡艇却为鸦片护航。道高一尺，魔高一丈。

  1821 年道光皇帝刚登基，便接到了鸦片走私的加急奏疏。这边刚即位，那边便无法无天，岂能不雷霆震怒?!其父嘉庆皇帝，一辈子都致力于禁烟，后来，几乎年年都要发禁烟令，虽说屡禁不绝，可先帝的遗愿不可违背。

"新官"上任的第一把火便烧向了鸦片走私，其出手之狠，不亚于雍正皇帝对祖秉圭与陈寿官。一个16人的贩毒集团终于落网，一个个受了杖刑，徒三年，为首的叶恒澎等三人，还枷号示众一月，发边充军。

但两广总督阮元并没满意，一再要追究十三行的责任，因为十三行是负责对外贸易的。鸦片走私至少是十三行的疏忽，连已退休了的伍秉鉴也脱不了干系，阮元报请道光皇帝批准，摘了他的三品顶戴。

这一来，几艘暗中走私的商船，被勒令离开黄埔港。

终于，位于珠江口当中的伶仃洋——中国人应是很熟悉了，民族英雄文天祥的名诗《过伶仃洋》便是指这个伶仃洋——成了鸦片贩子马地臣等人的落脚地。其实，伶仃洋岛同是清帝国的领土，可官兵们只管守住虎门炮台一线，根本不管那里，这也给鸦片贩子们可乘之机。这里离澳门仅三十公里，选作鸦片趸船停靠地再理想不过了。臭名昭著的鸦片船"梅洛普"号竟在那一停就是三年，成了马地臣在海上的鸦片仓库。随后，不少毒品络绎而至，马地臣甚至把那里当成了海上货栈，收起了租金，凡一箱鸦片，收七元租金，随存随起。于是，一个鸦片货栈基地，便在伶仃洋上建立起来了。

第二年，到伶仃岛的鸦片走私船来了5艘。第三年，增加到10艘。而后，伶仃岛更成了海上闻名的鸦片贸易基地，其走私量占了全国的90%。

到1831年，这也是东印度公司最后的统计，大约有25艘鸦片趸船设在那里，珠江口上，则有一至两百只"扒龙""快蟹"，日夜不停地从那里运鸦片到岸上，包括广州城。

后来，鸦片走私的贸易额，竟占到了进口总值的一半以上。

虽然这都是在十三行贸易范围之外发生的，行商对此无法加以控制，但无形中也给十三行造成了极大的伤害：不仅影响到他们主持的外贸业，更有几乎难以洗清的嫌疑所造成的名誉损失，令行商们几百年也未必说得清楚。

早在1743年，十三行就发生过一次损失惨重的火灾，1822年的壬午大火更是给十三行以毁灭性打击，这之后，十三行及附近的火灾几乎就没有断过，1826年一次，1827年又

第十四章 "窝拉疑"号和"复仇女神"号：永远钉在历史耻辱柱上

"粤商文化"丛书

十三行：商船与战舰

一次……一直到鸦片战争爆发，十三行几乎陷入万劫不复之地，一个尽管尴尬却仍不失显赫的商人群体就这么从历史上被剑与火磨灭了。

对他们而言，不再有凤凰涅槃式的再生！

历史的这一页不是被揭过去的，而是被撕得粉碎。

对于"鸦片战争"的定名，有些人至今仍耿耿于怀，他们始终认为打开中国的大门是去争取自由贸易的权利。问题是，他们用什么来打开中国的大门？

是鸦片！是炮舰！是武力！

鸦片，逆转了整个中西贸易。鸦片后边，便是炮舰，是武力的炫耀！

中国政府对鸦片的警惕早就有了，前边已讲过，雍正年间已明文禁止鸦片贸易，及至壬午大火的前一年，清政府又再一次下令禁烟，并封锁了黄埔与澳门，惩办了一批不法商贩与囤户。道光六年（1826年），还订了《查禁官银出洋及私货入口章程》七条。其中有一条，明确委派十三行行商们对夷商有无夹带鸦片严加监督，如有失职，自逃不了干系。

贩卖鸦片，罪有明条，久经设法查拿，并严定章程，凡夷船进泊黄埔，即令夷商写立并无夹带鸦片字据，交洋行保商加结，复由伍受昌（按即Howqua）、卢文锦（按即Mowqua）、刘东（生）(按即Chunqua）、潘绍光（按即Puankhequa）四商轮查无异，方准禀请开舱。如有夹带鸦片，即将该夷船禀请驱逐出口，开舱时并派役在于各夷船前后左右稽查起货，又饬役押送到省办理，已属周密；帝恐日久玩生，现饬各洋商于夷商回国时，谆切传谕，以后贩货来粤，切勿携带鸦片，及违禁货物，倘敢不遵，即将该船驱逐出口，永远不准来粤贸易，俾知畏惧；仍严饬巡洋舟师及地方文武派拨巡船，于夷船来粤湾泊洋面之时，严密巡查，倘有民船拢近，立即拿解究办，以防代运鸦片及违禁货物；至夷船进口，仍饬沿途守口弁逐一严查办，倘带有鸦片等物，即飞禀查办，如稍隐匿，从重惩处，庶可层层稽察，以绝其源。

无疑，十三行商人于公于私对禁烟都应是不遗余力的，毕竟，鸦片走私，早已不断地打击着正常的贸易往来，令行商的正当生意受损，并对社会造成了巨大的危害。也正鸦片的不断渗入，让十三行行商一个个走向破产。对此，上谕写得很明白：

李鸿宾奏英吉利商船延不进口，及晓谕防备各缘由等语。所奏甚是。各国夷船来粤贸易，惟英吉利大班等因洋行连年闭歇，拖欠夷银，迭次呈控，并胪列条款，具禀查办。该督业经容提商人讯追，并将所禀各款，饬司妥议，谕令洋商转谕恪遵。该夷船仍然观望，停泊澳门外洋，延不进口；辄敢撷拾前陈各条，哓哓渎辨，语言不逊，该国货船每言在粤海关约纳税银六七十万两，在该夷以为奇货可居，殊不知自天朝视之，实属无关毫末。且该夷船私带鸦片烟泥入口，偷买内地官银出洋；以外夷之腐秽，巧获重赀；使内地之精华，潜归远耗。得少失多，为害不可胜言！必应实力严查。此次该夷等业经该督将来禀严行批饬，如果渐知悔悟，相率进口，即可相安无事，倘仍以所求未遂，故作刁难，著即不准开舱，严行驱逐。即有一二年少此一国货税，于国帑所损无几；而夷烟不入，官银不出，所全实多。……着该督等妥议具奏。

然而，尽管清廷严令禁止鸦片，但正如马戛尔尼当年来中国后得出的结论：中国已不是一个国家，中央政权管不了那么大的地方。因此，这只是一个市场，可以由他们来开发的市场。所以，清廷的禁烟每每流于形式，最后也落实不了。而这个市场，只能他们"开发"。

于是，十三行行商接连破产、坐牢、流放，到道光九年（1829年），原先拥有几十家行商的十三行，只余下七家了，而有能力偿付债务的，只有伍家、潘家和谢东裕三家行商。而来华贸易的商船却愈来愈多，走私、漏税也愈来愈烈。相反，英国的不法商人，却在中国行商日趋破产的状况下发迹起来，而赖以发迹的正是鸦片。

最典型的，莫过于后来被林则徐驱逐的鸦片走私贩子威廉·渣甸，另一位则是马地臣。

这位天良丧尽的英国奸商渣甸，本是英国东印度公司的医生。本来当医生的应以救死扶伤为天职，可这家伙却胡作非为，连东印度公司也容不下他，于1827年将他解雇了。因合约未到期，该公司给了他两箱鸦片作为补偿。

于是，这家伙便带上鸦片到了广州，因为这时在中国走私鸦片是非常暴利的，所以他

第十四章　"窝拉疑"号和"复仇女神"号：永远钉在历史耻辱柱上

"粤商文化"丛书

十三行：商船与战舰

狠狠地赚了一笔。

紧接着，他把赚到的钱又作为定金，再向英国东印度公司赊销鸦片，一下子，如滚雪球一样，从几箱到几十箱，又从几十箱到几百箱，甚至上千箱，这位医生不再行医，而是要置人于死地了。

仅五年后，即1832年，他就与马地臣合伙，开了一个洋行，洋行的名字就叫渣甸。有了洋行，谙熟鸦片走私的他，也就变得更加疯狂了。

所以，到了1839年，林则徐在广州禁烟，这两个鸦片走私贩子便首当其冲。

1839年3月29日，英军打响了鸦片战争第一枪；1839年6月3日，林则徐主持了震惊世界的虎门销烟。林则徐经多方调查试验，找到了"开池化烟"法，即以盐卤与石灰来浸化鸦片。生石灰与卤水会将鸦片"戳化成渣，送出大海"，使之"涓滴不留"。于是，他在虎门修造化烟池，池前开出涵洞通向大海，浸化成渣的鸦片可直接冲入海中。一切准备好后，林则徐于当年6月3日开始，公开销毁鸦片。6月13日，更发出告示，允许外国人到现场参观。虎门销烟共21天，销毁鸦片19179箱、2119袋，2376254斤。

消息迅速传到了英伦三岛，企望以鸦片暴富的商人大惊失色。而当时的道光皇帝闻讯很是兴奋，在林则徐、关天培等人的奏折上朱批了八个大字："可称大快人心之事"！

林则徐严令外商："嗣后来船，永不敢夹带鸦片，如有违者，一经查出，货尽没官，人即正法，情甘服罪。"令他们具结保证。这一禁烟不禁商的政策，是符合近代的国际通商贸易法则的，在其后六个月内，仍有45艘美国商船与其他国家的17艘商船，在承诺未带鸦片后，相继具结入口。而义律则大耍阴谋诡计，不准英船入口，从而断绝了中英贸易，硬把禁烟说成了禁商。

但仍有守法的英国商船不顾义律的禁令，按照林则徐的规定请求进入珠江口。义律公然率军舰加以拦截，且与水师提督关天培所率领的中国水师船打了起来，"旬日之内，大小接仗六次"。

此刻，颠地和义律写给英国外交大臣巴麦尊的密函，正在发往大英帝国的路上。一场酝酿已久以鸦片命名的最卑鄙的战争最终大规模爆发。

就在虎门销烟的日子里，英国便为战争议案而动员了。帕默斯顿大叫，要"给中国一顿痛打，然后我们再解释"。曾同马戛尔尼船队到过中国的小斯当东则称："我肯定，如果我们想获得某种结果，谈判的同时还要使用武力炫耀。"

虽然如此，最终仍有反对的声音。

当年，为应对林则徐销烟的"过分举动"，英国议会最终表决通过了战争议案，以至格莱斯顿愤慨地谴责道：

在人类历史中，我从未见过因如此不正义并故意要使国家蒙受永久耻辱的战争。高傲地飘扬在广州城头的英国国旗只是为保护一桩可耻的交易而升起的。

而在表决中起到重要作用的，竟是当年乾隆皇帝"恩宠"过的那位孩子——小斯当东。当然，这已是40多年之后，小孩已长成了大人，而且，"他对自己在导致战争的决定中所起的作用感到满意"。

法国作家科迪尔对此评述道："要找一作战的借口是很容易的。但是一个信基督教的国家，却在一个所谓野蛮国家的君主努力停止一种很不道德的贸易的行动上，去寻找开战的借口，是不太值得的。"

历史学家麦考利更在投票的那天劝告英国人："记住古罗马的先例，他们的公民在世界各地都受到了罗马公民权的保护。"

尽管如此，战争议案仍以9票的微弱多数获得了通过，让英国被永远钉在了为鸦片而战的耻辱柱上。

于是，英国人开始紧锣密鼓地准备战争。6月，义律重金雇用一艘武装商船。与此同时，在华英船借英国国王生日举行军事演习，进行武装挑衅，打伤中国水师船员。7月7日，英国水手在尖沙咀无端启衅，打死中国居民林维喜。义律却拒不交凶。且早已派人驰报印度总督，吁请派兵船前来保护英国侨民。印度总督即派"窝拉疑"（VOLAGE）号前往，舰上有大炮28门。8月31日，"窝拉疑"号抵达香港海面。这下子，义律认为，他已经有了武装挑衅的实力，可以发起进攻了。而他派出的奸细，也早已活动在宝安周遭的军事设施近侧，以获取情报。

"粤商文化"丛书

十三行：商船与战舰

法律认定的事实，未必等于客观事实，这总是成为某些法官的遁词。

那么，历史认定的事实呢？

发生在1840—1860年的两次鸦片战争被英国标榜为贸易战争，发动战争者更振振有词：我们打破了中国的闭关锁国，迫使其"五口通商"，更摧毁了广州口岸垄断的公行制度，把自由贸易的先进理念与制度带进了中国。

只是，他们能抹杀得了把鸦片走私美其名为自由贸易的历史事实么？他们能把其自行解散东印度公司并对等要求中方解散"公行"的理由说清楚么？自由，多少罪行假汝而行！

让我们先看看自"嫩实兹"号开始的大规模走私鸦片的历史记录吧！

再回头来看公行与东印度公司在地位和性质上是否对等到需用武力加以摧毁？

笔者在《国门十三行——从开放到限关的逆转》一书中，曾有过这样的对比：

长久以来，人们都把公行与东印度公司在作比较，尤其是英国人，当英国东印度公司于1834年4月22日解散，其贸易垄断权最后终结之际，英国人就以对等为借口，要公行也相应解散，中方不答应，没过10年，便以鸦片战争把公行给摧毁了。

那么，二者有可比性么？

无疑，二者是有相同之处的，它们同样都是国家授予专权，不允许外人参与。东印度公司是不允许其他公司及商人参与该公司对亚洲包括中国贸易的垄断的，而十三行的公行，同样不允许公行之外的商人参与对西方贸易之垄断。

而且，还有某种相似。

东印度公司是股份公司，现在说大家都很明白了。公行呢，行商亦务必交纳一笔保证金在公行，与"参股"相似。但是，东印度公司入股者，除开商人外，各个阶层的人们都可参与，上至牧师、匠人之类，下至工人，甚至女仆。而且，人人可以分红。但公行的保证金，是为了防止有哪一家破产，好共同代他偿还债务。所以，二者的"股份制"成份不同，功能更不同。

在费正清、刘广京编的《剑桥中国晚清史》中，有对公行的专门评述，小标题为"贪污腐化和公所基金"，很明白地指出基金与股份的不同。

行商为了保护他们自己，于1775年建立一种秘密基金（即后来东印度公司所称的"公所基金"，公所即行会，具体称公行），公所的每个成员要把他贸易利润的1/10交作基金，在必要时用来应付官吏的勒索。到1780年公所基金始公开并正式规定向外国进口货征收3%的规礼，这是一笔附加税，名义上是要保证行商能偿还外商的欠款。

公所基金的设立，开始了广州贸易的最后一个重要阶段（1780—1833）。公所基金本身是保护行商的一种方法。它之所以成为定规，是因为可以用它来对付散商早期在垄断范围外投资的增加。但是公所基金的运用，却是1796年以后席卷中国的社会混乱的标志。在乾隆时代的最后几年，出现了传统王朝衰败的最初迹象：几袋珍珠就可买一高级爵位，军队虚报名额，地方税款被侵吞。

东印度公司还有比公行更多的特权。英国在其东印度公司成立之际，其联合股金320万英镑，作为贷款提供给了国家，从国家盐税、纸税获利；它还可以在殖民地建军事要塞，使用雇佣军，对异教王公宣战或签和约；在伦敦乃至海外，拥有铸币权。

但公行绝对沾不得政治的边，哪怕有顶戴的行商，都是见官低三级，国家只允许，或者说限定行商，防范、管理外商，而且让行商自生自灭，国家只管从中抽取利润，而绝对不会加以扶持，甚至为了"面子"，不拖欠外商，反把行商打下十八层地狱，而不去保护自己的商业与行商，并特地制订制裁有商欠的行商的法律。公行无论对官府、对外商，都只是被压制的弱势群体，被官府敲诈更是家常便饭。所以，十三行行商的历史命运，不是外人所容易理解的。

马士自然是站在他的立场上，写道：

在1720年广州的商人们组织了一个行会或公行，以便按照他们自己的利益调节价

第十四章 "窝拉疑"号和"复仇女神"号：永远钉在历史耻辱柱上

"粤商文化"丛书

十三行：商船与战舰

格。"中国人正在成立的这种组合是要对他们售给欧洲人的货物，自行规定价格，以便不论是不是卖主，都能从上述货物上得到他们的一部分实际利润"。据称这是一个商人的组织；但是，从我们所有关于官吏们在对外贸易上实施的积极控制的证据看来，纵使它不是一个官方机构，无疑它也是有官方支持的。大班曾经提出抗议，并且拒绝进行贸易，直到总督允许废除这种垄断为止。结果它是被废除了，但不久又恢复原状。

公行的行商们自然是惨受敲诈，1771年其中有很多家破产，此外还拖欠了应付给官方的款项，于是公行被解散。据说这是为了外商们的利益而作的；"潘喜官（Puanhegua）损失了十万两银子，但这笔款项由东印度公司偿还给他"。

……对于财务信用，中国人是极其注意的，为了挽回信用，总是多方设法；因此皇帝立刻颁了一道上谕，责令他们立即偿还债款，并禁止将来再有这种债务的拖欠。对外商这种恩施的直接结果便是一个先是"十二"后是"十三行商人"或"洋商"的团体的特许成立，这个团体通常仍是用公行这旧名称来称呼。他们单独负责对外贸易的管理，保证对政府法令的服从，并作为政府与外商间联络的唯一中间人。他们也负责管理"公所"（公行）基金，这项基金是由对外贸易上直接征收百分之三的金额取得的，用作清偿拖欠、罚款、亏折等任何方面的债务。

广州商人行会就这样圆满地建立起来了，它既有一个组织，又有相沿60年不变的种种特权。它还赋有一些纯粹政府的权力，一方面作为政府的代理人并得到政府的充分支持，另一方面又作为官吏们想要从中大捞一笔财富的输导线。粤海关监督必须在他作为正式陈报的征收以外找到一笔巨款，如果拘泥于固定税则就会使他作官的主要目的成为泡影；因此，公行就被他用作榨取对外贸易的工具，并从中勒索一笔自罗马帝国鼎盛时代以来无与伦比的私人收入。总督也必须装满他那只张大了口的钱袋，因为他负有维持法律和秩序的最后责任；他随着粤海关监督之后，也分润一部分赃款；同时从一世纪的经验中，已经察觉，要使外商按部就班地遵守官吏制定的法律和他们的命令，最便当的方法就是通过公行。这对于总督是这样，对于广州的每一个官吏也是这样，公行成为所有争执的不可缺少的缓冲物了。

马士没有说东印度公司怎样，因为在他看来这是毋须解释的。但东印度公司的垄断在国家的强力支撑下成了对外拓殖的有力工具，既可以做对外贸易，更可以进行殖民扩张。通过推行真正的股份制，使它能筹集巨款，并获得银行贷款，而且，还能借汇兑票据等近代公司方式，广开财源，转移资本，这在公行简直是不可能的。而东印度公司在垄断中成了暴发户。

到1783年，东印度公司在贸易上的势力已是如此强大，以至它的监理委员会认为，即使海关监督也不能建立一个价格联盟来与它相抗衡。当然，这种情况丝毫不能削弱海关监督勒索行商钱财的权力，因为一种新的英一中垄断制度已经建立起来。这时东印度公司已把大量资金提供给某个商人，以致它简直经受不住使他遭到破产的风险，否则它就会失去获得它的"副保"的一切希望（"副保"，即该商人已抵押给东印度公司以后几年的茶叶贸易）。从此，该公司的预付款办法把它的命运紧紧地和这些商人联系起来，使得海关监督不再能——或者说不再需要——出卖专卖权。相反，他把经纪人作为英商的代理人使用，因为他知道东印度公司会间接地替他们交纳罚款和关税。

从1720年到1856年，十三行"公行"几次设立，又几番撤销。在这不寻常的频繁变换中，十三行人该有着如何深刻的思考与挣扎？有什么力量致使商人们抛却行业垄断这个看似百年难得的机遇，而不惜耗尽家财只为消除这个"垄断机缘"？风风雨雨涤过十三行的沧桑，在今天，翻开史册，我们能以更理性的态度看待这一切起跌浮沉，重新梳理这从前的记忆旧痕。也许，正是因为不堪朝廷的苛捐重税、野蛮无理，他们选择了逃离；也许，又是因为难受连坐的突如其来、不可预测，他们选择了放弃，但是，面对行业垄断带来的高利润诱惑和公行建立后的商贸规整，他们一次又一次试图涉足这一似乎成为"禁地"的公行制度。但事实证明，他们并不能逾越时代的潜规则，被圈足于"公行"的他们只能成为清廷的工具——经济贸易的工具、对外事务的工具。这可能是十三行人的悲哀，但也可能就是在那个历史语境下他们的必然命运。就本质而言，行商是民商而非官商，这有潘启官、伍浩官拥有非官方所知、所控制的海轮股份和海外巨大的投资额为证，而十三行最终的毁灭，亦证明了其后的思想家、买办——郑观应所断言的：官非但不能护商，而只能病商。

不管怎样，这都不是英国人用武力摧毁十三行公行的理由。

第十四章 "窝拉疑"号和"复仇女神"号：永远钉在历史耻辱柱上

"粤商文化"丛书

十三行：商船与战舰

当年，首先对中国沿海，尤其是珠江口进行赤裸裸的"军舰外交"，实质却是武力侵略的是"窝拉疑"号。后来气势汹汹结伴而来的还有很多的战舰，如"复仇女神"号等，这里就不一一列数了。

鸦片战争把貌似强大的清王朝的屈辱软弱、腐败无能的真面目揭露了出来——其实，此前几十年开始大量流入中国的鸦片，不仅摧毁了当时 GDP 仍占世界近 1/3 的帝国财政，而且也让不少中国官民沦为了"东亚病夫""大烟鬼"。而这场战争的赔款和损失，最后都转嫁到每一个国民的身上。

硝烟散尽，又是一个半世纪过去了。

回首往事，我们不禁要追问，从马戛尔尼所率的"狮子"号的"祝寿团队"，到由"窝拉疑"号赤裸裸的入侵，从封建大帝国，到半殖民地，内中又有什么逻辑关系？诚然，人们会留意到种种细节，如当年乾隆老皇帝所垂爱的小斯当东——连绘画中都有他单腿下跪在皇帝膝前的场景，为何在 40 多年后，他会成为最积极的"主战派"，要对垂爱过他的皇帝的东方大国发动侵略战争？又如，名垂青史

"复仇女神"号在穿鼻洋

的钦差大臣林则徐,为何在他销烟后连皇帝都称"大快人心",却最终落个充军西域的悲惨下场?还有十三行的行商们,毁家纾难,抓紧造成战舰、布水雷,最后为何仍被人诟病,其爱国义举几乎无果而终?

在正义与非正义、道德与非道德之间,历史每每选择的只是利益,至于正义与道德再慷慨激昂,最终也无济于事,甚至连自身也模糊了。

十三行自此灰飞烟灭,连行商的名号也已成为历史,当然,他们一部分人已"顺理成章"地转变为买办。以前的行商,免不了依附官府,须买红顶子扮大人,而买办则主要是依附外商。"人的依附"开始转为契约关系,这才有了后来的民族工商业的艰难起步。历史在付出了沉重的代价后,在可怕的沉沦中,终于赢得了一线曙光。

当英国远征军封锁珠江口,鸦片战争爆发之际,据一位美国商人的记录,伍秉鉴当时"被吓得瘫倒在地"。他争取和平协调解决冲突问题的努力彻底失败了。伍秉鉴别无选择,他唯有毁家纾难,希望中国能赢得胜利。

多年与外商打交道的伍秉鉴清楚地知道,英国发动这场战争的根源,正是不满清政府借十三行垄断贸易,要直接与中国通商。这场战争是对清政府朝贡贸易制度的挑战。

伍家,还有其他行商,都为这场战争付出了巨额的代价。

当鸦片战争正式爆发,英国军舰到达珠江口虎门外时,面对坚固的横档屿防御工程,竟无计可施。而该工程正是两年前伍家等行商自愿捐资10万两白银建设的。长期作为清政府"天子南库"的十三行,在鸦片战争中理所当然地继续为国家源源不断"输血"。

众所周知,大英帝国早就谋求对中国发动一场战争了,早在马戛尔尼来中国之际,他们便已得出一个结论,认为中国已不是一个国家,只是一个待打开的市场,对中国的殖民主义政策也由此得以确定。所以,当颠地死撑之际,大英帝国的代表来了,但他不是为了调停,而是火上加油。

这位代表,便是英国驻华商务监督义律。

1839年3月24日,义律从澳门赶到广州,他不仅纵容地逃跑,还让英国鸦片商贩们共进退,都不缴烟,使事态不断扩大直到挑起战争。本来,外商满以为,这回禁烟,当又是"雷声大,雨点小",花点钱买通官府就什么事也没有了。可没料到,林则徐这回却不一

第十四章 "窝拉疑"号和"复仇女神"号:永远钉在历史耻辱柱上

"粤商文化"丛书

十三行：商船与战舰

样，不仅下令缴没趸船上的全部鸦片，还指名捉拿罪恶贯盈的英国鸦片走私商人——后改为驱逐出境，永远不准再到中国。这一来，200多名英商在一个来月间，被迫交出20283箱鸦片，美商也交出1540箱。可英国商务监督义律一到，便从中作梗，称要先交给他，方可转交中国政府，从而将鸦片纠纷变成了两国政府之间的问题，表明英国政府正是非法走私鸦片的靠山。

面对英国人的冥顽不灵，林则徐对伍秉鉴及十三行所能起到的作用不再抱什么希望，决定不再依旧例通过他们与外商交涉，而是效仿卢坤，直接封锁商馆，断绝粮、水等供应。

在外国商馆中，有不少商人与鸦片贸易无关。如果闹出人命必然会引发战争，出于人道，出于对国际惯例的了解，也是出于自身利益的考虑，伍秉鉴让儿子偷偷给这些外国人送去食品和饮用水。义律未料到事态会如此急骤变化，且还没有做好战争准备，知道对抗下去会自取恶果，不得不将鸦片悉数交出。但却因此埋下了战争的隐患，战争可谓一触即发。正如恩格斯在《波斯与中国》中所预言：

中国的南方人在反对外国人的斗争中所表现的那种狂热态度本身，显然表明他们已觉悟到古老的中国遇到极大的危险；过不了多少年，我们就会看到世界上最古老的帝国作垂死挣扎，同时我们也会看到整个亚洲新纪元的曙光。

这一预言，写在两次鸦片战争之间。第二年，即1840年，鸦片战争爆发了！往后发生的一切，读者当大都熟知了。

"窝拉疑"号打了头阵。

虎门销烟刚结束没多久，英国侵略者便一再寻衅，中国方面一忍再忍，终于，1839年9月4日，即道光十九年七月二十七日，臭名昭彰的英酋义律，同刚刚前来准备参战的"窝拉疑"号舰长士密，以单桅快船"路易莎"号为主舰，率武装双桅桨船"珍珠"号、"得忌喇士"号等五艘快船，向宝安的九龙进发。五艘快船火力强大，可谓气势汹汹。

日上中天，这支船队开到了九龙船台临近的海面，恰逢大鹏营参将赖恩爵率领三艘师船于九龙山的口岸查禁。两支船队对峙之际，义律在翻译及两名英军士兵陪同下，上了师船递交呈文。他们蛮不讲理，要求中方给英国船队供应食物，否则便枪炮相见。

赖恩爵严词拒绝：你们无端启衅，打死中国居民林维喜，至今仍未交出元凶，在这种情况下，我们凭什么要给你们供应食物。义律理屈词穷，对不交元凶一事避而不谈，却提出沿海居民不得在水井下毒的要求。赖恩爵义正词严，重新强调道：在不具结、不交凶的情况下，接济食物一事无从谈起。

义律气急败坏地回到了"路易莎"号上，与士密商量。旋即，五艘船舰进入了临战状态。下午2时，他们下达了战书称：如果英国人在半小时内得不到食物供应，他们就要击沉停泊在九龙港里面的中国水师的战船。

这一最后通牒，却是在水师预料之中。有来有往，赖恩爵仍决定派出弁兵前往答复，可义律他们已迫不及待了，未等到答复，便已下令五条船舰同时开炮轰击水师战船，记名外委兵丁欧仕乾当场被击中，气绝身亡。

然而，这边在林则徐的告谕下，早已严密布防，随时可应对侵略者的寻衅。将士们同仇敌忾，在赖恩爵的指挥下，各只师船，还有九龙炮台开始反击了。

师船的大炮迅速移到面对英舰一方的船舷上，九龙炮台的大炮，也对准了侵略者，一声令下，船炮与台炮，集中打击有义律与士密乘坐的"路易莎"号的主帆，片刻间，19枚炮弹击中主帆，致使船在旋涡中滴溜溜直转，吓得半死的英军士兵慌不择路，大都掉进了大海。义律仓皇率船狼狈逃窜。

有一名"路易莎"号上的英军士兵，叫亚当·艾姆斯，被炮火所伤，他惊恐万状，给朋友写信：

中国水师的舢板兵船扯起了它们的木板网……我们的火炮被葡萄弹和圆形弹打得很厉害……感谢上帝！舢板的火力没有把我们完全压倒，不然的话，就没有人活着讲这个故事了。他们的19发炮弹打中了我们的主桅！

……这是我有生以来第一次淌流人血，我希望这将是最后一次。

此信，当为此役初战的一个证明。

第十四章 "窝拉疑"号和"复仇女神"号：永远钉在历史耻辱柱上

十三行：商船与战舰

然而，义律并不甘于失败，逃回去后，又调来拥有28门大炮的主力舰"窝拉疑"号，还有武装商船"威廉姆堡"号一道投入了海战。

一时间，九龙海面炮声隆隆，水柱冲天，呼声不绝，战况十分激烈。

"窝拉疑"号28门大炮对准了师船连发，无论是射程，还是爆炸力都相当大，且已将师船拦截在鲤鱼门，一时炮火纷飞，水师兵船为了抵挡英军的炮弹，架起了钢纱等屏障，并且设法闪避过去。所以，我方虽然动力、火力不及敌方，可由于将士们同心协力，不畏强暴，反抗十分激烈。

赖恩爵一看准时机，便连声下令："放炮！"一批又一批的英兵成了落水鬼。

这场战斗持续了4个多小时，从下午2时打到下午6时许。我方武器疏于改进，相形之下很是落后陈旧，不少士兵用的还是鸟枪，一名叫陈瑞龙的士兵，用鸟枪击毙了一名英军，自己却被回炮打伤，阵亡。

到最后，英军终于招架不住了，狼狈逃窜，可惜我方船速不够，只好任其回到了尖沙咀。

九龙洋面上的"第一枪"就这么打出了中国军民的志气来。林则徐等人为此呈上的奏折，记录了这一次不寻常的海战：

据大鹏营参将赖恩爵禀称，该将带领师船三只，在九龙山口岸查禁接济，防护炮台，该处距尖沙咀约二十余里。七月二十七日午刻，义律忽带大小夷船五只赴彼，先遣一只拢上师船递禀，求为买食。该将正遣弁兵传谕开导间，夷人出其不意，将五船炮火一齐点放。……该将赖恩爵见其来势凶猛，亟挥令各船及炮台弁兵施放大炮对敌，击翻双桅夷船一只……

在另一份奏折中，他还转新安县知梁星源等的禀告，称：

查夷人捞起尸首就近掩埋者，已有十七具，又渔舟叠见夷尸随潮漂流，捞获夷帽数顶，并查知假扮兵船之船主得忌喇士（作者按：后译为道格拉斯，受雇于义律的"冈不里奇"号船）手腕被炮打断。此外夷人受伤者，尤不胜计。自此次对仗以后，巡洋舟师均恨奸夷先来寻衅，巡辑愈严。

大鹏水师之所以能以少胜多、以弱敌强，关键在于士气，在于民气。

此战，我方伤6人，亡2人，亦付出了重大的牺牲。所谓"杀敌三千，自损八百"，在所难免。可这毕竟打出了国威，打出了民气！

主将赖恩爵，家就在大鹏所城里。赖姓，众所周知，是客家一大姓，遍及粤闽赣。赖恩爵的父亲赖云台，在这之前也曾任职海防，并且作为提标左营守备。正是他，在阮元总督的委任下，对珠江口的炮台建设立下了丰功。阮元奏请建的大黄窖、大虎山二炮台，就是他一手操办的，先是商捐银两，再破土动工，于这场大战前20年正月兴工，4月竣工。与此同时，众多炮台也得以加固与兴建。因此，鸦片战争前夕，宝安地区的海防已相当完备。及至九龙海战胜利，赖恩爵才丁忧回藉守制，想来其父执悲当惊喜交加，欣慰于将门无犬子。

九龙自卫反击战，在中国近代重大历史事件——鸦片战争中，打响了"第一枪"，打了个首战告捷。

由于作为此役的统领，大鹏营参将赖恩爵指挥战役立下奇功，被道光皇帝赐予了"呼尔察图巴图鲁"的勇士之号，并"照例赏戴花翎，以副将即行升用，先换顶带"。不久，即升为大鹏协副将，统一负责九龙一带的防务。

历史铭记住了这位抗英名将的名字！大鹏所城内的三座"将军第"中，他的将军第至今仍保存的相当完好。

鸦片战争中，九龙海战与三元里抗英，当是近代史上的一组双璧，一同显示出南方人民气贯长虹的民族斗志。

九龙海战之后两年，英国侵略者看透了清廷的腐败无能，而广州的统帅靖逆将军奕山则已同入侵者订约言和。在九龙没占到便宜的英军，则到了广州城边大肆劫掠奸淫。谁知，道光二十一年四月初十（1841年5月30日），侵占了四方炮台的英军，突然发现四面八方

第十四章 "窝拉疑"号和"复仇女神"号：永远钉在历史耻辱柱上

"粤商文化"丛书

十三行：商船与战舰

涌来了成千上万的反抗者。

老诗人张维屏以诗歌的形式记录了这一了不起的抗争：

> 三元里前声若雷，千众万众同时来。
> 因义生愤愤生勇，乡民合力强徙摧。
> 家室田园须保卫，不待鼓声群作气。
> 妇女齐心亦健儿，犁锄在手皆兵器。
> 乡分远近旗斑斓，什队百队沿溪山。
> 众夷相见忽变色，黑旗死仗难生还。
> 夷兵所恃惟枪炮，人心合处天心到。
> 晴空骤雨忽倾盆，凶夷无所行其暴。
> 岂特火器无所施，夷足不惯行滑泥。
> 下者田塍苦踯躅，高者冈阜愁颠挤。
> 中有夷首貌尤丑，象皮作甲裹身厚。
> 一戈已撺长狄喉，十日犹悬郅支首。
> 纷然欲遁无双翅，歼厥渠魁真易事。
> 不解何由巨网开，枯鱼竟得攸然逝。
> 魏绛和戎且解忧，风人慷慨赋同仇。
> 如何全盛金瓯日，却夷金缯岁币谋。

诗的末处说的是，当时英军陷入重围，覆灭在即，谁知，义律向清政府求救，奕山急命广州知府余保纯疾驰三元里，欺骗、恫吓百姓，为英军解了围，故有"枯鱼竟得攸然逝"一句。

当时有民谣，谓"百姓怕官，官怕洋鬼子。官怕洋鬼子，洋鬼子怕百姓"。内中蕴含了当时深刻的政治现实。英军被围时，已死伤过半，加上雷电交加、火枪失灵，他们唯有束手待毙。

然而，大好的抗英形势，却断送在仍抗拒历史进步、昏聩无能的清王朝手中。

货船(王次澄等著,《大英图书馆特藏中国清代外销画精华》第六卷,广东人民出版社2011年版)

第十四章 "窝拉疑"号和"复仇女神"号:永远钉在历史耻辱柱上

第十五章
"亚罗"号：战争从来就不需要借口

"粤商文化"丛书

十三行：商船与战舰

第二次鸦片战争爆发，其导火索竟然会是一条小小的划艇——"亚罗"号，今天看来真是匪夷所思，然而，其背后牵涉的政治、军事、外交乃至文化诸方面的因素，迄今仍争论不休，而十三行则是这一事件中的一个注脚。

"亚罗"号

后人叹息：多少风云事，悲怆付一炬。十三行消失于烈火，终不再恢复。朝贡体制的崩溃、国力的衰弱、外强的入侵无一不是压垮十三行稻草，奈何！

且一一道来。

无论从船只本身还是从其产生的影响来看，"亚罗"号都是特别的。"亚罗"号显示了典型的时代特征，它是英国船身与中国装配的结合，船主是居住在香港的中国人，而船长是地道的英国人（甘纳迪），至于船员12人则全是中国人；它在香港登记，不过在事发之时被查明超出了登记有效期限11天，但他依然悬挂着英国国旗参与海盗活动。正因为它与海盗有勾结，时任广东巡抚的叶名琛尽职循例地捕获了这条船，并将其依法查办。新任英国驻广州领事巴夏礼抓住"辱旗"事件不放致使与叶名琛之间的矛盾不断升级，而船只本身的信息也在这个过程中逐渐得到披露，很明显正义在中方，但这并不妨碍恼羞成怒的英国好战者们借此挑衅并终于引发第二次鸦片战争。

事实上，在整个第二次鸦片战争过程中，"亚罗"号事件是一件微不足道的冲突。之于清政府，此时的太平天国势力的蔓延才是心腹之患，"叛乱"造成了南方大部分富庶之地沦陷，使本就财源紧张的清政府更是捉襟见肘；不仅如此，这更是一场危害国体的浩劫，是一场必须倾尽举国之力给予消灭的内乱。之于列强，在与太平军展开贸易合作的意图破灭后，"亚罗"号事件便恰到好处的成为列强期盼已久而无法完成"修约"目的的战争借口，无论是否站得住脚。

"亚罗"号事件事出偶然，实则必然，我们要从第一次鸦片战争结束后的国际、国内局势谈起。

随着资本主义世界新的工业高潮的到来，1848年美国加利福尼亚金矿和1851年澳大利亚金矿先后被发现，极大地刺激了欧美资本主义的进一步发展。关于前者，马克思曾把它和同年发生于法国的"二月革命"相比，认为它是当时世界上发生的两大历史性事件之一，并预言它所带来的成果将会比美洲大陆的发现所带来的要大得多。随着19世纪初期机器大工业完全取代工场手工业，英国工业生产总值突飞猛进，1850年英国连同其殖民地的贸易额占世界贸易总额的36%以上。法国自1848年革命后，工业生产总值和进出口贸易额迅速上升，资本主义经济有了显著地发展，仅次于英国。美国是一个后起的资本主义国家，在金矿被发现后，整个国家经济处于大繁荣发展阶段，经济活跃程度标志之一的财政

第十五章 "亚罗"号：战争从来就不需要借口

"粤商文化"丛书
十三行：商船与战舰

收入，在1844年只有2900万美元，到了1854年已经超过了7300万美元，这在《伟大的博弈》第24节中有表述。仍处于封建农奴制度下的俄国，在世界资本主义经济复苏与繁荣的影响下，国内的资本主义也获得了一定的发展。

这一切的发展都导致一个结果，那就是各国工业的发展需要有广阔的新市场与之相适应，而现实并不能令这些国家满意。在第一次鸦片战争结束后的最初几年里，英国对华商品输出获得显著的增长。很快，1846年后，英国对华输出便呈大幅度下降趋势，每年都停滞在150磅左右，这一情况令英国资产阶级大失所望。马克思在1858年指出："中国市场的特点是：自从它根据1842年的条约开放以来，中国的茶叶和蚕丝向大不列颠的出口额不断增长，而英国工业品对中国的进口额，整个说来却没有变化。"这显示了一直以来英国对中国商品市场的错判与误估。首先，即使在西方的炮火之下，中国强劲的自给自足自然经济难以被攻破；其次，英国资产阶级置中国市场需求于不顾，对华商品倾销带有很大的盲目性；最后，鸦片贸易额的不断增长，不仅严重削弱中国人的消费能力，并且鸦片贸易与合法贸易难以兼容。

国际关系上，1856年3月，英、法、俄三国结束了历时三年的克里米亚战争，英、法作为战胜国与俄国在巴黎签订了《巴黎条约》，并腾出手脚积极谋求远东利益，美国作为新兴资本主义国家一直推波助澜，以实现与老牌资本主义国家共同瓜分中国利益的目的。

国内方面，在中国大门已被强迫打开的前提下，1853—1856年的太平天国革命便不同于历史上的农民革命运动。太平军前期迅猛的蔓延态势一度使得西方列强钻营时机向其示好，直到1854年列强认为已经无法从中捞取油水才作罢。清廷调集全国精锐全力"剿匪"，对发生在广东沿海地区的列强的频频试探与"修约"意图表现冷淡。列强屡屡受挫，十分恼怒，以"修约"为目的的大战已不可避免。

所谓"修约"，是指以英、法、美为主的侵略国家要求修改第一次鸦片战争后签订的系列条约，增加新的条款，以满足进一步获取对华利益的需求。"修约"从一开始就充分暴露了列强的强盗行径。

《望厦条约》《黄埔条约》分别签订于1844年7月和10月，前者第三十四款明文规定，"合约一经议定，两国各宜遵守，不得轻有更改；至各口情形不一，所有贸易及海面各款恐不无稍有变通之处，应俟十二年后，两国派员公平酌办"。后者在第三十五款中也强调，

"日后大佛兰西皇上若有应行更易章程条款之处，当就互换章程年月，核计满十二年之数，方可与中国再行筹议"。中美商定需到1856年才能就各口岸具体情形进行讨论，中法则商定1856年10月后才能开启新筹议，至于《南京条约》则并无任何类似的修约条款，而英国方面却罔顾国际法，援引"最惠国条款"，要求"一体均沾"。1854年，即《南京条约》届满十二年，英国驻华公使包令伙同法国驻华公使布尔布隆、美国驻华公使麦莲，正式向清政府提出"修约"要求，此为第一次修约，史称"广州投文"。

1854年4月，英、法、美三国公使携带着远远超过原有条款界定的新约内容正式致函两广总督叶名琛，申请"修约"，至同年11月三国公使离开大沽口南下止，此为时长逾半年的第一次"修约"交涉。

关于叶名琛，亲历道咸两朝的广东士绅梁廷楠在《夷氛闻记》中称之为"千载奇人"，评价其外交策略为"不战不和不守，不降不死不走"。不过，认真查阅叶名琛的从政履历与处理的内务便可以发现他其实是一位聪明能干有魄力的晚清官吏。然而，在晚清复杂艰难的时局下，也许任何一位能吏都无法左右列强对中国一步步蚕食。

此次对华交涉的新任英国驻华公使包令是一位对华强硬派，他的对华态度部分源于1849年履任广州领事时的一次经历。这一年广州城内正如火如荼地进行着反入城斗争，两广总督徐广缙寸步不让，在民间积极组织团练并同时采取停止对外贸易、分化洋人、鼓励英方的策略，令包令的前任文翰公使"大为窘迫"。这次事件深刻地影响了两个人。一个是叶名琛，彼时他刚被擢升广东巡抚便辅佐上司"顺民阻夷"并获得胜利，事后更是得到朝廷封爵，叶名琛自觉已有制胜的外交心得："办理夷务本非共有辙迹可按，因时因地，神而明之，存乎其人。先守一定不易之见，常求随在可恃之图，庶先声可夺，而后患自弭矣。"叶名琛颇得咸丰帝赏识，1853年授两广总督，正式走上前台全权处理外交事务。另一个便是包令，据说包令是一个语言天才，声称懂得100多种语言，曾经当选议员。那场反入城斗争令他对中国极其失望并且反感，从此之后，包令主张对华采取强硬手段。两人互为对手，态度强硬，随后局势的恶化与之不无关系。

包令致叶名琛的长篇照会除去"修约"外，还以大量篇幅罗列十年来中英间未得解决的"积案"，要求进行"清理"，其中入城被置于首位；照会提出双方会晤地点"应在省垣贵署，他即不能议矣"，威胁倘不获会晤，他将"自行前往京师"。对以上照会内容，叶名琛有着自己的理解逻辑，他首先对会晤地点表示坚决不允，必须另选城外地点；对于陈年

第十五章 "亚罗"号：战争从来就不需要借口

"粤商文化"丛书

十三行：商船与战舰

积案，他懂得以牙还牙威胁包令"总是，既敦和好，原期大众相安，其事自当易办；若一味勉强，其事恐亦不能行也"；至于"修约"，叶名琛则完全置之不理。这当然不是叶名琛的遗漏，事实上叶名琛的情报网一直在工作。早在一年多以前，叶名琛便得知英国打算"修约"，并认识到三国有"趁火打劫"的嫌疑，但他的认识仅限于此。他既不明白"修约"的具体要求，更不明白"修约"的目的。他认为这是列强的又一次"饶舌"，只需"相机开导，设法羁縻"即可应付。

叶名琛傲慢与超然的表态在包令的意料之内，也是包令接下来采取行动的前提。他曾说：我仅仅希望（从叶名琛处得到）一个否定的回答。接到这样的回答，我将立即安排北上。（茅家琦《太平天国对外关系史》）包令还在观望中国国内战争形势，同时也希望北上进一步试探清政府的态度与底细。于是，包令与美国驻华公使麦莲于1854年6月上旬到达上海。

其实早在5月间，麦莲已经以呈递国书为名多次要求面见当时的两江总督怡良，并获得同意，所以上海"修约"便由麦莲率先出马。在面见怡良之前，他特地邀约吴健彰来美国驻沪领事馆。麦莲采用了劝诱与恫吓相结合的谈判方式，在中国早期的封建买办官吏面前树立了一个通情达理且深明大义的"夷人"形象。麦莲表示中国的太平天国起义所造成的内乱给美国对华贸易造成了极大的损失，但美国仍然愿意协助清政府"会同缴办"太平军，进而开通长江贸易。他进而骗诱称南京、镇江的太平军均愿与之通商，不过美国拒绝了。事实是，麦莲在天京（今南京）之行后就已经对与太平天国通商获利感到绝望，认为只有继续支持清政府在中国的统治才能维持英美等国在华利益。最后，他威胁声称清政府如不同意，美国不会束手坐视并会设法保全在华商务。吴健彰会意了麦莲的意思，在上报怡良时刻意美化麦莲意图。及至6月下旬，麦莲在吴健彰等的陪同下在昆山与怡良面谈。麦莲继续沿用以上说辞并正式提出"修约"要求，且利诱说"修约"后中国每年可多获取500万两财政收入。怡良不敢擅专，并且也没有必要替叶名琛拿主意，于是，他把皮球重新踢回广州。得知这一情况后，咸丰帝谕令叶名琛"坚守成约，断不容以十二年变通之说，妄有觊觎"。包令与麦莲并不信任怡良与吉尔杭阿（时任江苏巡抚）的建议，直到吉尔杭阿保证"叶钦差已接奉上谕，饬令承办外国公使们的建议"后才相继返回广东。

对于英、法、美三国来说，返粤之行是毫无收获的。8月下旬他们继续向广州投递照会，但叶名琛给出了毫不让步的答复，一个是不允在广州城内商谈修订条约，一个是表明自己并无专擅之权，一切还得听从北京的旨意。包令等非常失望，在香港即与其他两国公使决议放弃与叶名琛会谈，直接上北京的决定。

包令等对于上北京解决问题的信心要远远高于直接与叶名琛商谈。包令等认为中国内战的压迫使得朝廷会对外国更加友善，更易于放宽限制；他们还认为在武力的威胁下，清政府是极容易屈服的，1848年青浦教案中两江总督李星沅在英国领事阿礼国"战舰咆哮"政策下的软弱退让令他们印象深刻。他们正确地判断了中国国内的形势，不过却错判了清政府官员的说辞以及低估中国封建王朝竭力维护礼仪上邦的执着。晚清政府的封建官吏惯于敷衍或者给予似是而非的回答，包令等对此常常别无他法，只能选择暂信。比如，与英、美两国友好的吉尔杭阿为劝服包令返回广州，最终保证"叶钦差已接奉上谕，饬令承办外国公使们的建议"，包令回到广州后，叶名琛表示同意商定"修约"，不过如果稍有更易旧约，必须请旨，自己不能擅专。还有一例，10月3日，吉尔杭阿面对三国公使表态：毫无疑问，皇上会派一个人到这里（上海）或到广州来和你们会商。而10月4日，吉尔杭阿再次上疏咸丰帝，力陈如果不满足英、美两国的需求，半年内英、美两国则会"伺衅而动"，希望"钦派重臣会同两广督臣妥为查办"，咸丰帝阅后大怒，认为吉尔杭阿过分迁就英、美两国，威胁朝廷。吉尔杭阿的奏请当然不予所准，但三国公使已经信服吉尔杭阿的表态，认为朝廷会重视三国的请求，派遣重臣与他们谈判。

咸丰帝在位11年，几乎伴随着整个太平天国运动的兴起与发展。在生命的最后几年里，英、法、美等国列强卷土重来，挑战天朝体制，最后竟然直接攻入北京，洗劫圆明园。他不具备他的祖先们恰逢盛世的机遇，更不具备祖先们开疆拓土与治国安邦的才智。在这样一个复杂动荡的形势下，年轻的咸丰帝与所有的封建帝王一样竭力镇压如太平天国运动、小刀会或者捻军起义之类的内乱，他敌视西方列强，不仅因为他们挑战了天朝体制，还因为他们私底下与天京方面"勾搭"，所以，他时常警告一些封疆大吏必须警惕外强们的险恶用心与邪恶策略，这也是他拒绝向外强"借师助剿"的重要原因。在"修约"问题上，咸丰帝正确地提出只能在第一次条约的框架内进行枝节修改，坚决反对列强的大修意图。但是，他低估了列强们"修约"的决心与毅力，这与朝廷大臣的主观奏报有关系，更加根源于中国封建制度培养下溶于血液的天生以自我为中心、故步自封的帝王性格。所以，在列强的步步紧逼下，他只能指示"外交部长"叶名琛"不可激生事端"，应当"坚守定约"，不可"一味迁就"。这种观点是咸丰帝主持天朝外交工作的核心思想。

第十五章 "亚罗"号：战争从来就不需要借口

"粤商文化"丛书

十三行：商船与战舰

白河谈判，包令与麦莲是有备而来的。10月份的最后一天，长芦盐政崇纶作为专使到达大沽正式展开谈判。英、美两国交出了各自的变通条约清折，许多条款最终在第二次鸦片战争后签订的《北京条约》《天津条约》等条约中得以实现，但在此次续约中，清政府采取的策略是"查照原立条约"满足部分"情理可原者"。英、美、法三国对此回复非常不满，便报告本国政府，随后南下返粤。至此，英、法、美三国第一次酝酿的"修约"失败。

英、美两国政府驳回了来自中国的报告，在报告中包令等均提出了派遣英、法、美三国联合海军以武力威胁中国执行"修约"的要求，原因主要是英、法两国此时正深陷于克里米亚战争中，缺乏兵力，无暇他顾。咸丰帝却误以为西方列强汲汲营利，稍微得到利益便能俯首帖耳。然而，不到一年，三国的第二次"修约"交涉便又开始了。

1856年正好是中美《望厦条约》届满十二年，美国政府决定再次向清政府提出"修约"要求，所以此次"修约"以美国为首，只不过在美中"修约"交涉遭遇挫折时，英国便已经发动了第二次鸦片战争。

英、法、美三国的第二次"修约"交涉以伯驾为首。第一次"修约"失败后不久，麦莲便辞职回国，1855年9月伯驾被任命为美国驻华委员，接替麦莲在中国的工作。伯驾是美国传教士、医生兼外交官，他曾担任美国公使顾盛的译员，并于1844年协助其强迫清政府签订了《望厦条约》，他非常熟悉对华事务。赴华前，伯驾接受了美国政府的指示，分别与英国外交大臣克拉兰敦与法国外长瓦尔斯基会晤，在三国协同对华问题上取得一致。随后，伯驾满怀信心地启程来华，于1855年12月31日到达香港。

跟前一次"修约"交涉一样，叶名琛在接到伯驾的照会后，便推诿拒见。事实上，在叶名琛署理清帝国对外事务的任期内，任何国外使节的照会请求他都没有完全同意过。所以，伯驾不感到意外，但如此温吞的冷遇令他感到异常搓火，他决定绕过广州找到老朋友吉尔杭阿来周旋中美"修约"交涉的事务。吉尔杭阿是江苏的买办型官吏，但此时他已被调任帮办江南大营军务，率军赴镇江，进攻太平军，第二年6月兵败自杀。吉尔杭阿劝解伯驾，五口通商事务该找谁解决还得找谁，其他官员不得僭越，更何况自己也挺忙。无奈之下，伯驾准备再找叶名琛尝试一次，于是，1856年3月上旬提交了第二次照会，叶名琛依然拒见。伯驾意图通过怡良上奏咸丰帝，于是辗转通过上海海关司税李泰国向上海道蓝蔚雯施压。接到怡良奏报后，咸丰帝仍然坚持"五口通商条约虽有十二年再行更定之议，不过恐日久弊生，或有窒碍之处，不妨小有变通，其大段章程，原未能更改"，且强调五口通商事宜均由广东方面负责，其他省份官员不得越俎代庖，广东方面则指示条约细节方面可酌情办理，过分要求则不予应允，尤其要防止外夷北上，还告诫叶名琛不得拒而不见，错失先机。

5、6月间，三国公使（代办）先后照会叶名琛，再次提请清政府方面应准备"修约"事宜，叶名琛接到咸丰帝指示，以第一次"修约"中麦莲的失败之行劝阻伯驾（代办）北上，并表示条约不得修改，除非皇帝有新的恩旨。

交涉失败后，恰逢美国驻华海军司令奄师大郎（Commodore James Armstrong，又译阿姆斯壮或亚门司龙）准将告知将率军舰于8月中旬左右从日本驶回上海，于是，伯驾于7月初动身前往上海与之会和。一个月后，伯驾抵沪后获悉半年以来清军节节败退而太平军却风头正盛，他认为这是一个干涉清政府内政的极好机会，便去信包令建议三国公使应前往北京，还可陈兵于白河口以示威胁。然而，实际情况是，除了伯驾能调动美方2艘战舰外，包令与顾随均未被赋予调动该国远东战舰的权限。所以，包令认为一次不够场面的武力炫耀可能会适得其反，且英国方面应置身中国内战之外，静观其变。

伯驾只得留在上海继续活动，最终搭上怡良。作为封疆大吏，怡良自有过人之处，1854年曾成功地把皮球踢回广东，这次也不例外。怡良敏锐地发现伯驾单独北上"修约"的异常，进而提出即使"修约"，分为两地办理也是不应该的，且该事务本是广东方面所管。得到答复后，加之10月下旬白河即将封冻，伯驾不得不返回澳门。不过，此时第二次鸦片战争已经爆发，接下来伯驾所寻求的是如何从战争中获得最大利益。

两次"修约"交涉的失败是第二次鸦片战争爆发的直接原因，而"亚罗"号事件是导火线，是站不住脚的战争借口。

1854年，中国人苏亚成制造了一艘中西合璧式样的划艇——"亚罗"号，外国人称之为"lorcha（绿壳）"。后来卖给了一个在香港定居的中国人方亚明，为行走方便，后者为"亚罗"号领取了香港殖民政府颁发的执照，能够悬挂英国国旗并受英国政府保护。正是据此，巴夏礼认为"亚罗"号为英国船只，与其他在香港制造的船只没有区别。船上水手全都是中国人，挂名船长是一位名叫托马斯·肯尼迪的爱尔兰人。所以，"亚罗"号便成为一条在中国制造、中国人所有、在中国水域行走，却受到英国保护的船只。第一次鸦片战争后的清政府面临着对主权逐渐失控的局面，如果"亚罗"号当时悬挂着英国国旗，那么，这次事件很可能不会发生，因为广东官员必须根据实际处境做出更为合适的外交决定，而

"粤商文化"丛书

十三行：商船与战舰

问题却在于，根据英国相关条例，如果进入他国口岸，则应下旗抛锚，船长登岸。这么一来，行走于中国水域的"亚罗"号实际上同中国船只没有任何标志上的区别。

问题出在"亚罗"号的水手上。助理领水员梁明太、梁建富原先为海盗，被雇佣前的半个月曾经劫了两条中国货船。船主是一位名叫黄连开的绅士，发生劫案时，他正在船上，目睹了整个凶劫现场，侥幸跳脱。一个月后居然再次碰见梁明太，他随即向广州水师报信。水师千总梁国定按照程序带兵登上了"亚罗"号，此时的"亚罗"号既没悬挂英国国旗，也没有外国人，于是，梁国定便把"亚罗"号当作了一条普通中国船只来处理，带走了嫌疑人。对此，马克思曾指出：中国水师登船抓人时，他们认为它是一只中国船，而这是正确的。

从事件始末看，英方认为的中国官兵扯掉英国国旗的事件其实是子虚乌有的，若干证据证明当时的"亚罗"号船上根本没有悬挂英国国旗，也无船长在场，更不必说这艘船只的殖民政府执照在9月28日便已过期，英方咄咄逼人的态度完全不合情理。

包令听信巴夏礼的一面之词，认为中方辱旗事件属实，对此，叶名琛照会英方："查此划艇本系中国人苏亚成所造，并非外国船只，贵国旗号系属向波碌行买得，前已审明该犯吴亚认供认确凿。当兵勇到艇拿人之际，原不知系外国船只，该艇系泊海珠炮台左右，本系中国人苏亚成之船。即如贵国划艇湾泊下碇，向将旗号收下，俟开行时再行扯上，此贵国一定之章程也。到艇拿人之际，其无旗号，已属明证，从何扯落？巴领事官屡次来伸，总以扯旗欲雪此辱为名，其实并无违和约之处。"

叶名琛陈述了事件始末并以英方船例和中英和约为依

叶名琛

据，所以，伦敦方面实际上已经认同了中方的解释，并了解了事件的实质情况，但依然放纵包令的歪曲与蛮横，因为，伦敦方面在"亚罗"号事件上发现了战争借口，而叶名琛还天真地表示"此小事，不足校，其置之"，并将船上水手送回。英方不收，也不看叶名琛的照会，且威胁"……须梁国定亲往伊船，由彼讯明定案……以明日午刻为限，如逾期不允所请，即进兵攻城。"叶名琛的悲剧自此开始，因为他对英方的威胁是不以为意的，他始终认为"亚罗"号事件属于内政，英国干涉本属无理，居然还想以此入城，简直不知所谓。其搁置的态度却被包令误以为是强硬对抗。包令说：虽然我们不断地向广州的这位总督大人施加压力，但到目前为止，他仍不为所动。对待这样不可雕琢的愚顽之辈，可真没有办法。

英方已经没有耐心与叶名琛打太极，两次不愉快的北上经历使包令对华的态度愈发强硬。他说"以单纯行动，而没有一支堂皇的兵力助其声威，欲求从中国人方面取得任何重要进步，是毫无希望的"。1856 年 10 月 23 日，英国驻印度区舰队司令西马縻各厘（M·Seymour）率领 3 艘船舰封锁珠江，炮击广州城。对此，叶名琛老神在在地声称"必无事，日暮自走耳"，还下令清军不得还击。英军武力威胁的同时，包令与叶名琛就英军入城、入城谈判等问题进行了若干次照会，叶名琛皆断然回绝，并奏报北京。最终于 10 月 29 日，英军百余人打开城墙缺口，攻陷总督府。英国的"入城"之梦终于得以实现。直至此时，叶名琛依然没镇定自若，这来自于两个考虑，一是他认为英军规模有限，无法长久；二是他使出常用"杀手锏"，即断绝所有通商并将责任推到英国头上，在晚清外交史上，这是初期的"以夷制夷"策略。

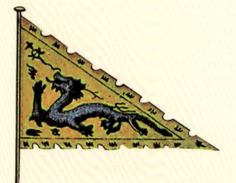

大清龙旗

十三行：商船与战舰

事态的发展与叶名琛估计的有一些相符，英军兵力严重不足，且遭到广州城内军民的持续抵抗，这里面当然有地方绅商的积极参与，洋人的"老朋友"——十三行行商一直没有置身事外。在城内形成拉锯格局之时，行商伍崇曜与巴夏礼商定，中英谈判会所可定于城外一地址，布政使汪国霖表示支持。叶名琛得悉后，做出了相反的判断，他认为广州城内军民正同仇敌忾，团练逾2万人，"西关团勇也有数千，扬旗列队过十三行洋楼外"，英军已经难以招架广州军民的武力对抗。同样，叶名琛根据历史经验与不可信的情报，还得出结论：为了商业利益，英国必然不敢与清政府决裂。为此，叶名琛一直镇定自若，对上谎报军情，事实证明，叶名琛的判断如果放在19世纪的前30年，也许是正确的，但时过境迁，国际形势发生巨变，清朝的国家主权以不可遏制之势被削弱后，他的结论被第二次鸦片战争所摧毁。

"亚罗"号事件的发展已不是清廷所能控制的，叶名琛欲以通商相威胁，殊不知，风风雨雨绵延300年的十三行商馆最终毁灭于这一次的入城事件中。英军占领了十三行商馆，并拆毁了周边大片民居，留下空地以防广州军民偷袭。12月14日，广州军民用大火燃烧愤怒，一把大火烧了一天一夜，将十三行与外国商馆烧成灰烬，十三行自此退出了历史舞台。据当时南海知县华延杰在《触藩始末》中描写"夜间遥望火光，五颜六色，光芒闪耀，据说是珠宝烧裂所至"。英军失去据点，撤回至军舰。

十三行再也没有从大火中恢复过来，朝贡体制的崩溃、国力的削弱、外强的入侵无一不是压垮十三行的稻草，历史的选择，无可奈何！

第十六章
行商为抗击外来侵略建造的战舰、炮台、水雷

"粤商文化"丛书

十三行:商船与战舰

近100年,多数中国人已经不知道珠江水道上曾有"浩官炮台"的存在。岁月的烟尘,淹没了太多的历史陈迹,况且已历经道光、咸丰、同治、光绪及宣统五朝,之后则是辛亥革命、国民革命、抗日战争,百年烽烟,百年屈辱,已经让后人疲于寻找昔日的光荣,何况一座早已湮没掉的炮台。所以,在中国的史料里,早就找不到这座在侵略军心有余悸的炮台了。

正因伍浩官在外商中享有极其崇高的商业名望,所以,不少与伍家相关的地方其英文名都用了"Howgua"或"Howgna"(即浩官的英文名),诸如怡和街——那是伍家怡和商行所在之地,在外文中则称之为 Howgna Slreet——浩官大街,海幢寺一侧不远的伍家花园,也被叫作 Howgua Garden。那么,这座浩官炮台——英文名为 Howqua's Fort 或者 Howqna's Folly,纵然已在中国一方的历史记录中丢失,可在英军的战事记录中仍屡屡被提

大清战船

行商制造的水雷

起。于是，我们只能凭借外文来寻回这座失去的炮台。

无疑，浩官名气太大了，以他的名字命名的大炮台，也就更容易引起侵略军的关注。他们认为这座以浩官命名的炮台有着不同寻常的意义：一个富可敌国的行商捐献的炮台，理应不同一般，打下它，是他们足可以炫耀的战功。所以，在英文的战争记录中，他们才不惜一次又一次地提起，不厌其烦地加以介绍，这也给我们寻找这座失踪的炮台提供了有效的线索。

其实，对于拥有巨资且有赤忱的爱国之心的伍家来说，捐建的炮台远不止这一座，著名的虎门炮台、二沙岛炮台等等，都少不了伍家怡和行的资金支持。相比之下，浩官炮台从体量上、留存于世的时间上，都几乎不值一提。所以，还应"感谢"英国人留下的文献记载，他们为的是炫功，我们为的却是探究历史。

学者们为这个浩官炮台的位置，寻找、考证花了不少工夫，有的认为它就在今广州塔附近的定功炮台，有的认为是洲头咀公园旁的永靖炮台，二者相距较远。近年，亦有考证认为它应在当今的琶洲岛西侧，也就是如今的磨碟沙公园附近。总之，均在珠江穿过广州的航道上。

在外销画中，专门有一幅是"浩官炮台"，收在孔繁特所编著的《外销画中的外商》一

第十六章　行商为抗击外来侵略建造的战舰、炮台、水雷

"粤商文化"丛书
十三行：商船与战舰

书中，现收藏于美国马丁·格里高里的画廊。据推断，该画绘于19世纪20年代，从画面上看，浩官炮台位于一座岛屿的一角，并可以看出它是方形的军事设施，炮眼数量较多。画中的水面甚宽，比今天的珠江至少要宽了好几倍，200年间，河道从南、北两侧收缩了不少。乍一看，你会想起那句名诗"白玉盘上一青螺"，水很清，树很绿，炮台在其间相当显眼，而其后方的河岸山岗林林总总，横亘不知有多少里，占据了相当大的画面。广州城东本就是台地地形，丘陵、山冈连绵成片，在琶洲一带未城市化之前，便是这般景象。

我们之所以用这么多笔墨来谈浩官炮台，并不是单为伍家说好话，而是为了说明，以伍家为代表的行商们早已为广州的军事防御未雨绸缪，建立了很多炮台等军事设施。社会上称许行商们"急公好义"当非妄言。

除开炮台外，行商对于赈灾、护堤等公益事业，也是非常热心的，虽有上面摊派的原因，但更多的则是他们的自觉自愿。梁嘉彬的《广东十三行考》就用了整整一节，收录了行商投身公益事业的不少例子。而在南、番、顺等县，尤其是桑园围一带，至今尚有不少碑志，记载了行商们为救灾、修堤等捐献巨额资金的善举。这本是中国传统的文化与习俗，这里就不赘述了。

我们还是回到这一章的主要内容上：伍家，主要指伍浩官，即伍秉鉴，他在鸦片战争前后的相关事迹，他如何践行了自己对国家的承诺。

伍家是十三行行商的后起之秀，在十三行中财富的排名，从寂寂无名，很快上升到第三名，超过了数十位财富相当可观的行商，故有"潘卢伍叶"的排名。到最后，伍家更成为十三行行商的首富，跃居了第一位，超过了潘家。

伍家的早期飞升与武夷山茶叶的高质、高产相关。作为比叶家迟来十三行差不多一个世纪的包商，伍家与美国商人打交道最多，而美商恰巧也是后来居上，其贸易量直迫英国。对伍家而言，与美商的合作是一个机遇，尤其是美国独立战争之后，对华贸易迅速飚升。而伍浩官撕掉美商的欠款单又传为一时佳话，更提高了他在外商中，尤其是美商中的名望。

显然，仅仅有炮台远远不够，所以，伍浩官很早就向美国人购置军舰。他花了14400两白银买了一艘美国船。在中国第一历史档案馆编的史料中，有关于这艘船的记述：拆而视之，木甚坚硬，用牛皮裹包五层，加以铜皮铁皮，又各包五六层，其厚约有尺余，方到木质，是以炮子虽巨，难以击碎。

梁嘉彬在《广东十三行考》中也有过考据：

据《东华录》道光二十二年十月条内有洋商伍敦元购买米利坚船一只，潘绍光购买吕宋船一只之语，当与《中华见闻录》(The Chinese Repository) 1843年2月号所载琦善受皇命创设海军，公行为政府购置约百八十吨Romiro（"拉米罗"号）船一艘及约三百十七吨之Lintin（"零丁"号）船一艘之事同为一事，可以无疑。

这里的"零丁"号是美国旗昌洋行所属的船只，应是伍敦元所购美国船的名字。"拉米罗"号则是潘家所购置的吕宋船。

伍家与旗昌洋行的关系，诸说褒贬不一。这里简单追述一下。旗昌洋行是美国独立战争之后才有的，美国打败了英国殖民者，急于建立自己的对外贸易，旗昌行应运而生。之后，美国与英国在对华政策上有显著的不同，美国经常站在中国一方对付英国殖民者。可以很明确地说，1833年，英国东印度公司解散前，东印度公司为自身的声望，不曾涉足鸦片交易，旗昌行也一直如此。直到鸦片战争爆发前，旗昌行与东印度公司解散后的所谓自由商人更不一样，都不曾卷入鸦片交易。在美国人的研究专著中，伍家人挑选合作的外商是有底线的，不仅自己坚持不碰鸦片交易，而且要求与他合作的外商也不能碰。他甚至大骂旗昌行老板的一位亲戚是"一个坏蛋"。直到鸦片战争之后，中国败北，让鸦片贸易乃至生产合法化，出于商人唯利是图的本性，旗昌行才卷入了鸦片交易——这已是另一回事了。

正因为这样，购置与英国人对抗的武器，伍家只会找美国人，因为他了解这半个多世纪的美英之不和。

关于"零丁"号，有不同的说法。可惜，这艘"零丁"号出师未捷身先死，开战前在内河遇上了大洪水，不幸侧翻，沉没江底。亨特在《广州番鬼录》中写道：

"零丁"号还是被派往黄埔。这时中英第一次条约已经破裂，广州又再进行防御准备，当局没有灰心，另买外国船只——这次是在省城附近设防。他们看中了"零丁"号。把它卖给他们，由一大队小艇把它拖到上游。船头的两边又各画上一只眼睛，船上

第十六章　行商为抗击外来侵略建造的战舰、炮台、水雷

"粤商文化"丛书

十三行：商船与战舰

的短桅全部拆去，在敲锣和鞭炮的杂乱声中，将它停泊在城对面的海珠炮台下游。

……该船也正式改成一艘中国战船，照例挂上无敌的标志，画有龙吞月、阴阳、八卦和象征雷电图形的三角旗。

所有这些毁灭性装备的指挥官，他的帽子上插有孔雀羽毛，头上张着一把大丝罗伞，舒服地坐在一张竹椅上，吸着烟筒。

其他令人生畏的战斗准备是，及时配备一些被虫蛀了的枪、火绳枪、长矛和盾牌。它很快就可以准备和任何英国小护航舰对抗，无论是"摩底士底"号，还是"阿勒琴"号，甚至"前锋"号。但有一天晚上突然发大水。汹涌的潮水冲击船锚，使它从右边滑到左边，撞在炮台附近的岩石上，船身滑脱，沉入深深的水底！于是中国人把它的桅杆拆下，留下一条高出舱面约7英尺高的残余木杆，并在上面挂了一盏小灯笼。从那时起它就成了指引来往河面小艇的"灯塔"！这是"记录在案"的广州的第一座灯塔。28年后，当我最后看到这枝桅杆的残部时，船身周围已淤积成一道大的泥堤。而在其上的是一个小纸灯笼里射出廉价蜡烛的微光，标明这是"零丁"号的长眠之地。

而早在1809年，由于南海海盗猖獗，行商便为官府向外商购买了一艘108吨双桅帆船"伊丽莎白"号，还租赁了一艘350吨外国散商的"水星"号，以增强中国水师的战斗力。

鸦片战争中，因为行商与外国舰只打了很久的交道，所以捐献了多艘西方的近代战舰，以强化中国水师的水战能力。

道光皇帝则不厌其烦地下旨：

该省洋商（作者按：即行商）内如有深悉造船之法，及力能设法购买夷船者，并著文丰（作者按，即时任粤海关监督）留心访索，加以激劝等因。

并著晓谕该绅商等多方购造，务须木料坚固，堪备捍御之用为要。

为了国家的兴亡，百姓的安危，行商们与潘、伍两家一样，都竭尽全力，不惜倾家荡产,抗御外侮,同仇敌忾。

行商潘仕成曾自行监造仿西式战舰一艘,亲自找工匠,加倍上工料,船底船身一律用铁铜包裹起来,按序布列炮眼,力图打造得更坚固。粤海关分年分期陆续偿还了工价,"捐铸炮位如法安放,业经靖逆将军奕山拨归水师旗营,作为战舰,合并陈明"。

奕山接收后,经过训练,上奏通:"驾驶演放,炮手已臻娴熟,轰击甚为得力。"足见奕山对清军军事实力颇为乐观。同时,奕山另奏明,潘仕成仿美国兵舰造了样船,并拟参照英人中等的兵船再继续造下去,并决定将年分例修战船暂时停下来,节约经费用造大船。

道光闻奏后大喜,下旨:

以后制造船只,即着该员一手经理,断不许令官吏涉手,仍致草率偷减,所需工价,准其官为给发,并不必限以时日,卑得从容监制,务尽所长。

显然,道光皇帝是高度信任行商的,并且充分肯定了行商在引进西方战舰上的重大贡献,从而将造船的重大责任单独交给了作为行商的潘仕成。与此同时,他也早已察觉官吏的贪污腐败、偷工减料势必会出"豆腐渣"军舰,因此,不敢把造船重任交到官吏身上。后来,道光一再强调:毋庸泥守旧制,总以精良适用为贵。

除了潘仕成,另一位行商潘世荣还专门雇佣外国工匠,制造当时已具先进海战水平的第一艘火轮船。为此,奕山在奏折中称:

有绅士潘世荣雇觅夷匠制造小船一只,放入内河,不甚灵便。缘该船必须机关灵巧,始能适用,内地工匠往往不谙其法。闻澳门尚有夷匠颇能制造,而夷人每造一火轮舟,工价自数万元至十余万元不等,将来或雇觅夷匠,仿式制造,或购买夷人造成之船。

这种自学自造与引进的思路,无疑是对的。但引进即购买,又谈何容易。

第十六章 行商为抗击外来侵略建造的战舰、炮台、水雷

"粤商文化"丛书

十三行：商船与战舰

海关监督文丰一再下令给行商，千方百计欲购置前来参与贸易的坚固船只，却只是想当然。因为，"黄埔夷船俱系载货来粤，仍须载货回国，未肯出售"。这理所当然。所以，"愿售者尚属寥寥"。文丰不得不下令："饬令众商等随时留心访察，嗣后如有坚固夷船出售者，自当劝令广为购买。"

为邀功，广东的官员不惜扣留两艘停靠在黄埔港的黄旗船，强买强卖。行商们不得不为此支付了45000元。但军事官员视看后却直摇头，觉得这两只船又小又浅，根本不适用，只是白费银子罢了。

的确，正如黄恩爵所言："穷中国工力物力，不能复加于进。"就算可用，"而以当夷船，恐亦难言制胜。"

道光皇帝开始还下旨要求绘图呈进，后来又听说火轮船并不合用，便称"著即无庸雇觅夷匠制造，亦无庸购买。"

引进的西方武器，当然不止是战舰，还有更多，尤其是鸦片战争开始，强敌犯境，行商纷纷出资出力，与官兵协同抗战。购买、仿造各种先进武器，大炮、洋枪、水雷，全都在选购之中。可以说，在热武器之近代化中，行商同样起了带头作用。光说火炮，林则徐前后购买了200余门西方的火炮，其中最大有9000余斤，排列在虎门两岸。林则徐还亲自登上靖远炮台，专门视察从澳门购置的葡萄牙式青铜大炮。这些铜铸大炮，都能够发射68磅的炮弹。这些武器远比清朝军队用火蜡法改造的"红衣大炮"要先进得多。

除开火炮之外，十三行行商潘仕成还带头提倡制造水雷。在其著的《攻船水雷图说》中称：

米利坚夷兵官壬雷斯抵粤，自言能造水雷，遣善泅水者，潜至敌人船下；或顺流放去，泊于船底，藉水激火，迅发如雷，虽极坚厚之舟，罔不破碎，事成索酬数万。时值闽浙用兵，猝欲得其法以破敌，不惜重资，如数予约。乃禀商靖逆将军，暨督抚大宪，给札开局。凡九阅月而水雷成。

关于壬雷斯此人，陈大谊于《从鸦片战争到一八六一年的中国军事工业》一文作过考证，称潘仕成"捐资延法兰西（美利坚）夷官雷壬士于家"；梁廷楠《夷氛闻记》中亦有"延佛兰西人雷士壬"；奕山的奏稿为"雇觅米利坚国夷官壬雷斯"。译音同但用字不一样，当然同为一人，取壬雷斯用。

很早睁眼看世界的行商，当然知道美国的独立战争，了解英、美两国的"世仇"，我们不难看到，设法抗击英国入侵军队时，行商便会想到要找美国人。而美国人历来有使用水雷，抗御敌国战舰的传统，独立战争就曾用过水雷打击过颇为强大的英国水上舰艇，并造成英舰的损失。因此，壬雷斯得知清军难以抗击强大的英国舰队，必然想到用水雷出手相助。

梁廷楠在《夷氛闻记》中讲到：

仕成因延法兰西人雷任士造洋炮水雷以进，粤人怨英夷甚，见仕成，或饮诸夷，不能辨何国也，则哄于其门，从容辟解而后已。

这类水雷的制法，是利用水的压力，能机引火，暴发大量的火药。魏源在《海国图志》中说：

雷器装备妥协后，令极善没水之兵，潜至敌人船底，将引绳搭系水中锚索，务使水雷恰在船底之中，勿得差错，即将护盖木塞拔出，速即登岸远避。为时约五六分之久，水灌鼓涨，机板扛揭板而起，揭板起尽，弹条击落，火帽迸裂发火，迫入火塔，直透药管内，烘药燃，火热横溢，药仓如迅雷轰然起矣。

潘仕成护国心切，几经改造试验，终于造成了水雷，在珠江中试演，看上去颇成功。"于是，祈贡将绘制的《水雷图说》一册，以及20具水雷一起交由曾经学习制造水雷和配置火药的李光铨、潘仕豪、李光业三人，带同各匠役，进京呈送。"

问题是，这种水雷在实战中的有效作用能发挥到何种程度？所以，道光皇帝在其上谕中指出：设伏之器必使敌人不觉，方能攻其无备。此项水雷既无此善水之人送至船底，轰

"粤商文化"丛书

十三行：商船与战舰

击虽利，亦未见为适用。

不久，第二次鸦片战争发生。张敬修、王者华等人，再度秘密制造多个水雷。"费尽心力，乘黑夜偷入敌船底，及药线发，声闻十里，不知者疑为霹雳，截然怒号，乃敌船仅略一摇动，纵横不过数丈，无损毫末，连放三次均无益。"显然，行商自制的水雷，在实战中的有效性非常有限，基本上没发挥作用。而火炮、火枪、炮台之类，也几乎没什么用。

这当然是清政府败绩的原因之一。但更重要的原因是清政府的腐败、无能，哪怕炮台再高级，火枪、火药（这还是中国发明的）、水雷再威力巨大，也挡不住清军的懦弱、畏战、望风而逃。

整个清朝，从乾隆中期便开始走下坡路，行商挣扎往往一败涂地。

最典型的当属林则徐通过伍家从美国旗昌行购买的那艘武装商船"甘米力治"号（意译为"剑桥"号），船上原有28门6磅炮、4门12磅炮以及6门大口经短炮，是一艘颇有实力的武装商船。旗昌号买下时炮位已被卸下了，大清水师接手后，加了两只"大眼鸡"标志，加上中式军旗，配备了新的大炮，而后更名为"截杀"号。纵然如此，现存文献中有一幅插画，刊于1843年伦敦出版的《环球航行》中，名为《在攻打广州炮台战役中剑桥号（即截杀号）被炸毁》。由此不难想象它的命运。

如"剑桥"号这种当时清朝"最先进的"武器尤难克敌制胜，更遑论普遍使用大刀长矛的多数清朝军队，即便清政府再努力，也只能屡尝败绩。因为它的武装实在是太落后了，冷兵器怎敌得过欧洲不断升级创新的现代武器呢？自16世纪红夷大炮诞生以降，欧洲战事不断，各国之间的战争打了又打，为争夺海上霸权，葡萄牙、西班牙、荷兰、英国先后卷入连绵战事，激增的战争，对武器的更新改造要求就更紧迫。

反观可怜的大清政府，连18世纪末马戛尔尼祝寿时带来的先进武器也只是觉得好玩，视其为玩具，根本没意识到其卫护国土的作用，仅半个世纪后第一次鸦片战争爆发，西方的武器又有了长足的发展。

除了积极购、造武器，行商们，包括潘家、伍家、谭家、梁家等都亲自组织民团，直接与登陆的侵略军战斗。

正应了民谚所称"官怕洋鬼子，洋鬼子怕百姓，百姓怕官"。百姓组织的反抗，打得侵略者落花流水,最后却被官府严加禁止,让侵略者得以逃跑。

一如著名诗人张维屏所写:不解何由巨网开,枯鱼竟得悠然逝。时人扼腕长叹尽显诗中。

十三行行商,购置武器、组织民众抗击侵略者,可谓殚心竭力,却最终无奈听命官府,败退。末了,还得拿出巨资,作为赎城费。

一首《怨气歌》充分表达了这种无奈:

一声炮响,义律埋城,

三元里顶住,四方炮台打烂,

伍子垣顶上,六百万讲和,

七七礼拜,八千斤米烧,

久久打下,十足输晒。

"输晒",输的是国家,倒霉的是老百姓。

张维屏像

"粤商文化"丛书

十三行:商船与战舰

官船(王次澄等著,《大英图书馆特藏中国清代外销画精华》第六卷,广东人民出版社2011年版)

结 语

"粤商文化"丛书

十三行：商船与战舰

如果从诺亚方舟算起，船的历史当与人类的历史同步，而且，也正是船拯救了人类，诺亚方舟就是证明。

如果我们把时间线拉近到大航海时代，同样是船，把人类推进到了近代文明的历史进程中。正是船，把整个世界最早联系到了一起，成为文明的纽带。

30多年前，我曾编写过一本《海洋、陆地与船》的儿童小说，它是《小小地球村》丛书中的一部，那时，我刚持一本"无效护照"（外办忘了在照片上打钢印，当年是要打钢印的）绕地球一个圈回来，尝尽了酸甜苦辣，差点被送进了难民营。好在那时还有一种儿童的阳光心态，尚能从苦难中咀嚼出甘甜来，一部《无效护照》的纪实，一度洛阳纸贵，还得了奖。

作为十三行八大家谭家的后裔，我早早就与船结下了不解之缘。顺德的"一船蚕丝去，一船白银归"的民谚，记录下的是怎样一部繁荣、欣悦的历史，祖上的"下南洋"，绝不是后来所认为的"卖猪崽"那般凄凉、悲催、惨烈。十三行行商在南华西街的居住区，有栋历史建筑名为"谭家船王老宅"，我们家在那里一直居住到抗日战争。当然，颜家船队、伍家船队……都名不虚传、威震南海。当年，中国沿海，年年都有数千，甚至上万的帆船开到巴达维亚、马尼拉等海港，整个南中国海，尤其是在郑成功"金厦商业帝国"兴盛之际，中国商人是何等风光无限。及西舶东来，很少人知道，英国的东印度公司至少20%的股份是行商潘启官一家的，而瑞典37艘商船，有30艘为中国人所管理，另外7艘也有中国人的股份。不仅是海运和商船，就连西方先进的工业，包括太平洋铁路，都有行商的巨额投资。

的确，每一条船，都有它自己的故事，一如中国传统观念中，一旦船造成了，它不仅拥有自己的命运，同样也有了自己的守护神。船上有木龙，主船的生老病死，十分灵验，"相传静吉动凶，未易窥其形迹，舶或不利，则露形遁去"。这些民间传说，都赋予船以生命，有生命者，也就有了灵魂，故出海得拜妈祖，祈求保佑，平安归来。

　　整个地球，海洋面积占去了三分之二还多，海洋自然是有生命的，船也同样拥有自己的生命，而船本身，也令人类的生命变得多姿多彩。正是大航海时代，令贸易成为一种世界语言，把在不同地域生活的人群，用这一世界语言联系在了一起。而这一世界语言，则让人类的血脉息息相关，或者说，这一语言本就是人类血脉。不是么，在南中国海，有天后妈祖的神话，而在北欧的波罗的海同样也有踏浪女人的传说。

　　或许，我首先是一位作家，所以，我不想让我笔下十三行的不同船只，都被格式化了，缺少情感色彩，没了生动的灵性，于是，这部历史纪实，也就尽可能写得跌宕生姿，当然，也令人感慨万千，深思不已。

　　是呀，往近观于徜徉的上万艘中国商船，我们竟未能写出一两艘的名字，这是为什么？而唯一有名字的，当数行商买下的一艘美国商船，改造成为战舰，命名为"截杀号"，然而，出师未捷身先死，这艘"截杀号"还没投入战斗，就被侵略者击中了船上的弹仓，炸了个粉身碎骨，乃至几十里外的广州都听到爆炸声——这该怎么写？

　　也许，有那么一天，这一部历史纪实，我们尚能补充更多商船与战舰的故事，"截杀号"的史实也会更为详尽……这里所选船只，虽然各具代表性，或代表某个历史的节点，或代表某个国家，或代表某一领域，如法律、制度的演变，但总觉得有不少遗珠之憾，不足以把"船"的功与罪，伟大与卑微，壮美与悲哀写尽。

　　"天地玄黄，宇宙洪荒"，十三行这一"船"的断代史，也算是这"洪荒"中的一叶吧，不知读者以为然否。

"粤商文化"丛书

十三行：商船与战舰

西瓜扁（官印船）（王次澄等著，《大英图书馆特藏中国清代外销画精华》第六卷，广东人民出版社2011年版）

参考文献

1. （清）屈大均. 广东新语 [M]. 北京：中华书局，1985

2. （清）仇巨川. 羊城古钞 [M]. 广州：广东人民出版社，1993

3. （清）范端昂. 粤中见闻（卷五）[M]. 广州：广东高等教育出版社，1988

4. 陈节. 诗经 [G]. 广州：花城出版社，2002

5. （清）吴绮. 清代广东笔记五种 [G]. 林子雄点校. 广州：广东人民出版社，2006

6. （清）徐珂《清裨类钞》

7. （清）魏源：《海国图志》

8. 费正清. 剑桥中国晚清史. 北京：中国社会科学出版社，2007

9. 梁嘉彬. 广东十三行考 [M]. 广州：广东人民出版社，1999

10. 李国荣，林伟森. 清代广州十三行纪略 [M]. 广州：广东人民出版社，2006

11. 李国荣. 广州十三行——帝国商行 [M]. 北京：九州出版社，2007

12. 覃波. 清宫广州十三行档案的珍贵价值 [N]. 历史档案，2003

13. 伊格里斯. 广州的中国保商和他们债务. 伦敦，1838

14. 安妮·怀特. 广州行商 [博士论文]. 宾夕法尼亚大学，1967

15. 格兰特. 美国法庭上的行商诉讼案. 波士顿，1988

16. 郭德炎. 广州、香港和澳门的巴斯商人研究. 澳门《文化杂志》，2003

"粤商文化"丛书
十三行：商船与战舰

17. 马士. 广州公行. 伦敦，1909

18. 克里斯蒂安·约克. 瓷器和荷兰对华贸易. 海牙，1982

19. 马丁·格里高利. 中国贸易，与远东有关的早期绘画展览图录. 伦敦，1985

20. 马士. 东印度公司对华贸易编年史. 广州：中山大学出版社，1991

21. 叶显恩. 世界商业扩张时代的广州贸易（1750—1840）[J]. 广东社会科学，2005，（2）

22. 朱小丹. 中瑞海上贸易的门户 [M]. 广州：广州出版社，2002

23. 贝尔切. suiphur 号船的环球航行. 伦敦，1843

24. 贝纳德. 1840—1843 年，Nemesis 号的航行. 伦敦，1844

25. 伯卡斯特. 前往中国的航行. 伦敦，1851

26. 包乐史. 广州、长崎河巴达维亚，以及美国人的到来. 哈佛大学，2008

27. 伯耶. 丹麦 Doronningen 号船前往中国的航行记. 哥本哈根，1745

28. 布雷林. 往返东印度、南美和欧洲的航行，1755—1757. 斯德哥尔摩，1973

29. 布鲁金. 17、18 世纪荷兰——亚洲的船运业. 海牙，1987

30. 福士德. 前往中国和东印度的航行. 伦敦，1771

31. 郭士力. 1831—1833 年在中国沿海的三次航行. 伦敦，1834

32. 汉玛. 瑞典东印度公司的船只和舰队. 哥德堡，1931

33. 马德罗尔. 法国船只首航中国记. 巴黎，1901

34. 约翰·美尔斯. 1788—1789年从中国到美国西北海岸的航行记. 伦敦, 1790; 阿姆斯特丹, 1967

35. 莫雷尔. 前往南半球、太平洋、中国海等海域的四次航行记, 1822-1831年. 纽约, 1832

36. 昆西. 美国首任驻广州领事山茂召船长的航行记. 波士顿, 1847; 1970

37. 沙勒. 1804年往返于中国和美国西北海岸线的航行日记. 费城, 1808; 加利福尼亚, 1935

38. 埃克伯格. 1770—1771年前往东印度的航行. 斯德哥尔摩, 1970

39. 穆素洁. 全球扩张时代中国海上贸易的新网络（1750—1850）[N]. 广东社会科学, 2001

40. 程存洁. 250年前普鲁士商船首航广州[N]. 广州日报, 2003-08-07（8）

41. 格林堡. 鸦片战争前的中英通商史. 剑桥大学, 1951

42. 贾玛拉斯. 中国—葡萄牙关系史, 尤其与澳门相关的内容. 里斯本, 1996

43. 万宁. 法国人在亚洲的贸易, 1719—1748. 1996

44. 格拉曼. 荷兰—亚洲贸易, 1620—1740. 海牙, 1958

45. 豪德里尔. 18世纪法国印度公司. 巴黎, 2005

46. 赫尔斯滕. 瑞典东印度公司研究. 1860

47. 克杰伯格. 瑞典东印度公司, 1731—1813. 马尔默, 1974

48. 克宁克斯. 瑞典东印度公司第一、二次特许权时期, 1731—1766. 比利时,

1980

49. 勒·皮琼. 中国贸易和帝国。怡和洋行和英国在香港统治的开始, 1827—1843. 牛津大学, 2006

50. 奈斯特. 瑞典东印度公司. 哥德堡, 1883

51. 可兰. 最后的法国印度公司. 巴黎, 1942

52. 格林堡. 鸦片战争前中英通商史 [M]. 北京: 商务印书馆, 1961

跋　建构海上丝绸之路的断代史

到此，我已经完成了十三行的纪实三部曲。

第一部是《十三行的九个历史瞬间》。

第二部是《十三行八大家》。

第三部则是《十三行：商船与战舰》。

无疑与后两部有不少交叉与重叠，无疑，它们都是海上丝绸之路中的华彩乐章，但是，它们的主旨则完全不一样。

第一部是历史的历史。

第二部是行商的历史。

第三部则是船的历史。

船的历史，当然是海洋史、贸易史、战争史。我想通过这10多艘船，提醒一下日后治史的学者们，当如何把握住这300年间真正的历史演变，寻找出其中的规律来。

过去，我们太多地，甚至仅仅局限于"一口通商"之后的83年，甚至认为广州是沾了"一口通商"得天独厚的光，因而才能财源滚滚、富甲天下。

殊不知，在"一口通商"之前73年的"开—禁—限"的反复当中，业已奠定了十三行开放的市场贸易规则，在海上丝绸之路上，行商早就成了外商的大股东，不少外国的商船，其实真正的船主是潘启官、伍浩官、谭德官，还有颜家泰和行，等等。行商的"影子银行"已遍布世界，因此，日后"一口通商"的限制，也无法限制他们商业与金融网络的全球扩张。

"粤商文化"丛书

十三行：商船与战舰

十三行最根本的意义，是由贡舶贸易向市舶贸易的转换，也就是说，从国家垄断的朝贡制度，转变为民间的平等互惠的自由贸易。对于一部经济史而言，从朝贡到互利互惠，标志着真正的市场经济的兴起，这也是人类历史的一大进步。常言道市场经济即是法制经济，带来了现代的平等、自由、民主等进步观念。但是，对于中国而言，这一转变，却不那么简单，尤其是集中体现在十三行上，更加复杂，可谓惊心动魄！

所以，这73年，才值得大书特书。

抓住这73年，我们才能抓住清代十三行发展的第二个阶段中的重大历史事件，抓住十三行行商的近代商品意识、市场观念提升的关键期。这包括康熙"开海"，雍正废除南洋禁航令，雷霆出击粉碎官商勾结垄断外贸的阴谋，以及乾隆登基，废除加一征收恶税，全面开放，到最后"一口通商"的逆转。当然，更浓墨重彩地展现了具有近代色彩的行商，不惜牺牲，抗拒"加一征收"，揭露官商勾结外商舞弊的恶行，从而为近代的商业原则的与确立而开展感人的抗争。

自然，这是在十三行这一历史大舞台上值得铭记的、可歌可泣的一页！

没有这73年，十三行的历史就不是真实的、严谨的。

没有这73年，十三行便是苍白的、无力的。

甚至，倘若不明晰这73年的历史，两次鸦片战争之后，行商如何演变为买办，中国的民族工商业如何艰难地崛起，都无法得到圆满的解释。

也许只有沉浸在这73年中，我们方可听到历史铿锵有力的足音。

2000年的海上丝绸之路无比辉煌，如何构建十三行300年的断代史，我们责无旁贷。

我说过，文学，当是历史的未尽之言。

那么，在这三部纪实文学中，我到底道出了多少历史的未尽之言呢？

知我，罪我，唯读者也。